D1703412

Die therapeutische Arbeit mit psychisch schwer verletzten Kindern wurde im Boom der Traumatherapie bisher stiefmütterlich behandelt. Kaum eine der etablierten Behandlungsmethoden ist geeignet, die spezifischen Lebensbedingungen von Kindern sowie ihre emotionale Abhängigkeit von Bezugspersonen, angemessen zu erfassen. Dies gelingt überzeugend mit Luise Reddemanns Psychodynamisch Imaginativer Traumatherapie. Imaginationen entspringen geradezu einer kindlichen Sicht auf die Welt, und entsprechend gut lässt sich mit ihnen arbeiten. Der Kinder- und Jugendlichentherapeut Andreas Krüger hat in diesem Buch die Prinzipien des PITT-Manuals Schritt für Schritt für die Behandlung traumatisierter Kinder und Jugendlicher »übersetzt«. Wichtige Grundsätze dabei sind:

- Die Berücksichtigung aller Entwicklungsphasen des jungen Menschen
- Die Betonung altersspezifischer Ressourcen und Symptome
- Die Einbeziehung des sozialen Umfeldes des Kindes.

Andreas Krüger, Dr. med., Facharzt für Kinder- und Jugendpsychiatrie und -psychotherapie, ehemalig Oberarzt am Universitätsklinikum Hamburg-Eppendorf und Leiter der dortigen Trauma-Ambulanz für Kinder, Jugendliche und ihre Familien. Er hat in der Hansestadt ein eigenständiges Behandlungsnetzwerk (Ankerland e. V.) für traumatisierte junge Menschen gegründet. Weitere Informationen unter: www.ankerland.org

Luise Reddemann, Prof. Dr. med., Nervenärztin und Psychoanalytikerin, Fachärztin für psychotherapeutische Medizin, war von 1985 bis 2003 Leitende Ärztin der Klinik für psychotherapeutische und psychosomatische Medizin am Ev. Johanneskrankenhaus Bielefeld; aktuell ist sie in Aus- und Weiterbildung auf dem Gebiet der Psychotraumatologie tätig; zahlreiche Veröffentlichungen dazu.

Alle Bücher aus der Reihe ›Leben Lernen‹ finden Sie unter:
www.klett-cotta.de/lebenlernen

Andreas Krüger
Luise Reddemann

Psychodynamisch Imaginative Traumatherapie für Kinder und Jugendliche

PITT-KID – Das Manual

Klett-Cotta

Leben Lernen 201

Klett-Cotta
www.klett-cotta.de
© 2007 by J. G. Cotta'sche Buchhandlung
Nachfolger GmbH, gegr. 1659, Stuttgart
Alle Rechte vorbehalten
Printed in Germany
Umschlag: Hemm & Mader, Stuttgart
Titelbild: Pablo Picasso: »Portrait de Paulo au Bonnet Blanc«
© Succession Picasso/VG Bild-Kunst, Bonn 2012
Gesetzt aus der Minion von Kösel, Krugzell
Gedruckt und gebunden von Kösel, Krugzell
ISBN 978-3-608-89048-8

Dritte Auflage, 2012

Bibliografische Information der Deutschen Nationalbibliothek
Die Deutsche Nationalbibliothek verzeichnet diese Publikation in der
Deutschen Nationalbibliografie; detaillierte bibliografische Daten
sind im Internet über <http://dnb.d-nb.de> abrufbar.

Inhalt

»… Versuche die Kinder zu begreifen,
tauche so tief wie möglich ein in ihre Welt;
auch sie bewohnen die Erde.
Wenn du einem Kind begegnest,
betrachte es aufmerksam und lächle ihm zu.«
Ramón Villeró

1. Einführung

1.1 Traumatisierte Kinder und Jugendliche – eine Herausforderung an unsere Menschlichkeit und Professionalität

Begegnen uns Kinder nach seelisch traumatisierenden Erfahrungen, so erscheint uns das Leid dieser jungen Menschen nochmals unermesslicher als bei Erwachsenen. Die Anrührung droht uns gelegentlich selbst handlungsunfähig zu machen. Die Bilder von kindlich-menschlicher Katastrophe reißen an unserer seelisch-psychischen Fähigkeit von empathischer Zuwendung. Zwischen apathischer Ohnmacht und Freuds »Furor sanandi« müssen wir einen Weg finden, eine Verarbeitung und Akzeptanz des Leides beim Kind zu ermöglichen, und sollten versuchen, diesem einmal mehr als beim erwachsenen Patienten auch lebendiges Vorbild für das Gefühl der Freude am Leben zu sein. Die menschlich-professionelle Herausforderung im Umgang mit dem traumatisierten Kind und seiner Familie stellt eine Chance dar, unsere Sicht auf die Welt zu verändern, von Kindern und ihrem Umgang mit Leid zu lernen, unser eigenes »inneres Kind« in uns in Zukunft mehr wahrzunehmen, um über die liebevolle Selbstwahrnehmung davon auch etwas nach außen geben zu können. Aber das traumatisierte Kind in unserer Praxis kann uns in seiner Hilflosigkeit auch bedrohen, wenn wir beispielsweise plötzlich mit eigenen existenziellen Ängsten in Berührung kommen, mit Beziehungswünschen unserer Patienten konfrontiert werden, die wir begrenzen und frustrieren müssen. Gerade das *traumatisierte* Kind idealisiert die Bezugsperson, die es in einer ihm vertrauten Sprache aus der Einsamkeit des inneren Leides befreit – indem der Therapeut für die emotionale und kognitive Entwicklung angemessene Gesten, Spielszenen mitgestaltet, Worte hervorbringt, die Hoffnungen für ein lang ersehntes »Wir«, für eine endlich »mit-geteilte« (Schreckens-)Erfahrung anbietet. Gleichzeitig wird es uns »auf die Probe« stellen, sind wir doch wichtige Prüfsteine für den emotional überlebensnotwendigen Wunsch des Kindes, wieder Vertrauen in die Welt zu gewinnen.

Kinder sind noch einmal mehr durch Traumatisierung für ihre Zukunft bedroht, da bei frühem extremem Stress ihre sichere Bindung an die primäre Bezugsperson bedroht wird, auch wenn diese selbst gar keine traumatisierende Erfahrung zu verantworten hat. Jedes Trauma, auch in späteren Jahren, hat Implikationen für die zwischenmenschliche Beziehung. Gerade das kleine Kind, insbesondere, wenn der sog. »Bindungsstil« im Alter von bis zu einem Jahr noch nicht als »sicher« etabliert ist, wird schwerlich ein konsistentes inneres Bild einer fürsorglichen, schützenden, haltgebenden Urbeziehung in sich aufbauen können, wenn die Mutter es nicht vor dem Grauen schützen konnte. Besonders destruktiv wird das Kind beschädigt, wenn die Bezugspersonen selbst zu Tätern geworden sind: Verwahrlosung, tätliche Gewalt und andere missbräuchliche Erfahrungen erschüttern dann die Beziehungsfähigkeit für das weitere Leben, die Fähigkeit, sich an jemanden zu binden, die Fähigkeit zur liebevollen Hingabe, die tiefes, genussvolles Erleben erst möglich machen kann. Eine frühe Traumatisierung ist noch einmal mehr immer auch eine Form der ernsthaften Beziehungstraumatisierung, bei der Urvertrauen nicht aufgebaut werden konnte oder Rudimente hiervon zerstört zu werden drohten.

Wir dürfen dem Kind, welches möglicherweise alles verloren hat, nicht mehr versprechen, als wir als Therapeuten in der Lage sind zu geben – möglicherweise sogar eigene Selbstheilungsfantasien auf das Kind projizieren. Wir dürfen nicht in Konkurrenz zu Elternpersonen geraten. Die begleitende Elternarbeit ist in der Regel kooperativ zu gestalten, Elternpersonen müssen mehr als Partner, gelegentlich als Co-Therapeuten in dem Bemühen um das Kind hinzugezogen werden. In manchen Fällen wird aber auch eine Familien- oder Paartherapie der Eltern Voraussetzung für einen Heilungsprozess beim Kind sein, wenn die Eltern selbst schwer belastende Prozesse zu verarbeiten haben oder mit ihrem eigenen seelischen Leid den Weg zur Genesung des Kindes verbauen. Der Traumatherapeut selbst sollte noch einmal mehr vertraut sein mit eigenem seelischen Leid und möglicherweise traumatisierten Anteilen, er sollte dies Leid kennen und verstehen sowie weitestgehend integriert haben in sein Lebenskonzept, um nicht sich und dem Kind/der Familie Schaden zuzufügen.

Kinder sind weniger »ab-geschlossen« und beweglicher in ihrer Entwicklung als der erwachsene Mensch. Das macht sie in zwei Richtungen sensibler: a) in Hinsicht auf seelische (Schwer-)Verletzungen, aber b) auch in Hinsicht auf positive Veränderung.

Die Wegstrecke guter Lebenserfahrung, auf die das Kind zurückblicken kann, ist kurz, der Rückgriff auf die guten Erfahrungen – das Leben, universelle Lebendigkeit als ein tragendes Prinzip – sind zarte Pflanzen, die im Kindesalter noch besonders empfindlich für Verletzungen sind. Die Sicht auf die Fülle der Möglichkeiten, sein Leben auch nach traumatischen Erfahrungen weiter gestalten zu können, sind per se begrenzt und brauchen kreative, aktive Unterstützung durch fürsorgliche Erwachsene. Dem Kind fehlt abhängig vom kognitiv-emotionalen Entwicklungsstand die Möglichkeit der Abstraktion, des »Überblicks« über die gesamte Situation, sein bisheriges und zukünftiges Leben.

Gleichzeitig sind Kinder mit etwas ausgestattet, was ich (A. K.) einmal »Löwenzahn-Prinzip« genannt habe. Die pure Lebendigkeit, die in fast jedem Kind auf urtümliche Art und Weise wirkt, ermöglicht es gelegentlich, auch schwerst traumatisierten Kindern bei liebevoller Behandlung und Unterstützung etwas Gutes in sich aufzunehmen, wieder weiter zu wachsen, wieder Freude zu empfinden, wo Erwachsene ihr Leid nicht akzeptieren können und in der Wahrnehmung der Vergangenheit verharren. Kinder brechen bei entsprechender Unterstützung mit ihrer Sehnsucht und dem kindlichen Hunger nach Leben durch widrigste Verhältnisse wie der zarte Löwenzahn durch harten Asphalt.

Hier können die Großen von den Kleinen lernen, eine »Entwicklungs-Ressourcologie« kann möglicherweise Menschen in allen Entwicklungsphasen helfen, voneinander zu lernen, in Kontakt zu treten mit universell angelegten Selbstheilungsmechanismen, die in unterschiedlichen, vor allem sehr frühen Lebensphasen ihre jeweils intensivste Ausprägung zeigen. Die Ego-State-Arbeit ist ein schöner Ansatz, der auch erwachsenen Patienten die Möglichkeit eröffnet, »alte« Ressourcen der eigenen Person für das Hier und Jetzt zu nutzen. Somit kann dieses Buch auch hilfreich für Therapeuten sein, die mit erwachsenen Patienten arbeiten oder vielleicht Ansätze für die eigene Arbeit entwickeln helfen.

Kindern, vor allem nach akuter seelischer Schwerverletzung, wurde bisher wenig Aufmerksamkeit geschenkt. Erst wenn sie dann Symptome entwickeln, ihre innere Not versuchen, mit verzweifelten Lösungsversuchen sichtbar (und damit meist für Erwachsene störend) zum Ausdruck zu bringen und so zu lindern, wenden wir uns ihnen zu. Vorher schauen wir allzu oft weg. Wir möchten dem Phänomen an dieser Stelle nachgehen, da es in der Arbeit mit traumatisierten Kindern immer wieder auftaucht, auch wenn wir mit einer allgemeinen »Traumablindheit« konfrontiert sind, Opfer selbst beschuldigt werden. Warum wurde und wird traumatisierten Kindern bisher so wenig Aufmerksamkeit geschenkt? Es ist wohl nicht nur die akute Ohnmacht im Angesicht der kindlichen Katastrophe. Unsere Auffassung von der Ego-State-Theorie hilft dies möglicherweise zu verstehen. Gerade in Deutschland und Europa sind viele »Innere Kinder« nach den Schrecken zweier Weltkriege noch immer unversorgt, kaum jemand von den Überlebenden hatte die Ressourcen nach den erschöpfenden Ereignissen, die eigenen Traumatisierungen zu verarbeiten und in das eigene Lebensbild zu integrieren, geschweige denn, sich dem stummen Leid der Kriegskinder zuzuwenden. Vermisstenmeldungen, Nächte des Bombenhagels, infernalische Feuersbrünste, das alltägliche Angesicht des Todes, Zerstörung der Lebenslandschaft bei der Zivilbevölkerung, die Schrecken des Krieges an der Front, zuletzt Schuld und Überlebensschuldgefühle, all diese katastrophalen äußeren und inneren Welten prägten und prägen Generationen – und mit ihnen Kinder und Kindeskinder, wenn das Leid abgekapselt im (kollektiven) Unbewussten einer Gesellschaft seine Wirkung zeigt. Der Krieg hat die Menschen schon immer entmenschlicht, ihnen den Blick auf die Schönheit und den Respekt vor dem Leben verbaut. Das Kind ist Sinnbild unserer aller Lebendigkeit und gleichzeitig immer am meisten Opfer.

Das professionelle Wegsehen, was am wenigsten nachvollziehbar erscheint, fand in der analytischen Gesellschaft der Nachkriegsjahre seinen Ausdruck, indem die überwältigenden Realtraumatisierungen in therapeutischen Beziehungen gemeinsam von Patient *und* Therapeut verleugnet wurden. Unser Umgang mit dem realen Kind verdeutlicht vielleicht unseren Umgang mit dem eigenen Inneren Kind im Sinne einer kollektiven posttraumatischen depressiven Position. Unsere Gesellschaft ist möglicherweise aus diesen Gründen in vielen Bereichen kinderfeindlich. Einer der zentralen Aspekte der psychodynamisch aus-gerichteten Arbeit mit Traumatisierten ist: die Beschäftigung mit der *immer* auftauchenden Schuldfrage. Diese für Generationen ungeklärte, höchst irrationale, meist unbewusste, aber dennoch gegenwärtige Frage des ewigen Kindes im Angesicht existenzieller Bedrohung im Krieg: »Was ist mein Fehler, dass mir dies Grauen passiert?« prägt möglicher-weise auch unseren Umgang mit dem Leid traumatisierter Kinder im Hier und Jetzt, mit denen wir im Grunde unseres Herzens doch identi-fiziert sind. Wir können nicht hinsehen, verachten unbewusst identi-fiziert die eigene erlebte Hilflosigkeit im Angesicht des eigenen unge-heilten Leides oder des Grauens der Elterngenerationen und zuletzt re-flexartig die Schwäche des Kindes, dessen Leid wir heute missachten.

Wichtig scheint es uns weiterhin, auf die Tatsache hinzuweisen, dass gerade kleine Kinder ihr Leben primär im Mikrosystem der familiären Beziehungen kognitiv und emotional entwickeln und in einem stän-digen Wechselspiel mit Eindrücken ihres Umfeldes Wahrnehmun-gen, Gefühle, Verhalten, Haltungen entwickeln (Richter, 1967; Massing et al., 1999). Bronfenbrenner (1989) vertritt einen ökologischen Ansatz der kognitiven Entwicklung, in der zwiebelschalenartig soziale Systeme je nach Lebensphase zur Entwicklung mit beitragen. Die Theorien über die transgenerationale Weitergabe von Traumatisierungen haben uns gelehrt, dass Leid unbewusst von Eltern auf Kinder »übertragen« wird. »Traumageister« beherrschen also Familien und erhalten die ungelöste Angst von damals am Leben; Eltern und Großeltern sind nicht befreit von ihrem Leid, konnten es bis heute nicht akzeptieren und verharren in angstvoller Position, zum meist stillen Schrecken der nachfolgenden Generationen, die das tabuisierte Leid, die Angst, das Schweigegebot verinnerlicht haben und es nun wiederum ihren Kindern unbewusst weitervermitteln. Diese Voraussetzungen, unter denen akut traumati-sierte Kinder von heute betrachtet werden wollen, haben Implikationen für eine ökologisch ausgerichtete Diagnostik und Behandlungsstrate-gie. Die Erkenntnisse der Neuropsychobiologie, Stressforschung sowie von Langzeitkatamnesen legen nahe, dass eine frühkindliche Trauma-tisierung möglicherweise auch körperlich krank macht: Herzerkran-kungen, Krebs, Suchtmittelprobleme im mittleren Lebensalter: Es be-steht zumindest ein statistischer Zusammenhang zu traumatischen kindlichen Erfahrungen (Felliti, 1998).

Die Zeit in Deutschland scheint reif, neben dem unermesslichen Leid, welches die deutsche Bevölkerung auf so unsäglich viele andere Menschen gebracht hat, auch das Leid der Kriegskinder im Tätervolk betrachten zu dürfen, die nun ihrerseits meist Eltern oder Großeltern der Kinder geworden sind, die wir betreuen. Die zunehmende Hinwendung zum realen Kind und seinem Leid in katastrophalen Lebenssituationen ist vielleicht ein Hinweis dafür, dass seelische Wundpflege auch in einem Tätervolk notwendig ist.

Eine zunehmend objektive Sicht auf politische Verhältnisse in den sog. etablierten Parteien, jenseits von aus Scham- und Schuldgefühlen hervorgebrachten, quasi wiedergutmachenden Vorstellungen, ist möglicherweise auch Ausdruck von tief greifenden, in Teilen gelungenen Wiedergutmachungsritualen und einer Verarbeitung kollektiver Schuldgefühle angesichts des menschlichen Schreckens, den Deutschland zu verantworten hat. Nun kann man sich auch dem Leid im Tätervolk zuwenden, welches vor allem eines der Kinder: *in* uns und *um* uns, darstellt.

In Deutschland haben sich in den letzten Jahren erfreulicherweise einige Einrichtungen etabliert, die sich der Behandlung von (akut) traumatisierten Kindern widmen. Aufgabe der Initiatoren ist es nun, die zum Teil empirisch validierten Konzepte der Erwachsenentherapieschulen, die zumeist mehr oder weniger individualpsychologisch ausgerichtet sind und die Entwicklungspsychologie des Kindes sowie seine emotional-abhängige Eingebundenheit in eine soziale Umwelt außer Acht lassen, weiter zu entwickeln und an die Verhältnisse von Kindern und Jugendlichen anzupassen. Eigenständige, experimentell evaluierte Traumatherapiekonzepte für chronische und komplexe Traumatisierungen im Kindes- und Jugendalter fehlen bisher.

Vier Aspekte im Umgang mit Kindern und Jugendlichen waren von besonderer Bedeutung bei der Auswahl und Weiterentwicklung eines geeigneten Konzeptes für die Arbeit mit Kindern und Jugendlichen:

1. Das Konzept musste grundsätzlich in *allen Entwicklungsphasen* des Menschen seine Anwendung finden können und im besonderen Maße auch kleinere Kinder ansprechen. Bei der Sichtung der Literatur war aufgefallen, dass es für Kinder in unterschiedlichen Entwicklungsphasen wenige Auffassungen a) hinsichtlich der dif-

ferenzierten Diagnose von seelischer Traumatisierung und b) der entwicklungsangemessenen Behandlung solcher Störungen vorlagen.

2. Besondere *Ressourcen* der verschiedenen Phasen der jungen Lebensjahre sollen durch das Konzept nutzbar für die Patienten werden.
3. Das Kind als in besonderem Maße von anderen, vor allem den primären Bezugspersonen *abhängiges,* Wesen sollte Berücksichtigung finden. *Bindungsmuster* sind bei kleinen Kindern noch nicht abschließend etabliert, traumatische Erfahrungen prägen die Entwicklung solcher Muster u. U. entscheidend.
4. Der Umgang mit dem nächsten und weiteren *sozialen Umfeld* bei Traumatisierung des Kindes sollte Berücksichtigung finden.

Bei der Recherche wurden zunächst die Konzepte in der Erwachsenentherapie berücksichtigt, die Psychotrauma-Folgestörungen als eigene Krankheitsentität klar von anderen psychischen Störungen differenzieren und aufgrund dessen Behandlungshinweise geben, die diesem Sachverhalt Rechnung tragen und auch die Erkenntnisse der Neurowissenschaften berücksichtigen

Eine subjektiv differenzierte, integrative Sichtweise, bezogen auf das Kind als Teil von sozialen Systemen, sowie eine integrative Sicht auf die anzuwendenden Methoden war wichtig. Der (kleine) Mensch ist nicht nur »der/die Traumatisierte«, sondern steht vor und nach traumatisierenden Lebenserfahrungen immer auch in realen oder verinnerlichten konflikthaften dynamischen Beziehungen zu seiner Umwelt, die beim diagnostischen Verständnis und bei der Behandlung berücksichtigt werden müssen. Eine psycho-ökologische, systemische Sicht auf traumatisierende Ereignisse sollte Teil des Konzeptes sein. Weiter zeigt uns die Therapie von Kindern und Jugendlichen, dass wir vielfach Parameter einführen müssen, um den individuellen Ausdrucksmöglichkeiten des Kindes Rechnung zu tragen: Wir spielen mit dem Kind, »inszenieren« theatralisch, malen, lautieren, musizieren etc., um mit dem Kind eine gemeinsame Sprache zu finden (Winnicott, 1960). Auch ein differenzierter traumatherapeutischer Ansatz muss somit diesen Ansprüchen an eine indizierte, reflektierte Vielfalt genügen. Das Konzept sollte in eine länger angelegte, z. B. psychodynamisch orientierte, Therapie integrierbar sein, insofern Modulcharakter haben.

Die Psychodynamisch Imaginative Traumatherapie erwies sich als die dem Kind am nächsten liegende Methode. Die Imaginationen entspringen geradezu einer kindlichen Sicht auf die Welt: Für das Kind wird der Gedanke in der präoperationalen Phase der kognitiven Entwicklung nach Piaget zur gewissen Realität. Andere, zentral auf eine Konfrontation ausgerichtete Verfahren greifen u. E. hinsichtlich einer systemisch-ökologischen Sicht auf die kindliche Traumatisierung zu kurz, und der intellektuelle Nachvollzug bezüglich der Wirkmechanismen der Therapie erschließt sich dem Kind nicht ohne Weiteres. Das Kind kann das therapeutische Vorgehen bei dem vorliegenden Verfahren zu jedem Zeitpunkt nachvollziehen, ist im Kontext von zu bearbeitenden traumatischen Erfahrungen in der Lage, die Situation zu kontrollieren und das therapeutische Vorgehen mitzugestalten und kognitiv nachzuvollziehen. Die behutsame Herangehensweise in der Konfrontation mit traumatischen Ereignissen ist ein wichtiger Aspekt bei PITT. Auch hier sind die Ansätze der kindlichen Vorstellungskraft sehr vertraut. Zur Diagnostik waren die Konzepte von Traumaschema und traumakompensatorischem Schema von Gottfried Fischer hilfreich für ein dynamisches, prozesshaftes Verständnis psychischer Traumatisierung. Diese Überlegungen wurden um eine intensivere familiendynamische Dimension erweitert. Traumatherapie ist somit als ein Teilaspekt eines therapeutischen Prozesses zu verstehen.

Dieses Buch kann eine traumatherapeutische Ausbildung nicht ersetzen und muss bruchstückhaft bleiben. Umfang eines Buches sowie der Mangel an konkreter Anschauung bei der Arbeit mit den Patienten bedeuten, dass ein Buch das Verfahren nur grundsätzlich darstellen kann. Die vorliegende Arbeit ist weiterhin ein erster Versuch, die Vorgehensweise einer Behandlung chronisch traumatisierter Kinder und Jugendlicher nach den Vorstellungen der PITT in manualisierter Form zu beschreiben. Wir verstehen die dargestellte Arbeit als im Prozess der Entwicklungen verschiedener wissenschaftlicher Disziplinen verankertes Vorgehen. Gerade die Erkenntnisse der Neurowissenschaften haben in den letzten Jahren zu einem Umdenken bezüglich der Sinnhaftigkeit der uns bekannten therapeutischen Konzepte geführt. Auch PITT unterliegt den Entwicklungen, und neue, gegebenenfalls paradigmatische Erkenntnisse für die therapeutische Arbeit aus allen Wissenschaften in der Umgebung therapeutischen Handelns müssen auch in Zukunft berücksichtigt werden. Für Kritik und Anregungen von Lesern des Buches sind die Autoren dankbar; so können die bestehenden Vorstellungen im Sinne der Wirksamkeit für unsere Patienten dauernd verbessert werden.

1.2   Zu Inhalt und Aufbau dieses Buches

Dieses Buch setzt bei den Lesern voraus, dass sie mit Grundlagen der Psychotraumatologie, wie in »Imagination als heilsame Kraft« und »Psychodynamisch Imaginative Traumatherapie (PITT). Das Manual« bereits ausgeführt, schon etwas vertraut sind. Auch gehen wir davon aus, dass interessierte Kinder- und Jugendlichentherapeuten mit einer Therapieausbildung über einen Wissensstand verfügen, der eine Erläuterung von Grundlagenbegriffen der psychodynamisch orientierten Kinder-, Jugendlichen- sowie Familientherapie in diesem Buch erübrigt. Wir haben uns bemüht, den Text dennoch so zu gestalten, dass auch der interessierte Laie das Buch lesen und grundsätzlich verstehen kann.

Entsprechend den Überlegungen aus der Einführung haben wir uns für folgendes Vorgehen des manualisierten Teils des Textes entschieden. Grundsätzlich orientieren wir uns an den Themen des Manuals, auch inhaltliche Überlegungen von »Imagination als heilsame Kraft« fließen da ein, wo es sinnvoll ist. Redundanzen mit dem Erwachsenenmanual haben wir bewusst an den Stellen in Kauf genommen, wo uns eine Wiederholung der Themen besonders wichtig erschien. Wir bitten hier die kundigen LeserInnen um Geduld. Weiter werden wir entlang einer entwicklungspsychologischen Betrachtung die Themen behandeln. Alterstypische Ressourcen werden berücksichtigt.

Den Ausführungen für den Umgang mit dem betroffenen Kind werden kursorische Ausführungen über den Umgang mit der Familie und dem weiteren sozialen Umfeld angefügt. Therapeutisches Handeln sollte immer das reale Leben der Patienten integrieren. Viele Therapeuten neigen zu einem begrenzten Interesse an der Wahrnehmung anderer Lebensbereiche des Patienten. Einige familientherapeutische Schulen schlagen deshalb sogar vor, Familien im Behandlungsverlauf wenigstens einmal im häuslichen Umfeld aufzusuchen. Wichtige Details der Realität können so »sichtbar« werden. Patienten erzählen für sie selbstverständliche Dinge nicht spontan, wir müssen gelegentlich aktiv die Welt der Patienten erkunden.

Wir werden im Text der Einfachheit halber oft den Begriff »Eltern« verwenden, auch wenn wir wissen, dass oftmals gerade beziehungstraumatisierte Kinder bei »Ersatzeltern« aufwachsen. Für die therapeutische Praxis und die Kinder selbst hat sich aber ohnehin bewährt, als »Mama und Papa« anzusprechen, was sich auch so »anfühlt«. Jugendliche werden von mir (A. K.) in der Regel ab dem Alter von 16 Jahren gesiezt. In den Ausführungen werden alle Kinder und Jugendlichen der Einfachheit halber geduzt, was viele Kinder- und Jugendlichentherapeuten bis zum Erwachsenenalter ohnehin tun.

Neben systemischen werden auch bindungsrelevante Aspekte dort behandelt, wo es uns sinnvoll erschien.

Wir wenden uns in unseren Ausführungen vornehmlich Kindern zu, die über kommunikative Fähigkeiten verfügen, die auch eine (einfache) verbale Auseinandersetzung zwischen den Parteien ermöglicht. Wir beschäftigen uns also mit Kindern ab dem Alter von etwa drei Lebensjahren, wobei bei diesen Kindern die Elternpersonen z. T. direkt in die Therapiestunde mit einbezogen werden. In diesem Alter sind die sogenannten expliziten Gedächtnisfunktionen so weit entwickelt, dass autobiografische Erlebnisinhalte mit einem Zeitbezug gespeichert werden können. Bereits ab dem zweiten Lebensjahr sind mittels der expliziten Gedächtnisfunktionen Erinnerungen zwar im Sinne von szenischen Sequenzen und Lerninhalten möglich, werden aber normalerweise nicht bewusstseinsfähig.

Jüngere Kinder, also Säuglinge und Kleinkinder, werden in für sie konzeptualisierten Behandlungseinrichtungen gemeinsam mit den Bezugspersonen kompetent behandelt. Dies geschieht beispielsweise in den vielerorts vertretenen Eltern-Säuglings- und Kleinkind-Beratungsstellen oder kinderpsychosomatischen Ambulanzen nach Standards, die sich u. a. aus den Erkenntnissen der Bindungsforschung ergeben. Bei krisenhaften Entwicklungen im ersten Lebensjahr wird die Störung hier in der Regel eher unter bindungstheoretischen Gesichtspunkten verstanden. Frühe Bindungsstörungen und allgemein anerkannte traumapsychologische ätiopathogenetische Überlegungen weisen konzeptuelle Überschneidungen auf, die hinsichtlich der therapeutischen Konsequenzen für das zu versorgende Kind kompatibel erscheinen. (Zum Thema empfehlen wir das Buch von K. H. Brisch und T. Hellbrügge »Bindung und Trauma« [2005, s. a. 2003].) Eine intensive Betreuung der Elternpersonen steht hier im Mittelpunkt der therapeutischen Arbeit. Eigene traumatische Erfahrungen der Elternpersonen spielen z. B. im Zusammenhang mit dem Vorhandensein von dissoziativen Störungen bei diesen eine erhebliche Rolle hinsichtlich der Beelterungskompetenzen. Wo die Bindungsforschung seit Jahren wissenschaftlich den Zusammenhang von elterlichem Störungsbild und Symptomatik beim Kind in direkten Zusammenhang bringt, wird bei älteren Kindern eher eine individualpsychologische Perspektive eingenommen und der direkte Einfluss elterlicher Haltungen, Affekte und Verhaltensweisen mit Einfluss auf die kindliche Symptomatik eher vernachlässigt. Auch hier sehen wir eine wichtige Funktion traumazentrierter familientherapeutischer Arbeit, die in einer späteren Veröffentlichung dargelegt werden wird.

Wir sind uns bewusst, dass insbesondere Kinder im Alter von ein bis drei Jahren wiederum nicht ausreichend Würdigung für ihre Probleme durch chronisch traumatisierende Lebensumstände erhalten. Zwar verfügen wir über einige Erfahrung auch im Umgang mit diesen Kindern und ihren Begleitern. Dieses Thema berührt aber in stärkerem Maße die Kooperation mit der stationären Jugendhilfe, die bei gesicherten Fällen von Beziehungsgewalt im nahen sozialen Umfeld die elterliche Sorge für das Kind vom Familiengericht übertragen bekommt. Eine Kooperation mit therapeutischen Einrichtungen ist hier eher selten. In diesem Fall wäre für die Zukunft eine engere Zusammenarbeit zwischen Pädagogen und Therapeuten zu wünschen. Es gibt erfreuliche Ansätze einer traumapsychologisch fundierten Pädagogik, in der theoretisch-praktische Überlegungen der Traumapsychologie und Psychotherapie einfließen (Weiß, 2006).

Das Buch hat Begrenzungen, die sich dadurch ergeben, dass grundsätzlich alle Aspekte einer differenzierten Betrachtung für jede Entwicklungsphase bedürften. Das würde den Rahmen dieses Buches aber sprengen, sodass wir uns auf besonders wichtige Aspekte beschränkt haben, deren Ausführungen zulassen, auf andere Altersstufen übertragen zu werden.

Wir hoffen, mit dieser Einteilung den besonderen Bedürfnissen der Arbeit mit Kindern und Jugendlichen angemessen Rechnung getragen zu haben. Die Arbeit mit traumatisierten Kindern bedarf noch intensiver klinischer Entwicklungen, die durch Forschung begleitet werden sollte.

1.3 Zum Umgang mit Leid und Leiden bei Kindern und Jugendlichen

Sind Kinder unterschiedlichen Lebensalters in der Lage, Leid zu integrieren? Sind hierfür ausreichend (Selbst-)Heilungsmechanismen vorhanden oder können und müssen helfende Erwachsene diese in bestimmtem Alter nicht immer etablieren helfen? Haben Kinder schon ein Lebenskonzept, Unterscheidungsvermögen zwischen Gut und Böse, das eine Integration traumatischer Erfahrungen ermöglicht? Haben sie genug Licht gesehen, um sich davon in der Dunkelheit zu nähren? Setzen weise Aphorismen – wie das von Rilke: »Lass dir Alles geschehen: Schönheit und Schrecken – Man muss nur gehen: Kein Gefühl ist das fernste« – nicht voraus, dass der Mensch über ein ausreichend ausgebildetes Urvertrauen verfügt, welches über stürmische See trägt? Was ist mit den Kleinsten im Angesicht des Schreckens: einem Zweijährigen, der mit ansieht, wie seine Mutter verstirbt? Wo kann da Zuversicht in das Leben erlangt werden, wo der Mensch so früh mit der dunklen Seite des Lebens konfrontiert wird? Bildhaft gesprochen können wir sagen: Das Holz, mit dem wir es hier zu tun haben, ist weicher – das bedingt eine unglaubliche Flexibilität des ganzen Menschen: Wo Kinder auf der einen Seite unter (traumatischen) Deprivationserfahrungen minderwüchsig bleiben oder gar sterben, sind sie zur Freude aller, die mit extrem traumatisierten Kindern arbeiten, in ungeheuerem Maße in der Lage, sich wieder aufzurichten. Das Leben, die Lebendigkeit sucht sich in den meisten Kindern bei etwas Förderung mit Kraft ihren Weg. Erwachsene Menschen können davon lernen und vermögen daraus selbst Freude an der oft auch schweren Arbeit mit den beschädigten Kindern zu ziehen.

Dem unwiderruflichen Grauen können Kinder bisweilen unglaublich klar und fast weise entgegenblicken, während es Erwachsenen oft

schwerfällt: Ich (A. K.) erinnere einen etwa 10-jährigen final krebs-
kranken Jungen, der in einer großen inneren Klarheit die Begrenztheit seiner Existenz beschrieb und mir erklärte, wie der Tag zu nutzen sei und dass das »Heute« das sei, was zählt. Der offene Umgang
gerade der jüngeren Kinder mit ihrem Leid flößt uns manchmal größ-
ten Respekt vor den Kinderjahren ein, wir sollten viel hinhören und
schauen …

Dennoch: Kinder sind leidvollen Erfahrungen meist noch bedrü-
ckender ausgesetzt als Erwachsene. Ihre Perspektive auf die Welt ist eine
von unten. Alles erscheint für die Kleinen noch einmal größer, über-
mächtiger. Den Adoleszenten fällt es besonders schwer, sich mit ihrem
Leid zu öffnen aus Angst, ihre just errungene Autonomie zu verlieren.
Ihre Abhängigkeit von der Welt der Erwachsenen macht Kinder und
auch Jugendliche verletzbarer. Stellen wir uns vor, im Dunkeln von einer
vertrauten Hand geführt zu werden und plötzlich ins Leere zu stürzen –
so mag sich eine traumatische Erfahrung für das Kind anfühlen.

Die grundsätzliche Abhängigkeit kleinerer Kinder von den Erwachsenen bedingt aber auch eine selbstverständlichere Offenheit gegenüber Angeboten, und diese können Hilfe in jüngeren Jahren eher annehmen und Leid selbstverständlicher akzeptieren. Gleichzeitig prägt
sie das Leid aber auch grundsätzlicher und mag so z. B. zu einer depressiven Grundhaltung für das weitere Leben führen, bei der das Leid
unbewusst eigenen Defiziten und eigener Schuldhaftigkeit zugeschrieben wird. Ein lebenslanger Leidensweg kann so psychodynamisch vor-
geschrieben werden, wenn dem Kind nicht früh geholfen wird, ein
gutes Gefühl für sein »So-sein«, auch mit all den Defiziten nach langem
Leidensweg, zu vermitteln.

Wir möchten versuchen, den Leidbegriff aus einer Entwicklungs-
perspektive heraus zu verstehen. Dafür wollen wir die zentralen Begriffe und Vorstellungen für das Verständnis von Leid hier noch einmal
herausstellen, die uns besonders wichtig erscheinen: Leid wird dann
(er)tragbar, wenn wir in der Lage sind,

1. Leid zu integrieren, was voraussetzt, dass ich:
   a) mir einen Begriff von Leid machen kann,
   b) mir einen Begriff vom Gegenteil, nämlich von Glück und
      Freude, machen kann,

c) beides diskriminieren kann,
d) was einen Zeitbegriff voraussetzt, bei dem Erlebnissen ein Anfang und ein Ende zugeordnet werden kann,
2. (Selbst-)Heilungsmechanismen zu aktivieren, die
   a) quasi angeboren sein können oder
   b) erworben sein können,
3. die Erfahrungen in ein Lebenskonzept mit Wertvorstellungen etc.
   zu integrieren, kognitiv »maximal zu minimalisieren«.

Welche dieser Voraussetzungen erfüllt nun ein Kind in den unterschiedlichen Lebensphasen, um das Leid konstruktiv zu verarbeiten?

Der Säugling und das Kleinkind im Angesicht des Leides im Sinne
traumatischer Erfahrungen droht real vernichtet zu werden. Hier sind
Verletzungen der körperlichen Integrität oder vor allem Trennungstraumatisierungen zu nennen, die beim Säugling noch zu totaler Le-
bensverweigerung und so zum Tode führen können. Wir bezweifeln,
dass in dieser Lebensphase nach extremem, lebensbedrohlichem Leid
eine Transformation als Akt auch kognitiver Vorgänge der Integration
leidvoller Erfahrung stattfinden kann. Der verkümmerte Sprössling
eines Baumes wird wohl zeitlebens ein mangelhaft gewachsener Baum
sein, vielleicht besonders, aber sichtlich beschädigt. Die Angst droht
fortan, das Kind zu regieren – für die Psyche des Kindes gesprochen
meinen wir, dass eine Störung im Sinne einer bleibenden Behinderung
hinsichtlich der Entfaltung der ganzen Vielfalt der freudvollen Erlebnis-
nis- und Entwicklungsmöglichkeiten des Menschen droht und im besten Fall eine Förderung des Besonderen als Entwicklung von Stärken
aus den Schwächen im späteren Leben Heilung bringen kann. Der Bin-
dungsmodus der Säuglingsforscher als Korrelat zu unserer Beziehung
zur Welt: als für die Zukunft unseres Lebens »sicher, ambivalent« etc.
gebunden – das ist eine existenzielle Grundeinstellung zu sich und der
Welt, die in dieser Phase geprägt wird. Schlägt eine traumatische Erfahrung in dieser hochsensiblen Entwicklungsphase ein, ist das Leid noch
nicht einmal zu benennen, ebenso wenig wie Freude. Das Hier und
Jetzt ist totaler Natur – im positiven wie im negativen Zusammenhang.
Freude kann wohl am ehesten als psychobiologische Sattheit zum Ausdruck kommen. Beziehung wird über vertraute Nähe, Wärme, zärtliche

Berührung, warme Klänge und Stimmen, Respekt vor der körperlichen Integrität, angenehme Nahrung, ausreichende Gewähr von Ruhe gestaltet. Erlebt das Kind hier eine radikale Störung, ist der Mensch als Ganzes unmittelbar bedroht. »Leid total«, der Moment des Schreckens mit absoluter Macht versehen – keinen Begriff, keine Sprache dafür haben – kein Anfang, kein Ende kennen; und dann: Sich trotz aller Ungeheuerlichkeit der Ereignisse nicht im späteren Leben erinnern können, auf Aussagen anderer verlassen müssen. Aus solchen Erfahrungen resultiert vielleicht die später im Leben benennbare immerwährende quälende diffuse, gelegentlich ängstliche Spannung. Solche Erlebnisse finden nicht selten bei einigen Kindern mit sog. Aufmerksamkeitsdefizitsyndrom oder Hyperaktivitätssyndrom in diesen Symptomen ihren Ausdruck. Als angeborener Defekt von Profis deklariert, wird die traumatypische Selbstwertproblematik iatrogen noch verstärkt: ich bin nicht richtig, mangelhaft – und das per Geburt. Auch Jugendliche mit selbstverletzendem Verhalten oder psychosomatischen Störungen weisen Anamnesen auf, die auf frühe Traumatisierungen hinweisen. Der Zweifel an sich selbst, die defizitäre Selbstwahrnehmung oder (unbewusste) Schuldzuweisungen an die biologischen Verhältnisse der Herkunftsfamilie werden so forciert. Ein profunder Heilungsprozess wird durch eine professionell induzierte Betrachtung der Symptome an der phänomenologischen Oberfläche mit rein biologischätiopathogenetischer Zuschreibung geradezu unmöglich.

Meist begegnen uns Kinder nach traumatischen frühen Erlebnissen erst im späteren Leben mit vielfältigen Symptomen dann, wenn ein zeitlicher Zusammenhang zu den Ereignissen in der frühen Kindheit nur noch schwer auszumachen ist. Frühkindliche Erfahrungen, die bei einer einfühlenden Betrachtung als traumatisierend zu identifizieren wären (angefangen beim gewaltsamen Tritt in den Bauch der schwangeren Mutter durch den Partner bei häuslicher Gewalt über Geburtskomplikationen, schwere frühkindliche Krankheitsverläufe, iatrogene Belastungen durch operative Eingriffe in früher Kindheit), werden oftmals bei der Anamneseerhebung nicht explizit erfragt. Eine gründliche (Fremd-)Anamnese kann helfen, die Symptomatik verstehbar zu machen. Kreativtherapeutische Verfahren und die sog. projektiv-bildnerischen Testverfahren eröffnen manchmal einen intuitiven Zugang zum Schrecken, der mehr »in den Knochen« steckt denn im bewussten

Gedächtnis gespeichert wäre. Über das kreative Material entsteht so ein gemeinsames, kommunizierbares Drittes, welches Patient und Therapeut erstmals eine geteilte, gemeinsame Erfahrung hinsichtlich des möglichen erlittenen Leides im früheren Leben ermöglichen kann.

Bei Kleinkindern bis hin zu Kindern im Grundschulalter werden erstmals *Begriffe* von der Welt im Bewusstsein verankert. Dies macht erstmals auch möglich, mit dem Kind *über* das Leben zu reden, im Spiel die Welt symbolhaft zu verstehen, eine »Als-ob-Welt« zu erschaffen. Erstes »Philosophieren« über den Sinn des Lebens und die Auseinandersetzung mit vielen »W«-Fragen wird mit Kindern ab dem dritten Lebensjahr bis ins frühe Grundschulalter möglich. Leben aus der Zeit ab dem Alter von etwa drei Jahren wird für die Zukunft des Lebens bewusst erinnerbar – und damit auch traumatische Erfahrungen. Erste grundsätzliche Wertvorstellungen von Gut und Böse, von Recht und Unrecht entstehen in dieser Phase, die Kinder konzeptualisieren ein erstes Weltbild, welches sie mit den ersten Schritten auch aus dem Lebensraum außerhalb der Familie führt. Außerhalb der Familie werden diese Vorstellungen dann vom Kind unbewusst verifiziert, suchen nach Bestätigung. Gravierend wirken traumatische Einschläge in dieses labile System an Vorstellungen von sich, dem Eigenwert und Vertrauen in die Welt, wo die Welt doch in diesem Moment mit seiner ganzen existenziellen Bedeutung *ist*. Vergangene und zukünftige Zeit als ein Begrenzungswall um das Grauen herum, mit einem Anfang und einem Ende, ist erst rudimentär errichtet.

Die Möglichkeiten dieses Entwicklungszeitraumes eröffnen aber dennoch neue Perspektiven für die Verarbeitung von Leid. Heilsame Rituale, Vorstellungswelten können erstmals mit dem Kind gemeinsam erarbeitet oder besser: erspielt, ermalt, ersungen werden, was eine reale Integration von Leid ermöglichen kann. Hier sind die Kinder unterschiedlich begabt und finden unterschiedliche familiäre Milieus vor, in denen solche heilsamen Handlungen praktiziert oder initiiert werden können. Aber es ist auch eine Frage der therapeutischen und menschlichen Fähigkeit der Profis, sich in das Kind und seine Welt hineinzuversetzen, eine geteilte Erfahrung zu erspielen sowie wieder aus dieser herauszufinden und zwischen der überwältigenden inneren Welt des Kindes, diesem Schiffchen in Seenot im Sturm der hohen See und dem rettenden Ufer ein Band zu knüpfen. Es muss ein ausreichender Kontakt zu eigenen »inneren Kindern« vorhanden sein, der eine partiell gelebte Identifikation (und folgende Desidentifikation) ermöglichen kann. Die Möglichkeiten und die Motivation der Eltern und auch älterer Geschwister, sich auf eine Begleitung des Kindes einzulassen, spielen hier weiter eine große Rolle. Auch Großeltern, die in unseren Landen oft durch Krieg leiderprobt sind, müssen in allen Altersstufen gegebenenfalls in die Behandlung mit einbezogen werden, wenn sie einen größeren emotionalen Einfluss auf das Familiensystem haben. Ihre Art, mit Leid umzugehen, muss zunächst gewürdigt, dann verstanden und gegebenenfalls bearbeitet werden. Dies kann notwendig werden, um dem Kind in einer traumaorientierten Psychotherapie möglichst viel Rückhalt für die Bemühungen durch die Familie zu sichern. Das gelingt schwerlich, wenn elterliche und großelterliche Haltungen zum Umgang mit Leid den Vorstellungen entgegenstehen, die wir mit dem Kind erarbeiten. Als Beispiel sei hier eine Haltung angeführt, die Emotionalität generell verurteilt.

Erwachsene und auch jugendliche Patienten bringen uns im Kontext von existenziellem Leid gelegentlich mit ihren religiösen Vorstellungen in Berührung. Auch Kinder präsentieren hier gelegentlich Vorstellungen, die sie aus ihrem Umfeld entnommen haben. Hier ist zu prüfen, inwieweit diese Fantasien dem Heilungsprozess dienlich sein können oder aber, z. B. bei Kindern im Vor- und Grundschulalter, auch belastend sein können, wenn neben der Ohnmacht gegenüber der traumatischen Situation noch eine ominöse bedrohliche Übermacht auftritt. Hier bedarf es einer Entlastung des Kindes, ohne den konfessionellen Bindungen der Familie respektlos zu begegnen. Je älter Kinder werden, desto mehr gewinnen die eigenen Handlungskompetenzen eine Möglichkeit, das Leid zum einen zu akzeptieren, diesem jedoch die eigene Tatkraft entgegenzusetzen und es so zu überwinden. Jugendliche setzen sich beispielsweise theoretisch mit Themen wie Gewalt auseinander, engagieren sich in Antigewaltgruppen etc.

Kinder im fortgeschrittenen Grundschulalter bis hin zur frühen Adoleszenz haben aufgrund der erworbenen physischen, emotionalen, kognitiven Fähigkeiten sowie Coping-Kompetenzen und dem (Schul-)Wissen über allgemeine Lebenszusammenhänge immer mehr Ressourcen, leidvolle und traumatisierende Erfahrungen zu verarbeiten. Insbesondere die kognitiven Kompetenzen, gepaart mit den Errungenschaften des angeeigneten Wissens um die Welt, ermöglichen nun eine bessere, vom Verstand mitgeleitete Trauma-Integration. Hier sind Wertvorstellungen und Unterscheidungskraft mehr oder weniger sicher etabliert, ein verlässliches Verständnis der Zeitdimension sowie von Glück und Freude als Begrenzungshilfe von erlittenem Leid sind gegeben. Werden Kinder in diesem Lebensalter traumatisiert, gibt es bereits eine erinnerbare gute Zeit davor, die Bilder von Hoffnung und Neuanfang aufbauen helfen. Kognitive Schleifen im Trauma-Kontext können vom Kind identifiziert und übend überwunden werden. Der weitere soziale Rahmen hat für den Zugewinn an Lust und Freude im Alltag eine Bedeutung bekommen: Eine Wertvorstellung von Freundschaft, Liebe, Gemeinschaft auch außerhalb von Familie bekommt eine klare Gestalt. Diese Entwicklung und mit ihr neu hinzugewonnene Ressourcen können hinsichtlich ihrer Bedeutung für die Bewältigung leidvoller Erfahrung mit dem Kind, der Familie, dem Umfeld im therapeutischen Kontext erkannt, ausgebaut und gefördert werden.

Jugendliche und junge Erwachsene können und sollten entsprechend ihrem Entwicklungsstand explizit zu einer kooperativen Arbeit für einen Umgang mit dem eigenen Leid eingeladen werden. Ohnmacht im traumatischen Kontext kann in »Eigen-Macht« verwandelt werden, Selbstwirksamkeit will in dieser Lebensphase geübt und erlebt werden, wirkt gleichzeitig als Antidot zum schmerzlichsten Ausgeliefertsein. Bei der Erarbeitung von Therapiezielen sollte dieser Aspekt aktiv thematisiert werden, um eine Zustimmung zu einer Zusammenarbeit mit drohender Abhängigkeit von einem Therapeuten zu unterstützen: Der Therapeut als Gehhilfe zum Selberweitergehen, nicht als Autopilot und alterwachsener Besserwisser.

Obwohl uns junge Erwachsene begegnen, sind die an Elternpersonen gerichteten emotionalen Bedürfnisse bei äußerer »Coolness« unter extremen Leiderfahrungen dennoch latent vorhanden, werden hier aber oftmals nicht mehr so lauthals verleugnet wie bei jüngeren Jugendlichen, wenn die Autonomieentwicklung bis hierher glücklich verlaufen ist. Wir sollten dem Jugendlichen helfen, diese Bedürfnisse ohne Schamgefühle zu artikulieren und gegenüber den Eltern zu vermitteln. Angemessene Autonomiebedürfnisse als Entwicklungsmotor und nötige, heilsame (Wieder-)Anlehnung an Elternpersonen im Verarbeitungsprozess sind Aspekte im Beziehungsleben nach Traumatisierung, deren Thematisierung oft dem Therapeuten zukommt.

Stehen Missbrauchs- und Gewalterfahrungen sowie andere Traumatisierungen in den primären Beziehungen im Mittelpunkt traumatischer Erlebnisse, so sind beim Patienten starke Pseudoautonomiebestrebungen, die ein Arbeitsbündnis stören könnten, früh zu benennen und gegebenenfalls gemeinsam mit dem Patienten hinsichtlich ihres Sinnes im Trauma-Kontext zu erörtern. Hier ist nicht selten ein »indiziertes Ringen« um die therapeutische Beziehung mit dem Patienten vonnöten. Der Vertrauensverlust in die Beziehung zu Erwachsenen kann so immens sein, dass der Therapeut zunächst (eine erste) »Prüfung« der Vertrauenswürdigkeit bestehen muss, was gelegentlich mit kränkenden Entwertungsgefühlen in der Übertragungsbeziehung einhergehen kann. Diese sollten weder altruistisch verleugnet noch aggressiv ausagiert werden, sondern vielmehr benannt und hinsichtlich ihrer Bedeutung in der oftmals fast ambitendenten Haltung des Patienten einer therapeutischen Maßnahme gegenüber erörtert werden.

Zusammengefasst sind Leiderfahrungen im Kindes- und Jugendalter gegenüber denen im Erwachsenenalter noch einmal mehr differenziert zu betrachten: Die Entwicklung körperlicher, kognitiver, sozialer und emotionaler Funktionen sind für die Perzeption und Apperzeption von extremem Stress von entscheidender Bedeutung. Das soziale Umfeld gestaltet den Verarbeitungsprozess beim Kind als entwicklungsbedingt abhängigem Wesen wesentlich mit, und wir müssen therapeutische Bemühungen beim Umgang mit extremen Leiderfahrungen immer auch im Kontext von Familie und weiterem sozialem Umfeld betrachten.

1.4 Was heißt Heilung in der Traumatherapie mit Kindern und Jugendlichen?

Heilungsprozesse können unserer Meinung nach durch Arzt oder Therapeut nur angestoßen werden. Bei einer psychischen Schwerstverletzung ist nur eine »narbige« Heilung möglich, nicht eine »restitio ad

integrum«. Hier hilft vielleicht auch ein Vergleich mit dem chirur-
gischen Trauma versus einer internistischen Krankheit: Wie in der
somatischen Medizin das chirurgische Trauma durch eine Form der
Gewalteinwirkung von außen verursacht wurde, deren Folgen im besten Fall narbig verheilen und eine Lungenentzündung vollständig aus-
heilen kann, so ist der »Einschlag« in die seelischen Zusammenhänge
beim Kind mit einer Wunde und Narbenbildung verbunden und ist so
von den allgegenwärtigen Hindernissen und Kümmernissen, die das
Leben immer mit sich bringt, zu unterscheiden.

Beim kindlichen Heilungsprozess sind Besonderheiten zu bedenken: Hier sind grundsätzlich angelegte Selbstheilungskräfte zu nennen,
die z. B. im Temperament des Kindes angelegt sein können und gerade
für die Verarbeitung *dieser* traumatischen Umstände dienlich sind. Kinder akzeptieren Leiderfahrungen oftmals eher, da es der kindlichen
Hingabefähigkeit entspricht, die wir (in jungen Jahren besonders) benötigen, um uns die dingliche und menschliche Welt geöffnet an-
zueignen. Das bedeutet aber auch ein Weniger an Kampfbereitschaft
gegen eine zerstörerische Selbsterfahrung nach traumatischen Ereignissen – Hingeben und Ergeben liegen hier nah beieinander. Der Wille,
die Polarität des Erlebens im Sinne von Leidvollem *und* Freudvol-
lem Erleben wieder zu erreichen, ist nicht in dem Ausmaß gegeben wie
bei einem Erwachsenen mit langer, auch prätraumatischer Lebenserfahrung.

Kinder brauchen »große Mengen« realer guter Beziehungserleb-
nisse, ihr Reservoir an tragender verinnerlichter Beziehungserfahrung,
die in der analytischen Theorie als Objektrepräsentanzen beschrieben
wird, ist noch unzureichend ausgebildet. Damit ist die Symbolisierungsfähigkeit noch nicht ausreichend entwickelt und durch die traumatischen Erfahrungen beeinträchtigt oder zerstört.

Eine Traumatisierung in frühen Lebensjahren bedeutet immer die
Gefahr von Entwicklungsblockierungen und Fehlentwicklungen im
Sinne einer notdürftigen, unteroptimalen Traumakompensation. Ziel
der Behandlung ist es, dem Kind oder Jugendlichen nach Möglichkeit
ein Stück mehr Freiheit, autonomer Selbst- und angstfreier Weiterentwicklung sowie Glücksfähigkeit zu eröffnen. Stockende emotionale,
soziale, kognitive und körperliche Entwicklungen können durch die
Behandlung wieder in Bewegung gebracht werden.

»First things first« – wie beim erwachsenen Patienten werden auch von kleinen Kindern intrusive Erlebensweisen und Übererregungszeichen als Folge von traumatischem Stress oft als besonders belastend erlebt. Wir streben mit den kleinen Patienten gemeinsam an, dass Folgen von traumatischen Erfahrungen nicht mehr derart quälen, mit Emotionen erinnert werden können, ohne dass das Kind sich davon überwältigt fühlt und sich dadurch extremer Stress reduzieren kann. Der durch Intrusionen und eine Übererregungssituation entstehende Extremstress blockiert oftmals alle anderen guten und möglichen Entwicklungen. Dies führt auch beim Kind dazu, dass eine weiterführende, die Beziehungsdynamik näher betrachtende Psychotherapie möglich wird, ohne dass traumabedingte Intrusionen und Beziehungsverzerrungen eine angemessene Arbeit fortwährend stören.

Primäre somatopsychische Wirkungen von traumatischem Stress, z. B. durch einen veränderten Stresshormonkreislauf und folgende Veränderungen der Affektregulation und Gedächtnisfunktion, haben früher weit verbreitet zu kränkenden Deutungen von resultierenden sekundären und tertiären Symptomen sowie Fehlverhaltensweisen bei den Patienten geführt. Das hat zu einer Entfremdung von Patienten und Therapeuten oder einer fatalen defizitären Selbstwahrnehmung der Patienten geführt. Ist unter den gestörten Gedächtnisfunktionen durch dissoziative amnestische Erlebnisbereiche ein kontinuierliches Selbsterleben bei wiederholt traumatisierten Kindern ohnehin gestört, führt eine defizitorientierte therapeutische Haltung zu weiteren Einbrüchen im Selbstkonzept dieser Patienten. Insbesondere trifft dies jüngere Patienten, bei denen zwischen der Therapeutin und ihnen selbst ein noch größeres Machtgefälle besteht, welches der therapeutischen Auffassung eine besondere Bedeutung verleihen kann. Therapieabbrüche waren oft die Folge solcher Missverständnisse.

Durch ein *gemeinsames* traumapsychologisches Verständnis der Symptomatik von Therapeutin, Patientin und familiärem Umfeld sowie dem Angebot der Unterstützung im Sinne der Behandlung der Symptomebene wird eine haltgebende Bindungserfahrung zu den elterlichen Personen und dem Therapeuten möglich. Dies gibt dem Patienten Hoffnung und eröffnet oftmals erst den Blick auf den schwierigen weiteren Weg der Bearbeitung der Folgen von Beziehungstraumatisierung auf einer psychodynamischen Ebene.

Gute Erfahrungen nach der Traumatisierung sind für das Kind einmal mehr prägend, und der Therapeut trägt daher eine entsprechende Verantwortung. Diese Situation macht deutlich, dass die Integration insbesondere der Familie oder anderer primär versorgender Personen sowie des weiteren nahen Umfeldes wie Schule und gegebenenfalls auch von Peers gerade beim Abhängigkeitsgefälle Kind-Therapeut von großer Bedeutung ist. Heilsame, tragende Beziehungserfahrungen vor allem außerhalb der therapeutischen Beziehung sollen angestoßen und die therapeutische Beziehung hinsichtlich Versorgungswünschen des Patienten entlastet werden. Wir sollten gerade bei traumatisierten Kindern die Elternpersonen befähigen, durch Einfühlung in das Leid des Kindes, welche vor unserer Intervention in der Regel nicht ausreichend gegeben war, als gestärkte Eltern aufzutreten, statt uns selbst »zu wichtig« für den jungen Menschen zu machen, indem wir eine zu individualisierte, Elternpersonen ausschließende Behandlung anbieten. Wir vermeiden so eine Zentrierung der Wahrnehmung des Kindes einer einfühlsamen, tragenden Beziehung ausschließlich im therapeutischen Kontext mit seinen frustranen Grenzen. Diese kann dem Kind als eine Erfahrungsgrundlage dienen, bedarf aber im »realen Leben« einer Fortsetzung. Heilung findet letztlich im Kind selbst und durch die Liebe der Menschen statt, die das verletzliche junge Wesen im täglichen Leben begleiten und dem Grauen die wiederholt gute Erfahrung entgegensetzen. Sind diese Voraussetzungen gegeben, dann sind gut begleitete Kinder wunderbare Patienten, an denen wir kraftvolle Entwicklung im Zeitraffermodus beobachten können: So zerbrechlich sie sind, so sehr ermöglicht es ihnen ihre kindliche Hingabefähigkeit und die junge (Über-)Lebensenergie, alles Gute wie ein Schwamm aufzusaugen und sich zu nähren, um am Leben und der Liebe teilzuhaben. Gerade die jüngsten Patienten zeigen trotz dramatischer Verletzungszeichen oftmals die erstaunlichsten Entwicklungen.

1.5 Über Therapieziele im Kontext von Trauma und Entwicklung

Auch bei Kindern ist die Bearbeitung von traumatischer Erfahrung kein Therapieziel!

Vielmehr dient die Bearbeitung traumatischer Erfahrungen bestimmten Therapiezielen. Diese sollten realistisch sein und sich auch daran orientieren, wie viel Zeit man hat, um sie zu erreichen. Häufig empfiehlt sich die Formulierung von Teilzielen.

Wir müssen in der Regel mit begrenzten Behandlungskontingenten arbeiten. Realistische Behandlungsziele sind daher gemeinsam mit Kind und versorgenden Elternpersonen zu erarbeiten.

Bei Kindern und Jugendlichen hat sich gezeigt, dass eine Visualisierung der bisher erreichten Ziele, wie eine »Fieberkurve« in der somatischen Medizin, im Behandlungsverlauf im Sinne des Kontinuitätserlebens zur Orientierung und Überprüfung der geleisteten (psychischen) Arbeit im Prozess sinnvoll ist. Es hat sich gezeigt, dass gerade kleinere Kinder eine Verlaufsdokumentation gern aufnehmen und mit Freude gemeinsam mit der Therapeutin und (gegebenenfalls) mit dem sozialen Umfeld Erfolge teilen. Die kleineren Patienten verfügen (noch) nicht über die kognitiven Kompetenzen, eine holistische Sicht auf das Therapiegeschehen zu richten: Sinn, Inhalte, Zielvorstellungen etc. der Therapie können so immer wieder aus dem Bewusstsein der kleinen Patienten abhanden kommen – gerade wenn eine komplexe Symptomatik aus innerpsychischen Wirrungen und Kommunikationsproblemen im Äußeren zur Behandlung geführt haben. Die Visualisierung und Hierarchisierung von Therapiezielen hilft den Kindern, den Überblick und somit die Kontrolle über das therapeutische Geschehen im Kontext ihrer inneren und äußeren Lebenswirklichkeit zu erfassen. Auch eröffnet sich über eine kooperative Dokumentation die Möglichkeit, die Zielbearbeitung einer sich wandelnden subjektiven Beeinträchtigung durch die Symptompalette anzupassen. Wenn beispielsweise übende Aspekte die Behandlungsphase bestimmen, kann sich durch diese Art des Stagings kurzfristig die Ausrichtung der Therapieinhalte an der aktuellen Bedürfnislage des Kindes ausrichten. Wir werden die konkrete Gestaltung dieser Form der kooperativen Evaluation in den Behandlungskapiteln ausführen.

Therapieziele ergeben sich aus einer generellen Behandlungsindikation. Diese ist nach der »American Association of Child and Adolescent Psychiatry and Psychotherapy« (AACAP, 1998) dann gegeben, wenn bei kindlicher Traumatisierung das Alltagsleben beeinträchtigt ist. Die subjektive Beeinträchtigung des Kindes oder die entsprechende Einschätzung der primären Bezugspersonen ist somit Maßstab für die Formulierung von Behandlungszielen und -zeitraum. Bei einem jugendlichen Patienten wird dieser in der Regel entsprechend selbst die Entscheidung treffen und das Umfeld beratend und als Unterstützung hinzugezogen. Bei Patienten mit chronischen Psychotrauma-Folgestörungen ist die resultierende gestörte soziale Interaktion oftmals derart belastend, dass die Symptomatik für diese Patienten in der Regel einen dringlichen Behandlungswunsch impliziert, wenn die Behandlungskonzeption dem Patienten und seiner Familie sinnvoll und nachvollziehbar erscheint.

Bei gerade erst sprachfähigen Kleinkindern bis hin zu Kindern im Grundschulalter werden Therapieziele mit den Elternpersonen im Beisein der Kinder entlang der eruierten Symptomatik erarbeitet und dem Kind selbst mit zunehmendem Alter mehr Entscheidungsraum zugebilligt.

Die Symptome betreffen zum einen die kindliche Symptomatik, aber auch die Implikationen, die sich daraus z.B. im Sinne von infolge veränderten sozialen, kommunikativen, schulischen, kognitiven und kreativen Funktionen des Kindes ergeben.

Die Therapieziele sollten so auch dem sozialen Umfeld vermittelt werden. Zum einen, um mögliche psychosoziale Stressoren im Umfeld zu minimieren und eine Akzeptanz dem Kind mit seinen Störungen gegenüber zu erzielen, und zum anderen, um Ressourcen im weiteren sozialen Umfeld außerhalb der Familie auszumachen und gegebenenfalls zu fördern. Gerade bei jugendlichen Patienten erscheint uns diese Betrachtung besonders wichtig, da Peerbeziehungen von diesen eine große Bedeutung beigemessen wird.

Wichtig erscheint es uns, dem Patienten und den Bezugspersonen zu vermitteln, dass Therapie nur einen bescheidenen Baustein im Sinne der Verarbeitung und Heilung von traumatischer Lebenserfahrung darstellt.

Gerade die Arbeit mit Kindern und Jugendlichen erfordert von der

Therapeutin ein vernetztes Vorgehen in einem sozialen Umfeld unterschiedlicher persönlicher und professioneller Sphären des Kindes. Das (bedingte) Verständnis des Therapeuten über das »Innenleben« des Kindes mit seelischer Verwundung dient im besten Fall als kompetentes Sprachrohr der kindlichen Bedürfnislage in der Welt der Erwachsenen.

Hilfemaßnahmen außerhalb des therapeutischen Raumes können hier traumapsychologisch fundiert angeregt werden. Die Therapeutin kann den Eltern nach Rücksprache mit dem Kind beispielsweise vermitteln, dass der achtjährige Sohn Freude erlebt hat, als er bei der Tante am Klavier spielen durfte, und sie kann die Eltern unterstützen, dem Kind die Möglichkeit zum Musizieren einzurichten. Ressourcen können als solche vom Therapeuten erkannt, benannt und eine Förderung angeregt werden. Therapie ist nur *ein* (oft notwendiger) Baustein auf dem Heilsweg, und die Erkenntnisse der Resilienzforschung und anderer ressourcenorientierter Betrachtungen auf körperliche und psychische Krankheit sollten bei der Konzeption von therapeutischem Handeln auch im Einzelfall konkret Berücksichtigung finden.

Es gibt vor allem jugendliche Patienten, die sich mit der Formulierung von Zielen nicht wohlfühlen. Sie empfinden dies als Druck. Sie berufen sich auf den Satz aus dem Zen-Buddhismus »Der Weg ist das Ziel«. Patienten mit dieser Haltung hilft man mehr, wenn man mit ihnen über Wege spricht, z.B. wie der Weg beschaffen sein soll und welche einzelnen Schritte zu gehen sind.

Immer sollte man das soziale Umfeld: Eltern, gegebenenfalls Großeltern – wenn diese emotional im Positiven wie im Negativen eng mit der Familie verbunden sind –, die Schule, bei Jugendlichen auch Peers, erste Beziehungspartner, mit in die Planung einbeziehen. Eine kooperative Haltung des Therapeuten, genaue Absprachen über mögliche Gesprächsinhalte mit Kind und nächstem Umfeld sind hier nötig. Bei allen Absprachen sollte darauf achtgegeben werden, dass ein vertrauensvolles Verhältnis zum Patienten und seinem sozialen Umfeld hergestellt wird und die Loyalität der Patientin gegenüber gewahrt bleibt.

2. Entwicklungs- und traumapsychologische Grundlagen zu Verständnis, Diagnose sowie Therapie seelischer Traumatisierungen im Kindes- und Jugendalter

Die Diagnose und Behandlung psychischer Traumatisierungen setzen ein Wissen über den körperlichen, kognitiven und psychosozialen/ emotionalen Entwicklungsstand des Kindes oder Jugendlichen sowie traumapsychologischer Grundbegriffe voraus. Die Arbeiten der psychoanalytischen Schulen zur psychischen Entwicklung des Menschen und die grundlegenden Arbeiten von Spitz (1967), Piaget (1978) und Erikson (1976) sind Grundlage der Überlegungen. Im Folgenden wollen wir die theoretischen Grundlagen zusammengefasst erläutern, die für unser Verständnis von den Wirkungen und dem Umgang mit traumatischem Stress von besonderer Bedeutung sind. Familiendynamische Aspekte werden in den folgenden Kapiteln jeweils eingearbeitet.

2.1 Zur Traumatisierung im Kontext von Entwicklung

2.1.1 Körperliche Entwicklung und Trauma

Der körperliche Entwicklungsstand eines Kindes sollte bedacht werden, indem wir beispielsweise versuchen, die Welt einmal aus einem Meter Höhe wahrzunehmen und die Eindrücke aus dieser Höhe neu zu beurteilen oder uns zu überlegen, welche Wirkung z. B. sexualisierte Gewalt auf einen Menschen hat, der nicht die sexuelle Reife erreicht hat. Die Hirnreifung und die sog. Neuroplastizität sind beim Kind anderen Prozessen unterworfen als beim Erwachsenen. Möglicherweise hat die körperliche Entwicklung auch einen Einfluss auf die Reaktion des gesamten Organismus, wenn wir gerade bei kleineren Kindern immer wieder körperliche Symptome als Ausdruck einer Traumatisierung beobachten können – bis hin zum »psychosozialen Minderwuchs«, bei dem Kinderärzte ungünstigen Entwicklungsbedingungen, die aus unserer Sicht eng im Zusammenhang mit Traumatisierungen zu sehen sind, ursächliche Wirkung für generelle defizitäre Wachstumsprozesse zusprechen. Eine oder wiederholte traumatische Erfahrung(en) haben beim Kind auf Hirnreifungsschritte und grundlegende neurologische Funktionen einen viel tief greifenderen Einfluss, als dies im reifen Organ zu erwarten ist (Hüther, 1998, 2003). Diese wiederum wirken auf die gesamte kognitive, emotionale, soziale und körperliche Entwicklung des Kindes. De Bellis (2003) spricht von einer Entwicklungstraumatologie, Glaser (2000) fasst die Erkenntnisse von Entwicklungspsychologie, Emotions- und Verhaltensforschung im Kontext von neurobiologischen Veränderungen nach kindlichem Extremstress durch Kindesmisshandlung zusammen. Die Forschung zu diesen Themen hat bereits viele interessante Ergebnisse erbracht, die direkten Bezug zu therapeutischem Handeln haben (van der Kolk, 2003). Die Erkenntnis nachweislich veränderter grundsätzlicher Funktionen der Stressverarbeitung mit resultierenden Symptomen der Impulskontrollstörung bei früh traumatisierten Menschen hat Einfluss auf therapeutische Techniken. Die genannten Störungen werden auf dem Hintergrund dieses Wissens ursächlich nicht mehr nur auf das Beziehungserleben des Patienten bezogen, wie dies psychodynamische Verstehensansätze früher nahegelegt haben.

Auch kann eine körperliche Entwicklung im Sinne einer Retardierung oder Akzeleration einen Einfluss auf den traumatischen Prozess haben. In beiden Fällen kann das betroffene Kind beispielsweise sozial aufgrund körperlicher Stigmata ausgegrenzt werden, was bereits vor der traumatischen Erfahrung das Kind emotional labilisiert und zu erheblichem Stress geführt haben mag, aber auch für die Verarbeitung dieser Erfahrungen erschwerend sein kann, wenn die für Kinder so wichtige Unterstützung aus der Gleichaltrigengruppe nicht vorhanden oder gestört ist.

2.1.2 Kognitive Entwicklung und Trauma

Kognitionen als Narrative – gesprochen, gespielt, gemalt, getanzt – können helfen, das Unsagbare in der traumatischen Situation zu integrieren, in der kreativen Distanz zur Realität archaische Wut zu artikulieren, Leidvolles zu betrauern, Abschied zu nehmen von der »heilen Welt«. Sie schaffen einen Unterschied zwischen der Zeit der Traumatisierung und der Zeit danach, schaffen in diesem Moment einen Raum, um nach vorne schauen zu können durch ein zunächst kleines Fenster in eine Welt *nach* dem Trauma. Und es ist nicht dermaßen relevant, ob wir es mit einem Kind oder einem Erwachsenen zu tun haben, nur dass das Kind die Welt, je kleiner es ist, mehr oder weniger über die Wahrnehmung des Erwachsenen als Vermittler und Begleiter versteht, diesen gegebenenfalls als »reales Helferwesen« wahrnimmt. Kognitionen, auch hilfreiche Imaginationen, sind letztlich in Gedanken kondensierte menschliche Erfahrung, die eng an Emotionen geknüpft, im (frühen) Beziehungserleben gewachsen sind, wie Luc Ciompi in seinem Buch »Affektlogik« (1994) eindrücklich zeigt.

Diese reale, im positiven Sinne »Ent-wicklung« bedingende Abhängigkeit des Kindes vom Erwachsenen stellt die größte Herausforderung für Therapeuten und das weitere soziale Umfeld des Kindes dar. Hieraus ergeben sich Chancen, aber fast noch mehr Risiken bezüglich einer glücklichen Entwicklung des beschädigten Kindes oder Jugendlichen – gerade dann, wenn Menschen die Traumatisierung des Kindes verantworten müssen oder das Kind direkt durch einen Menschen Leid erfahren hat.

Wir wollen nun auf die theoretische Grundlage unserer kognitiv-entwicklungspsychologischen Überlegungen näher zu sprechen kommen. Die vier kognitiven Entwicklungsstadien nach *Piaget* werden kursorisch im Trauma-Kontext dargestellt.

Zur senso-motorischen Phase (0 bis 1,5 Lebensjahre)
Säuglinge und Kleinkinder erleben die Welt über das Sensorium, zu Beginn wohl vornehmlich durch oral-taktile, später zunehmend auch durch über andere Sinnesorgane vermittelte Wahrnehmungen. Eine Trennung von der Mutter, Mangel an Nahrung, Wärme, ausreichende Ruhe, Regelmäßigkeit der Lebensabläufe, Reizüberflutung können

schnell eine existenzielle Bedrohung darstellen. Eine »Bespiegelung« des Säuglings durch die verbalen, körperlichen und mimischen Reaktionen der Mutter, die liebevolle Zuwendung und der »Glanz in den Augen der Mutter« eröffnen dem Menschen die Fähigkeit zur Mentalisation (Fonagy, 2006), der Einfühlung in das Empfinden des Gegenübers als notwendige Voraussetzung jedweder sozialer Kompetenz.

Bis zum Alter von etwa einem Jahr hat sich der Bindungsforschung zufolge ein Bindungstyp etabliert, der in der Regel ein lebenslang mehr oder weniger konstantes Abbild der frühen Beziehungserfahrung darstellt. (Zur Erinnerung: In der »fremden Situation« [Ainsworth, 1978] werden unterschieden: 1) Das sicher gebundene Kind, 2) das unsicher gebundene Kind, 3) das ambivalent gebundene Kind und 4) das Kind mit einem desintegrierten Bindungstyp, der hoch mit dem späteren Auftreten von schweren Persönlichkeitsstörungen korreliert.)

Traumatische Erfahrungen in diesem Alter sind immer auch und in einem besonderen Maße Beziehungstraumatisierungen. Sie sind vor allem bei Kindern mit frühem desorganisierten Bindungsmuster zu finden. Egal, was passiert ist: Die primären Bezugspersonen konnten die Ereignisse zumindest nicht verhindern und haben das Kind einer Gefahr schutzlos preisgegeben. Dieser Sachverhalt legt also nahe, dass traumatischer Stress in dieser Entwicklungsphase einen entscheidenden Einfluss auf die Art der Bindungsfähigkeit des Menschen für sein weiteres Leben haben kann. Das Verständnis vom sogenannten desintegrierten Bindungstyp legt (chronische) potenzielle traumatische Beziehungserfahrungen ursächlich für die sichtbare Form der Beziehungsgestaltung dieser Kinder und späteren Erwachsenen nahe.

Auch wenn uns die Säuglingsforscher gezeigt haben, dass die Kleinsten mehr können, als wir lange Zeit glaubten (eine gelungene Zusammenfassung seiner Fähigkeiten findet sich bei Martin Dornes [Der kompetente Säugling, 1996], so sind seine apperzeptiven Möglichkeiten doch gegenüber Kindern der nächsten Entwicklungsphase noch recht eingeschränkt. Das Kind kann krabbeln, später laufen, bereits in den ersten Lebenswochen Menschen unterscheiden, mit dem Lächeln Beziehung zu Menschen auch außerhalb der persönlichen Sphäre Kontakt aufnehmen und Probleme nach einfachem Versuch-Irrtum-Muster lösen. Die eingeschränkte Wahrnehmung und weitgehend sprachlose, lautierende, beginnende verbale Kommunikation und egozentrierte,

auf primäre Bedürfnisse wie Nahrung, Wärme, emotionale Bespiegelung im Mikrokosmos der primären Objektbeziehung(en) ausgerichtete Existenz führt dazu, dass das, was dem Anderen, außerhalb der Beziehung zur Mutter stehenden Menschen angetan wird, nicht erfassbar
oder besser: verstehbar ist. Die Welt des Kindes beschränkt sich nahezu
auf die Ausmaße seines Gesichtsfeldes und der indirekten Wahrnehmung der Welt über die einfachen affektiven Reaktionen der Bezugspersonen auf diese. Die Schrecken einer Geiselnahme beispielsweise
gehen an einem Säugling glatt vorbei, wenn er auf dem Arm der Mutter
eine sichere Welt wahrnehmen darf, gestisch beruhigende Bespiegelung
im Antlitz der Mutter erfährt, die Milch der Brust fließt, für ausreichend Nahrung, Schlaf gesorgt ist, ohne dass jedoch überwältigende,
z. B. akustische Sensationen wie Schüsse vom Kind verarbeitet werden
müssen. Reagiert die Mutter gefasst, beruhigend, können auch starke
Störungen in »Mutters Schoß« ohne großen Schaden überwunden werden. Wird der Säugling oder das Kleinkind jedoch von der Mutter länger getrennt, entstehen tief greifende Traumatisierungen. Was sich
nicht im Gesichtsfeld des Säuglings befindet, scheint nach gewisser Zeit
aufzuhören zu existieren. Die gute Erfahrung versickert hier noch wie
das Wasser im losen Erdreich, es hat sich noch nicht ausreichend
»Grundwasser der guten Erfahrung« in den unteren Schichten der
Erlebniswelt angesammelt, aus dem in »schlechten Zeiten« geschöpft
werden könnte.

Eine Symbolisierungsfähigkeit, die sich in der nächsten Entwicklungsstufe mutmaßlich erstmals zeigt und von Erinnerungsfunktio-
nen abhängt, über die das Kind sich quasi per Imagination die Mutter
verfügbar macht, ist (noch) nicht vorhanden. René Spitz hat mit
der Einführung des Begriffs der *anaklitischen Depression* (Spitz, 1967)
eindrücklich beschrieben, wie Säuglinge und Kleinkinder unter emotionaler Deprivation die Nahrungsaufnahme verweigern, der Lebens-
geist aus ihnen weicht und sie trotz möglicher Ernährung und im war-
men Bett wie depressiv-apathisch anmutend sterben können. Man
könnte hier von einer frühen, anhaltenden Trennungstraumatisierung
und deren Folgen sprechen.

Zur prä-operationalen Phase (2 bis 7 Jahre)

Das Kind glaubt in dieser Phase, dass das *ist*, was es *denkt*. Kindergarten-, Vorschulkinder und Erstklässler sind geprägt von einem sog. magisch-animistischen Denkstil, bei dem Gedanken des Kindes beispielsweise die Realität verändern können, die Welt weiterhin von Geistern, Dämonen und Flüchen beherrscht werden kann, »bösen Männern« übernatürliche Kräfte zugesprochen werden, aber auch Helden (manchmal in Gestalt des eigenen Vaters oder der Mutter) erschaffen werden, denen ebensolche Omnipotenz zugesprochen wird. Im Spiel wird die Welt der Großen imitiert und so peu à peu mehr verstanden – Begriffe für die Dinge werden entwickelt. Die eigene Kleinheit wird erstmals im Kontrast zu der Macht der Erwachsenen und der (Natur-)Gewalten wahrgenommen. Generelle lebenspraktische Kompetenzen werden gerade erst erlernt, und das Kind spürt erstmals zum einen, was es schon kann, aber noch einmal mehr auch, was es nicht kann. Vorgestellte größenhafte magische Veränderungskräfte des Kindes sind der psychische »Trick«, mit dem das Kind der eigenen Hilflosigkeit in der Welt begegnet. Gleichzeitig bedeutet diese eingebildete Größe des Kindes aber auch, quasi logisch, die Verantwortung für Geschehnisse zu übernehmen. Kinder diesen Alters leiden oft unter erheblichen Schuldgefühlen nach dramatischen Ereignissen (»wenn ich dem großen Bruder, der mir nie sein Spielzeugauto leihen wollte, nicht einmal den Tod gewünscht hätte, wäre er vielleicht nicht vom Auto überfahren worden«). Habe ich die Schuld, dann kann ich in Zukunft etwas unternehmen, damit das schreckliche Ereignis nicht noch einmal eintritt. Der Preis für das so überwundene Ohnmachtsgefühl in der traumatischen Situation sind dann quälende Schuldgefühle.

Kindern in dieser Entwicklungsphase müssen Sachverhalte (auch im Trauma-Kontext) konkretistisch, über Vergleiche mit der bekannten Welt, im Spiel nahegebracht werden. Zu Abstraktionen sind die Kinder (noch) nicht in der Lage. Im Kontext von seelischer Traumatisierung wird das Kind durch die Ohnmacht in der traumatischen Situation durch die Zuschreibungen zum einen noch destruktiver bedroht, zum anderen kann es sich mithilfe seiner idealen Vorstellungskraft aber auch Hilfe »herbeizaubern«. Die Kinder sind besonders anfällig für dämonisch inszenierte Bedrohungen, z. B. durch missbräuchliche Erwachsene, und halten Schweigediktate aus dieser Zeit unter ihrer Angst manchmal Jahre aufrecht. Magische, bedrohliche Vorstellungen, Tabus können in dieser Zeit überall lauern, und wir müssen manchmal detektivisch nach ihnen Ausschau halten, quasi auf »Geisterjagd« im Sinne von virulenten schleichend wirksamen Introjekten gehen, können aber mit dem Kind gemeinsam auch Ausschau nach »Guten Feen« halten! Der emotionale Gehalt (Schutz oder Bedrohung) von eingeführten Bildern muss in jedem Fall überprüft werden. Verbindet das Kind wirklich Gutes mit der »Guten Fee« oder hat der große Bruder das Bild als bedrohliche Zwiegestalt eingeführt, um der kleinen Schwester die Süßigkeiten abspenstig zu machen?

Zur konkret-operationalen Phase (8 bis 13 Jahre)

Das verstandesmäßige Erfassen der Welt nimmt bei Kindern dieser Entwicklungsphase zunehmend Raum ein. Sie können Rückschlüsse ziehen, beginnen zu abstrahieren. Sie können die Erscheinungen am Realitätsprinzip orientiert klassifizieren und verifizieren. Erfahrungen (auch leidvoller Natur) können in ihrer Endlichkeit und Begrenztheit differenziert erfasst werden, intellektuell gesteuerte Begrenzungen können errichtet werden.

Die Freude über das verstandesmäßige Erfassen der Welt blüht in dieser Phase intensiv auf. Rudimente, »wiederbelebbare«, heilsame magisch-animistische Vorstellungen und rationaler Realitätsbezug können in dieser Phase immer wieder eine Art »Coping-Allianz« eingehen.

Diese Kinder können sich schon auf bereits Geschehenes rückbesinnen und den Dingen rückwirkend neue Bedeutungen zuschreiben, was Kindern der prä-operationalen Phase meist nicht gelingt. Auch länger vorhandene Schuldgefühle sind so leichter zu korrigieren. Beziehungen unter Menschen werden »verstanden«, das »Warum« von Beziehungen ist dem Kind in Teilen zugänglich geworden. Dinge können anhand der erworbenen Begriffe benannt und in das entstehende rationale Denkgebäude eingefügt werden.

Der Zugang zu eigenen Gefühlen ist in dieser Phase oft schwerer zu bewerkstelligen. Das aufkeimende Verstandeswesen »duldet« gefühlshafte Äußerungen gelegentlich nur unter Widerstand. Dem muss beim Umgang mit den Kindern zum einen Rechnung getragen werden, zum anderen bedarf es der Einbeziehung von Gefühlen bei der Verarbeitung traumatischer Erlebnisse. Der Erwachsene im sozialen Umfeld wie auch der Therapeut sollten eine Stellvertreterrolle einnehmen, Sprachrohr für die vom Kind in dieser Phase schwerer artikulierbaren Gefühle sein können. Die Fähigkeit, die Realität in ihrem Bezug erfassen zu können, kann als Ressource zur kognitiven Begrenzung der traumatischen Erfahrung genutzt werden. Erklärungen des Erwachsenen helfen dabei, diese Eingrenzung zu unterstützen, zwischen das Ohnmachtsgefühl der traumatischen Situation in der Vergangenheit und die Welt in der Zukunft einen »Zwischenraum« einzuführen, der unterscheiden hilft.

Sublimierungstechniken werden in der Regel in dieser Lebensphase erstmals intensiv erarbeitet, ein Trauma-Coping kann so über bereits erlernte oder hinzugelernte Kulturwerkzeuge wie z. B. Musizieren, Malen, Schreiben und Sporttreiben partiell stattfinden.

Zur formal-operationalen Phase (13 bis Erwachsenenalter)
Das Kind wird nun zum Erwachsenen und hat sich bis hierher kognitiv-emotionale Kompetenzen für ein eigenständiges Leben angeeignet. Hypothetisch-deduktive Erklärungsmodelle für die Phänomene finden zunehmend Anwendung. Seine lebenspraktischen Kompetenzen hinsichtlich körperlicher, sexueller, intellektueller, sozialer Aspekte, Möglichkeiten der Alltagsbewältigung, der psychischen Autonomie sind so weit ausgeprägt, dass der Jugendliche sukzessive allein psychisch und physisch überlebensfähig ist. Mit am Realitätsprinzip orientierten »Wenn-dann«-Vorstellungen hat der junge Mensch jetzt die Möglichkeit, sich intellektuelle »Auswege« aus seiner Herkunftsfamilie zu schaffen. Über gemeinsame ideelle Wertesysteme, die oft unter dem Begriff der »Jugendkultur« subsumiert werden, schaffen sich junge Menschen ein für Ältere meist exklusives psychosoziales Bezugssystem, was die Herauslösung aus dem familiären Kontext begünstigt und eine »eigene Welt« darstellt, in der die autonomen Kompetenzen jedes Einzelnen kollektiv »auf die Probe« gestellt werden können. Intime Freundschaften, zum ersten Mal auch sexueller Natur, entstehen, und intensive emotionale Bezüge werden außerhalb der bestehenden familiären Bindungen aufgebaut. Beziehungen werden tiefgründig von verschiedenen Perspektiven aus erfasst. Traumatische Erfahrungen können auf verschiedenen, für die Verarbeitung relevanten Ebenen erfasst werden. Das neue kreative Potenzial kann zur Verarbeitung

der seelischen Verletzungen eingesetzt werden. Andererseits werden traumatische Erfahrungen und die psychischen Folgen als besonders beschämend erlebt – insbesondere, wenn vorbestehende ungelöste Autonomie-Abhängigkeitskonflikte den traumatischen Prozess tangieren und die resultierende emotionale Bedürftigkeit Unabhängigkeitsbestrebungen diametral entgegensteht.

Es erfordert Fingerspitzengefühl, den Autonomiebestrebungen des Jugendlichen respektvoll zu begegnen und gleichzeitig eine therapeutische Beziehung herzustellen, die vom betroffenen Jugendlichen bewusst oder unbewusst mit Abhängigkeit assoziiert wird. Das Bedürfnis, allein klarzukommen, sollte offen angesprochen werden, ein partnerschaftlicher Bund zwischen Patient und Therapeut ist hier von besonderer Bedeutung für die Tragfähigkeit der therapeutischen Arbeitsbeziehung.

2.1.3 Entwicklung und familiäres Umfeld

Auch die Familie im Umfeld des Kindes – Eltern, Geschwister, Großeltern – sind in steter Entwicklung begriffen. Entwicklung hört mit dem Erreichen des Erwachsenenalters nicht auf. Entwicklungsschritte in den Generationen und Altersstufen haben einen Einfluss auf die (psychische) Organisation des gesamten Familiensystems sowie auf das traumatisierte Kind und den traumatischen Prozess. Auf besondere Entwicklungssituationen innerhalb der Familie (Tod eines Großelter, Geburt eines Geschwisterkindes, Krankheit eines Familienmitgliedes etc.) sei an dieser Stelle nicht weiter eingegangen. Diese Gesichtspunkte werden aufgrund ihrer eigenen Komplexität in einer späteren Abhandlung zur familientherapeutischen Arbeit bei Traumastörungen erörtert. Einige Aspekte werden jeweils in den folgenden Kapiteln betrachtet.

2.2 Das Konzept einer »Entwicklungs-Ressourcologie«

Eine ressourcenorientierte Arbeit erweist sich im klinischen Alltag als den Bedürfnissen vieler Kinder und Jugendlicher entsprechend und würdigt die Erkenntnis der Neurowissenschaften über Stressverarbeitung. Auch die Erkenntnisse der Resilienzforschung, z. B. von Smith und Werner (2001), die in einer über 40-jährigen Katamnesestudie Menschen und deren Widerstandskräfte trotz traumatischer Erfahrungen untersucht haben, legen den Schluss nahe, dass diese Kräfte der Patienten zum einen erkannt und zum anderen neben der Behandlung von Symptomen gefördert werden sollten. Ontogenetisch ältere Ressourcen sind oft von der Zeit und den weiteren Entwicklungen »verschüttet« worden, weil sie den anstehenden Entwicklungsaufgaben, wie z. B. Autonomiebestrebungen, entgegenstanden. Diese können aber reaktiviert werden. Ein einfaches Beispiel ist das psychophysische Wohlempfinden, welches durch Körperkontakt hergestellt werden kann. Dieser kann zu unbewussten Verbindungen zu frühen Trosterfahrungen beitragen.

Für die Behandlung der Psychotraumastörungen im Kindes- und Jugendalter haben wir in Abbildung 1 auf Seite 46 versucht, wichtige alterstypische Ressourcen und Coping-Strategien den Piaget'schen Entwicklungsstadien exemplarisch kursorisch zuzuordnen.

Regressive Prozesse, die im Erwachsenenalter grundsätzlich aus neurosenpsychologischer, psychoanalytischer Sicht defizitär konnotiert werden, haben hier im Sinne der Traumakompensation eine *sinnvolle* Bedeutung und werden bei unterstützender Behandlung und Begleitung des Patienten durch Therapeut und soziales Umfeld in der Regel überwunden, wenn sie im Hier und Jetzt zunehmend dysfunktional oder überflüssig werden. Die kindlich-jugendliche Entwicklung ist noch nicht »abgeschlossen«, was bedeuten kann, dass auch Coping-Bemühungen aus früheren Entwicklungsphasen vom Patienten leichter wieder zugänglich werden. Z. B. magische Vorstellungen aus der prä-operationalen Phase, die gelegentlich diffenzialdiagnostisch von psychotischen Symptomen abzugrenzen sind, fanden wir gehäuft bei Kindern und jugendlichen Patienten, beispielsweise im Sinne von subjektiv hoch wirksamen magischen Heilsvorstellungen, hilfreichen Wesen sowie religiös gefärbten Fantasien.

ALTERSGRUPPE		TYPISCHE RESSOURCEN, Möglichkeiten des Copings und Freudegewinns
I	0–2	Wohlbefinden über Suche nach körperlichem und visuellem Kontakt, durch Nahrungsaufnahme, Schlaf. »Symbiose-Glück«: tiefe Beruhigung durch vertrauten Körperkontakt möglich, Umwelt außerhalb der dyadischen Beziehung (meist Mutter – Kind) wird im Sinne einer psychophysischen Homöostase ausgeschaltet (besser: hier gar nicht hereingelassen), »1 + 1 = 1«
II	2–7	s. I +: – Magische Vorstellungswelt, die kraftvoll »Berge versetzen« kann – heilsame Imaginationen als »Kinderspiel« – das Spiel ist im Erleben des Kindes gelebte Realität; Probleme, Ängste, Wünsche können im Spiel »abgehandelt«, »ver-spielt« werden – Objekte können konstruktiv, heilsam-machtvoll besetzt werden (cave: »Machtmissbrauch«: einem *Be-setzen* des Erwachsenen als konkretem »Hilfs-Ich« muss ein rechtzeitiges *Ab-setzen* vom Objekt zur Autonomieentwicklung folgen können/ dürfen!)
III	8–13	s. II +: – Dinge sowie Erfahrungen (auch leidvoller Natur) können in ihrer Endlichkeit und Begrenztheit differenziert erfasst und verstanden werden; intellektuelle Begrenzungen können errichtet werden – die Freude über das verstandesmäßige Erfassen der Welt blüht auf – Rudimente, wiederbelebbare heilsame magisch-animistische Vorstellungswelten und rationaler Realitätsbezug können »Coping-Allianz« eingehen. – Sublimierung, Trauma-Coping über erlernte Kulturwerkzeuge (z. B. Musizieren, Malen, Schreiben)
IV	14– Erw.- alter	s. III +: Kreative Gestaltung des eigenen (Über-)Lebensraumes, aktives Handeln gegen Ohnmachtsgefühle, Aufnahme tragender Peer-Beziehungen fürs Leben

Abbildung 1: Entwicklungsphasen nach Piaget und entsprechende kindliche Ressourcen

Hier können wir nochmals lernen, dass viele Heilungswege beschritten werden können und wir hinsichtlich der Wirksamkeit unserer individuellen Methode als Therapeuten bescheiden bleiben sollten. Wir sollten den Patienten auch hinsichtlich seiner Coping-Bemühungen ethnologisch als »dunklen Kontinent« mit oftmals »heimlichen« Schätzen begreifen. Wenn kleinere Kinder Vertrauen gefunden haben, öffnen sie sich oft spontan über das, was sie an hilfreichen Vorstellungen und Ritualen für sich eingeführt haben. Hier wird auch der freudvolle Aspekt unserer täglichen Arbeit spürbar, wenn das Kind mit der seinem Alter entsprechenden Begeisterung ins Erzählen und lebendige Gestalten kommen kann!

Während des *ersten und zweiten Lebensjahres (sensomotorische Phase)* erzielt das Kind Wohlbefinden über die Suche nach körperlicher Nähe und Wärme sowie visuelle Kontaktaufnahme. Das »Augenspiel«, dieser »erste, frühe Tanz«, meist zwischen Mutter, aber auch dem Vater und dem Kind, währenddessen der kleine Erdenbürger in der Bespiegelung durch die Eltern, »den Glanz in den Augen der Mutter« sowie Versorgung und Berührung sich selbst als liebenswert erfährt, wächst die generelle Liebesfähigkeit gegenüber sich selbst und der Welt sowie das, was Erikson (1950) »Urvertrauen« nannte. Betrachten wir Mutter und Kind, Erwachsene und Kinder diesen Alters im Allgemeinen: Die Attraktion dieser Wesen, das physiognomische »Kindchenschema«, die ersten Worte und Gehversuche in der Welt animieren uns immer mehr zu geben, zu herzen, streicheln, maximale Zuwendung zu gewähren, unsere eigenen Bedürfnisse zu vergessen, wenn wir uns von der Natur dieser Menschen in frühester Entwicklung berühren lassen.

Auch durch Nahrungsaufnahme, Schlaf in ruhiger, wohliger Umgebung (Kinderfederbetten sind doch die weichsten!), »Symbiose-Glück« erfährt das Kind nicht nur in einer ungestört verlaufenden Entwicklung, sondern auch nach Traumatisierung tiefe Beruhigung durch vertrauten Körperkontakt. Die Umwelt außerhalb der primären dyadischen Beziehungen (Mutter–Kind, Vater/Geschwister–Kind) wird im Sinne einer psychophysischen Homöostase ausgeschaltet bzw. gar nicht erst weiter hereingelassen. Die biologisch-physiologischen Voraussetzungen hierfür sind z. B. durch ein früh eingeschränktes Gesichtsfeld gegeben.

Einigen Aspekten dieser Fähigkeiten der glücklichen Erfahrung verschließen sich viele Menschen aus Angst oder wegen schamhafter Gefühle, obwohl sie doch so tief greifend unser Wohlbefinden beeinflussen, wie auch der Volksmund die Weisheit der Sprache verdeutlicht, wenn wir sagen, »Liebe geht durch den Magen«, wenn ein Mensch z. B.

nach einer akuten schweren Belastung von einem nahestehenden Menschen sein Lieblingsgericht zubereitet bekommt, sich an eine quasi stellvertretende »Mutterbrust« wirft.

In der *prä-operationalen Phase (zwei bis sieben Jahre)* können mitteilbare Bilderwelten, die mit magischen Vorstellungen verknüpft sein können, kraftvoll »Berge versetzen«, ihre große Bedeutung – sie haben die Kraft von heilsamen Imaginationen und später auch als heilsame Szenen im Spiel des Kindes – allein, mit anderen Kindern und Erwachsenen: Das Spiel ist im Erleben des Kindes gelebte Realität; Probleme, Ängste, Wünsche können im Spiel »abgehandelt«, »ver-spielt« werden – Objekte können konstruktiv, heilsam-machtvoll besetzt werden.

In der *konkret-operationalen Phase (8 bis etwa 13 Jahre)* können die Dinge sowie Erfahrungen sowohl freudvoller als auch leidvoller Natur in ihrer Endlichkeit und Begrenztheit differenziert verstanden werden. Das Kind ist mithilfe der erlangten kognitiven Fähigkeiten in der Lage, intellektuelle Begrenzungen zu errichten. Diese Kinder zeigen mit Freude, wie sie die Welt mit ihrem Verstand erobern und in neue Erkenntnisgebiete vorstoßen. Gleichzeitig verfügen sie aber immer noch über Rudimente oder wiederbelebbare heilsame magische Vorstellungswelten, in denen Figuren, Menschen oder Dingen übernatürliche und heilende Kräfte zugeschrieben werden. Beide Wahrnehmungsqualitäten, magische Vorstellungskräfte und ein rationaler Realitätsbezug, können in diesem Alter eine fruchtbare traumakompensatorische »Coping-Allianz« eingehen. Erste erlernte Kulturwerkzeuge helfen, erlittenen Schmerz im kreativen Tun zu überwinden.

In der *formal-operationalen Phase (13 bis Erwachsenenalter)* bricht sich der Wunsch einer kreativen, autonomen Gestaltung des eigenen (Über-)Lebensraumes mit größter Kraft seinen Weg. Dieser entwicklungsbedingte Handlungsimpuls kann vom Patienten genutzt werden, um den traumaassoziierten Kognitionen und Handlungsmustern mit großer Triebkraft und Konsequenz verstandesgesteuert aktives Denken und Handeln entgegenzusetzen. Beziehungen zu Peers sind oftmals von großem Vertrauen geprägt und haben im besten Fall eine äußerst tragende Funktion im Kampf gegen traumabedingte destruktive eigene Impulse. Kulturwerkzeuge können gegebenenfalls bereits sicher beherrscht werden und dienen primär der Darstellung der errungenen Autonomie. Bei traumatisierten Jugendlichen können diese Ressourcen zur Überwindung von der Traumatisierung folgenden Selbstwertproblemen dienen.

Kinder und Jugendliche aller Altersstufen haben eher als Erwachsene die innere Freiheit, die hilfreichen entwicklungsbedingten Ressourcen für sich wieder nutzbar zu machen. Schamgefühle, sich »wie ein Kind« Dinge »zu holen«, sind noch nicht so verfestigt wie bei älteren Patienten.

Sowohl im intimen Raum der therapeutischen Situation können hier Möglichkeiten liegen als auch – durch den Therapeuten vermittelt – im familiären Umfeld oder bei jugendlichen Patienten in der nahen Peergroup oder in der Beziehung zu einem Partner.

Eine liebevolle Hinwendung zu sich selbst oder Zuwendung durch andere wirkt quasi als Gegengift zur traumatischen, destruktiven Ohnmacht und sollte in Verbindung mit Ich-stärkenden Maßnahmen im Sinne des »Selbst-Managements« bezüglich der Symptome und schädlichen Folgeerscheinungen durch die Traumatisierung stehen. Der Patient sollte lernen, sich selbst mithilfe anderer im privaten Raum ein warmes Nest bauen zu lassen und gleichzeitig kraftvoll den destruktiven Kräften des Traumas entgegenzuwirken. Die rechte Balance zu finden, ist Teil des traumakompensatorischen Prozesses und sollte vom Therapeuten im genannten Sinne aktiv durch Anleitung und eine umsichtige Prozessbegleitung unterstützt werden.

2.3   Was versteht man unter traumatischem Stress?

Wir wollen uns nun den Folgen von extremem Stress im Allgemeinen zuwenden und dann Besonderheiten bei Kindern und Jugendlichen aufzeigen.

Tyson und Tyson (1990) haben Trauma definiert als eine existenziell bedrohliche, überwältigende Lebenssituation, die die Fähigkeit des Ichs zur Organisation und Regulation überfordert und so mit einem Zustand von Ohnmacht einhergeht. Shengold (1979) spricht bei einer Traumatisierung auch von »Seelenmord«, was dem Zustand der akuten und weiteren schleichenden seelischen Verwüstung dieser Menschen für viele gut beschreibt. Zumindest ist es für die meisten Menschen ein

»Mordversuch« – aber auch der physische Tod ist gerade bei den jüngsten Patienten nicht ausgeschlossen.

Kinder- und Jugendtherapeuten waren in der Regel immer schon vorsichtiger beim Explorieren biografischen Materials bei ihren Patienten, und die anamnestischen Informationen der Bezugspersonen waren wichtige Grundlage der diagnostischen Einschätzung. Dennoch haben auch wir früher gedacht, man klärt Traumafolgen und traumatischen Stress am besten dadurch, dass man so gründlich wie möglich fragt, was ein Kind in seinem Leben erlitten hat. Und damit sind wir gründlich gescheitert. Wir lösen damit Abwehr beim traumatisierten Patienten aus. Das ist die problematischste Art, um etwas über traumatischen Stress zu erfahren, sagen wir heute, aber wir haben es damals nicht besser gewusst. Heute würden wir eine Verdachtsdiagnose eher aufgrund von Beobachtungen und aufgrund von Wissen über Traumafolgestörungen stellen. Und wenn wir diese Verdachtsdiagnose hätten, würden wir nur ganz vorsichtig zu klären versuchen, ob es dafür biografisches Material gibt. Vor allem würden wir mit diesen Kindern und Jugendlichen so arbeiten, dass wir sie nach Möglichkeit nicht zusätzlich durch die Erkundung der Lebensgeschichte belasten.

Die alten Prinzipien ärztlicher Kunst, die ein bisschen in Vergessenheit geraten sind, dass man seine fünf Sinne benutzt, dass man zuhört, dass man sich bewusst macht, was man sieht, was man hört und auch was man riecht, empfehlen sich bei der ersten Kontaktaufnahme. Wir möchten das an einigen sinnfälligen Beispielen erklären: Man reicht dem Jugendlichen zur Begrüßung die Hand, doch die Geste wird übersehen und nicht erwidert. Dies kann ein Hinweis darauf sein, dass der Patient sehr kontaktscheu ist. Und wenn er einem die Hand gibt, könnte es sein, dass man starken Angstschweiß wahrnimmt. Ein Grundschulkind lässt sich zur Untersuchung nicht von der Mutter trennen, hat ängstlich geweitete Pupillen, oder es wirkt überangepasst, scheu, verloren, ängstlich und körperlich angespannt mit hochgezogenen Schultern, nimmt zwei Stühle von der Mutter entfernt im Untersuchungszimmer Platz. Es genügt also zunächst die Wahrnehmung von Dingen, die man beobachten kann, man braucht erst einmal noch nicht viel über Traumatisierungen gehört oder erfragt zu haben. Man kann Kindern ansehen, ob sie Angst haben. Man kann Kindern ansehen, ob sie nicht nur Angst haben, sondern vielleicht sogar Panik. Man kann ihnen anmerken, dass sie unter – extremem – Stress leiden. Das sind alles Dinge, die man schon bei der Begrüßung und ehe das therapeutische Gespräch begonnen hat beobachten kann. Viele solche kleinen Dinge kann man registrieren, und sie erlauben, eine Verdachtsdiagnose in Richtung Traumafolgestörung zu stellen. Allerdings sollte dem Therapeuten bewusst sein, dass es sich hier um eine Vermutung handelt, und es muss die Bereitschaft bestehen, sie jederzeit zu überprüfen und zu revidieren. Was man tunlichst unterlassen sollte, ist, die Beobachtungen anzusprechen oder sie gar zu deuten. Was wir hingegen frühzeitig in einer altersangemessenen Art und Weise ansprechen, ist eine mögliche Symptomatik im Sinne einer Traumafolgestörung, die wir beim Kind vermuten. Hier können wir gegebenenfalls durch psychoedukative Maßnahmen frühzeitig Leid lindern helfen: Ängste hinsichtlich des Verlustes der eigenen psychischen Integrität im Angesicht der Krankheitszeichen, damit verbundene Schamgefühle etc. können dem Kind oder Jugendlichen im besten Fall genommen werden.

Grundsätzlich gilt für Säuglinge und kleinere Kinder, dass diese in ihrer Möglichkeit, traumatischen Stress zu verarbeiten, sehr vom Verarbeitungsvermögen der erwachsenen Begleitpersonen abhängen: Wie das frühe Selbstbewusstsein »im Glanz der Augen der Mutter« heranwächst, so ist auch die Verarbeitung von extremem Stress von der Verarbeitung durch die begleitenden Bezugspersonen und deren Mimik abhängig: Reagiert diese Person im Sinne von desorganisiertem Verhalten, so löst dies auch im Kind entsprechende Reaktionsmuster aus. Übererregungsreaktionen können so nicht moduliert werden. Es kommt zu einem Zusammenbruch von neurophysiologischen Regulationsmechanismen (Browne & Finkelhor, 1986). Die Wirkungen von traumatischem Stress sind umso gravierender, wenn die Bezugspersonen selbst die Täter sind. Chronische Belastungen mit traumatischem Stress führen so zu gravierenden Entwicklungsstörungen mit Auswirkungen, z. B. auf die Affektregulation, die weiter unten beschrieben werden.

Bei einer Traumafolgestörung ist es typisch, dass die Kinder oder Jugendlichen entweder unter Übererregungssymptomen leiden, die man zum Teil beobachten und zum Teil beim Kind oder dem sozialen Umfeld (Eltern, Geschwister, Lehrer etc.) erfragen kann. Z. B. berichten diese Patienten, dass sie schnell ungeduldig werden und »ausrasten«, dass sie Schlafstörungen haben und leicht in Streitigkeiten geraten, wenn sie begrenzt werden. Diese Grenzerfahrungen in sozialen Situationen scheinen Hinweisreize für eine in der Situation meist unbewusste frühere traumatische Erfahrung zu sein. Aber auch sog. Vermeidungssymptome werden berichtet, z. B. dass sich ein Kind übermäßig zurückzieht. Regressive Symptome wie erneutes Einnässen nach erfolgreicher Reinlichkeitserziehung, (neu auftretende) massive Trennungsängstlichkeit etc. sind typisch für kleinere Kinder.

Bowlby (1987) spricht von inneren Arbeitsmodellen, die als affektive und kognitive Repräsentationen der frühen Beziehungserfahrung szenisch im späteren Leben ihren Ausdruck finden können. Traumatische Beziehungserfahrungen drohen deshalb in einem Kreislauf der Gewalt über Generationen hinweg erhalten zu bleiben. 75 % aller Straftäter, die sexualisierte Gewalt verübt hatten, waren einer Untersuchung von Romano (1997) nach selbst Opfer sexualisierter Gewalt im Kindesalter gewesen. Beziehungsgewalt führt also oft zu eigenem gewaltvollem Verhalten. Früh Traumatisierte weisen überdies Störungen im Sinne von unsicherem Bindungsverhalten auf (Grossmann, 1999; Crittenden, 1981).

Aber neben den beschriebenen Wiederholungen sind andere Symptome bei Kindern und Jugendlichen zu beobachten, die wir anhand eigener klinischer Beobachtungen weiter unten darstellen wollen.

Grundsätzlich folgt die Symptomatik infolge von traumatisch erlebtem Stress offenbar beim Kind ähnlichen psycho-bio-psychischen Gesetzen wie beim Erwachsenen – je älter das Kind oder der Jugendliche ist, umso ähnlicher werden die Symptome sich wie beim Erwachsenen darstellen. Die unterschiedlichen Konzeptionen von den Wirkungen von traumatischem Stress, die uns für das Verständnis kindlicher Reaktionen auf extremen Stress sinnvoll erscheinen, wollen wir nun erläutern. Ausgehend von Erkenntnissen bei Erwachsenen werden wir uns einer entwicklungspsychologischen Betrachtung annähern. Eine entwicklungspsychopathologische Phänomenologie, die unserer klinischen Erfahrung entspricht, werden wir abschließend tabellarisch an die nun folgenden Ausführungen anhängen.

2.4 Zu den Wirkungen von traumatischem Stress im Kindes- und Jugendalter

Die Wirkungen von traumatischem Stress können aus verschiedenen Perspektiven betrachtet werden: Im folgenden Kapitel werden wir der historischen Entwicklung folgend zunächst die allgemein anerkannten Diagnosekategorien aufzeigen, die einer phänomenologischen Betrachtung entsprechen. Wir finden diese Kategorien beim erwachsenen Patienten, z. T. auch bei Kindern und Jugendlichen, und sie werden bekannterweise mit dem Begriff der Posttraumatischen Belastungsstörung umschrieben. Dann stellen wir im gleichen Kapitel dar, welche traumapsychologisch spezifischen psychodynamischen Wirkungen sich im traumatischen Prozess ergeben, wie sie bei Kindern und Erwachsenen gleichermaßen gefunden werden können.

Lang andauernder Extremstress erzeugt klinische Zustandsbilder, die mit den Kategorien der Posttraumatischen Belastungsstörung nicht hinlänglich beschrieben werden können. Diese klinischen Erscheinungen wurden als »DESNOS«, »Disorders of extrem stress, not otherwise specified«, konzeptualisiert. Auch diese Diagnose ist wieder aus den Erkenntnissen heraus entstanden, die man von der Behandlung erwachsener Patienten abgeleitet hat.

Das Konzept der »Developmental trauma disorders« entspricht unseres Wissens schließlich der ersten Diagnoseeinheit, die der Entwicklungsdimension von Psychotrauma-Folgestörungen des Kindes- und Jugendalters Rechnung trägt. Abschließend werden wir, aufbauend auf einer entwicklungsbezogenen Psychopathologie, zusammengefasst Symptome im Kindes- und Jugendalter entsprechend den Altersstufen darstellen, wie wir sie klinisch häufig finden können.

Die Erarbeitung einer differenzierten phänomenologischen Entwicklungspsychopathologie der Psychotrauma-Folgestörungen im Kindes- und Jugendalter ist u. E. eine wichtige Aufgabe zukünftiger Forschung zum Thema (Baumhauer et al., Veröffentlichung 2007).

2.4.1 Zum Zusammenhang einer somatopsychischen und psychodynamischen Dimension der Trauma-Verarbeitung

Zur somatopsychischen Trauma-Verarbeitung

Nach einer Traumatisierung kommt es zu automatisierten, mehr »psycho-somatischen« Erscheinungen, die im Symptomkomplex der Posttraumatischen Belastungsstörung beschrieben werden und die wir z. T. im Sinne einer fehlgeschlagenen biologisch determinierten Kampf- oder Fluchtreaktion nachvollziehbar auch bei primitiveren Säugetieren eruieren können. Einige von diesen Symptomen sind offenbar direkter Ausdruck veränderter neuronaler und endokriner Prozesse nach extremem Stress, andere sind als Reaktionen auf diese Automatismen zu werten. Hier seien die bekannten Symptomkomplexe noch einmal aufgeführt, die als ubiquitäre Alarmreaktion bei Mensch und möglicherweise auch höher entwickelten Tieren zu finden sind:

1. Überregungszeichen (Unruhe, Schlafstörungen, Konzentrationsstörungen etc.)
2. Intrusives Erleben (Flashbacks, pseudohalluzinative Wahrnehmungen, die alle Sinnesqualitäten berühren können)
3. Vermeidungszeichen (ein Ausweichen von Situationen, die als Trigger für Intrusionen wirken könnten, dissoziative Symptome, emotionale Abstumpfung etc.).

Bei Kindern finden wir noch eine Reihe anderer Symptome, die wir diesen mehr psycho-somatischen Symptomen zuordnen können und die als kindertypische Verarbeitungsmodi verstanden werden können (s. a. Scheeringa, 2001). Wir werden diese Reaktionen weiter unten ausführlicher beschreiben. Bei Kindern entsteht insgesamt der Eindruck, dass mehr *regressive Reaktionsweisen* vorherrschen als bei den Erwachsenen. Wir verstehen all diese Symptome nicht per se als pathologisch. Gleich nach der traumatischen Erfahrung sind dies Anzeichen einer regelhaften Verarbeitung der überwältigenden Erlebnisse und somit als »sinnvoll« zu verstehen. Erst über längere Zeit chronifiziert hat das Fortbestehen der Symptome einen Krankheitswert i. e. S.: Sowohl beim Erwachsenen als auch beim Kind und Jugendlichen sind sie dann Ausdruck einer bisher (in Teilen) misslungenen Verarbeitung der Erlebnisse.

Zur psychodynamischen und psychosomatischen Dimension der Trauma-Verarbeitung
Neben den oben beschriebenen quasi reflexhaften Reaktionen auf traumatischen Stress kommt es auf einer differenzierten psychodynamischen Ebene (sekundär) zu kognitiven Reaktionsmustern, die wir nun näher beschreiben wollen. Wir werden einige klinisch besonders relevante Aspekte einer psychodynamischen Traumaverarbeitung darstellen. Alle weiteren Grundlagen sind Texten wie z. B. dem Lehrbuch der Psychotraumatologie (Fischer und Riedesser, 1998), Schriften von Bessel van der Kolk (2000), Luise Reddemann, Ochberg (1993) und anderen zu entnehmen.

Traumaschema und Traumakompensatorisches Schema
Die kognitive Entwicklung ist für das Ausmaß der schädigenden Wirkung sowie die Verarbeitungsmöglichkeiten traumatischer Erlebnisse von besonderer Bedeutung. Kognitionen sind fassbare, nachvollziehbare und kommunizierbare Korrelate der seelischen Verwüstung, der eine Traumatisierung entspricht. Dies sind teils bewusste, teils unbewusste Erinnerungsspuren, die sich akut nach einem traumatischen Erlebnis im Sinne eines »Traumaschemas« im Gedächtnisapparat festsetzen und den besonderen Gedächtnisfunktionen nach traumatischer Stresserfahrung folgen. Weiterhin sind dies Vorstellungen über die Ursachen, die Vermeidung einer neuerlichen traumatischen Situation sowie Heilungsfantasien nach Traumatisierungen im Sinne des »Traumakompensatorischen Schemas« (Fischer und Riedesser, 1998), die wir auch bei ganz kleinen Kindern finden können. Die Gestaltung dieser Vorstellungen sind abhängig von den Möglichkeiten des kognitiven Auffassungs- und Verarbeitungsvermögens des Kindes.

Sowohl das *Traumaschema (I)* als auch das *Traumakompensatorische Schema (II)* sind hilfreiche theoretische Konstrukte, die psychodynamisch relevante Aspekte der Trauma-Verarbeitung, des sog. *traumatischen Prozesses* im Kind, aber auch im sozialen Umfeld abbilden können, weshalb wir sie hier kurz näher erläutern möchten. Diese sollten zu Beginn der Behandlung mit dem Kind und sozialen Bezugssystem erarbeitet oder sollten zumindest vom Therapeuten erkannt werden.

Wie hat das Kind, die beteiligte Bezugsperson die traumatische Situation gespeichert, welche inneren Bilder haben sich bezüglich der Katastrophe(n) im Gedächtnis eingebrannt und bestimmen so im Angesicht existenziell bedrohlicher Lebenserfahrungen die weitere Wahrnehmung und das Handeln des Kindes und seines Umfeldes?

Aspekte der beiden Erinnerungs- und Vorstellungsbereiche sind sozusagen die psychische Triebfeder für zukünftige Wahrnehmungen, Empfindungen und Handeln in der Zeit nach der Katastrophe, die im Sinne der Prozesshaftigkeit des Geschehens im Zeitverlauf in Teilen variieren können und ständig abgeglichen werden müssen.

Das Traumaschema und die traumatische Situation
I) Das *Traumaschema* umschreibt ein zentrales Wahrnehmungs- und Handlungsschema aus der/den traumatischen Situation(en) und umfasst Erinnerungen an

1. (eine) Situation(en) existenzieller Bedrohung sowie
2. eine folgende frustrane Kampf- oder Fluchtszene (»fight-/flight-Reaktion« bei extremem Stress), die entweder
   a. bewusst, im sog. expliziten Gedächtnis, oder
   b. unbewusst im sog. impliziten Gedächtnis abgespeichert werden.

Die Erinnerungsinhalte können dabei bruchstückhaft abgespeichert sein. Traumatische Inhalte können quasi »tief im Keller« der Gedächtnisstrukturen eingekapselt abgelagert werden. Die biologisch determinierten veränderten Gedächtnisfunktionen nach Traumatisierung dienen dabei offenbar der psychischen Überlebensfunktion. Sind die primären Bezugspersonen Beteiligte gewesen oder werden eigene belastende oder gar traumatisierende Lebenserfahrungen (z. B. der sexuelle Missbrauch der Mutter in ihrer Kindheit) durch die Erlebnisse des Kindes berührt, müssen wir möglicherweise auch deren Traumaschema erarbeiten. Die Erfahrung zeigt, dass die veränderliche psychische Verfassung, Wahrnehmungen, Emotionen, Haltungen der Eltern den traumatischen Prozess des Kindes entscheidend positiv wie negativ beeinflussen können.

II) Welche Folgen hat dieses Erlebnis für die Zukunft? Der existenziellen Bedrohung folgt, quasi »psycho-logisch«, ein dreigliedriger »Fragenkomplex«, dessen »Beantwortung« stark von der kognitiven Entwicklung des Kindes abhängt und der mit dem Begriff des *Traumakompensatorischen Schemas* erfasst werden kann:

1. Wie konnte es zu der Katastrophe kommen?
   a. was ist die kindliche Perspektive?
   b. was ist die elterliche Perspektive?
2. Wie kann ich
   a. für mich (kindliche Perspektive)
   b. für mein Kind (elterliche Perspektive)
      die Wiederholung der Katastrophe(n) verhindern?
3. Was muss
   a. ich tun, damit so etwas nie wieder passiert? (kindliche Perspektive)
   b. ich/muss mein Kind tun, damit so etwas nie wieder passiert? (elterliche Perspektive)

Es gilt bei Kindern und Jugendlichen dringend zu beachten, inwieweit die Vorstellungen des Kindes und anderer Familienmitglieder – Eltern, Großeltern, Geschwister – anders ausgerichtet sind und gegebenenfalls im Heilungsprozess miteinander interferieren können.

2.4.2 Zur diagnostischen Kategorie der DESNOS

Zu den genannten typischen Symptomen und Verhaltensweisen, die man im Zusammenhang mit einer Posttraumatischen Belastungsstörung beobachten kann, können auch Symptome der »Disorder of extreme stress, not otherwise specified (DESNOS)«, zu Deutsch, »Störungen durch extremen Stress, die nicht anders spezifiziert sind« (APA, 1996; van der Kolk, 2005), hinzukommen. Diese sind nicht für Kinder und Jugendliche ausgeführt worden, dennoch lassen die Diagnosekriterien sich auch bei Kindern und Jugendlichen feststellen.

Wir wollen die Kriterien von DESNOS hier kurz besprechen:

1. Gestörte Affektregulierung und Affekttoleranz
Dazu gehört zunächst einmal die Regulierung des affektiven Erregungsniveaus, also die Schwierigkeit, mit Gefühlen geschickt und altersangemessen umzugehen.

Darüber berichten Kinder und Jugendliche oder das soziale Umfeld, aber man kann es auch sehen, hören, man kann es im Kontakt erleben, wahrnehmen. Die Schwierigkeit, Ärger zu modulieren und in Folge aggressiv zu agieren, ist eines der häufigen Probleme von Kindern, die Opfer von traumatischen Erfahrungen wurden. Nach unserem Verständnis ist hier Ärger Abwehr von Ohnmachtsgefühlen. Die Kinder sind wenig in der Lage, eigene Gefühle oder die anderer wahrzunehmen.

Angst vor Gefühlen und Schwierigkeiten in der Regulierung der Affekte führen häufig zu dissoziativem Verhalten.

2. Selbstdestruktives, bei älteren Kindern und Jugendlichen suizidales Verhalten wird in der Regel nicht spontan berichtet, man sollte/muss es bei Verdacht erfragen. Kleinere Kinder, die die soziale Unerwünschtheit dieser Verhaltensweisen noch nicht realisieren können, zeigen z. T. offenkundige Verhaltensweisen. Es kommt zu selbst herbeigeführten Hautläsionen, Trichotillomanie (Haarezupfen), Risikoverhalten mit wiederholten Selbstverletzungen usw. Bei Kindern führen insbesondere traumatische Beziehungserfahrungen zu raptusartigem aggressivem Verhalten.

3. Schwierigkeiten im Bereich der kindlichen Hingabefähigkeit lassen sich zumeist – mindestens im Ansatz – beobachten. Es handelt sich um ein sehr starkes Bedürfnis, Kontrolle in der Situation auszuüben. Die Kinder hören gegebenenfalls ganz auf zu *spielen*.

Da Kontrolle für traumatisierte Menschen generell wichtig ist, sollte man dieses Verhalten würdigen. Es gehört zum »traumakompensatorischen Schema« (Fischer, a. a. O.).

4. Störungen der Aufmerksamkeit und des Bewusstseins, insbesondere dissoziatives Verhalten
Dissoziatives Verhalten kann man sehr gut beobachten, wenn man davon weiß. Das Kind oder der Jugendliche erscheint im Kontakt wie

nicht anwesend, sein Blick scheint durch sein Gegenüber hindurchzugehen, ein Blick, der sich verliert, der auch manchmal beschrieben wird als ein toter Blick. Das heißt, Dissoziation ist für die Beziehung der Abbruch des Kontaktes. Für den betroffenen Patienten ist es ein Schutz, nämlich der Versuch, eine unerträglich erscheinende Situation zu verlassen. Für Kinder und Jugendliche, die traumatisiert wurden, vor allen Dingen wenn sie schwer traumatisiert worden sind, bedeutet jede Kontaktaufnahme zu einem anderen Menschen potenziell auch eine neuerliche Bedrohung. Es erscheint uns wichtig, sich das klarzumachen, auch wenn wir uns noch so bemühen, auch wenn wir noch so freundlich sind, ein beziehungstraumatisiertes Kind wird immer ein bisschen misstrauisch sein müssen, denn woher soll es wissen und glauben, dass wir es gut mit ihm meinen? Das heißt, Patienten und Patientinnen, die zu uns kommen, können sich nicht sicher sein, sie hoffen es natürlich, dass es gut geht mit uns, und deshalb kann es auch sein, dass sie in der Gesprächs- oder Spielsituation auf den Schutzmechanismus der Dissoziation zurückgreifen, also sozusagen aus dem Kontakt verschwinden, wenn wir irgendetwas tun, das sie als stressig empfinden.

Bei Kindern ist eine intellektuelle Verbrämung von dissoziativen Symptomen, ein Kaschieren im Sinne der sozialen Erwünschtheit von auffälligem Verhalten noch nicht so ausgeprägt wie bei erwachsenen Patienten. Schamgefühle angesichts der bestehenden Symptome, das schmerzliche Gefühl, etwas »ist mit mir nicht richtig, ich bin anders«, bauen sich im Laufe der Entwicklung zunehmend auf und werden bei den Kleinen nicht so massiv verleugnet, wie ältere jugendliche Patienten dies oft zunächst tun, bevor sie Vertrauen in die Beziehung zum Therapeuten aufbauen konnten. Insofern haben es die Kindertherapeuten da etwas leichter, einen Zugang zum Patienten und seinen Symptomen zu bekommen.

Hierin liegt eine große Bedeutung von aufklärenden, psychoedukativen Elementen über Psychotrauma-Folgestörungen zu Beginn der Behandlung. Das Wissen kann dem Patienten »erlauben«, ohne Angst und Schamgefühle von seiner inneren Welt zu sprechen und damit zu einer erstmals »geteilten« inneren Erfahrung mit dem Therapeuten und später mit anderen, wichtigen Bezugspersonen über die eigene, leidvoll erlebte Symptomatik zu kommen.

Dinge, die als Stress erlebt werden, sollte man unterlassen. Und für Kinder unterschiedlichen Alters sind unterschiedliche Dinge belastend. Werden Sie nicht müde, sich hierüber im therapeutischen und nicht therapeutischen Kontext Informationen zu verschaffen, einen »Stress-Check« regelmäßig mit dem Kind oder Jugendlichen durchzuführen.

Längere Schweigepausen können traumatisierte Patienten – Kinder wie Jugendliche – in der Regel nicht ertragen. Das heißt, dass alle psychotherapeutischen und Beratungstechniken, die eher darauf setzen, dass man Prozesse sich langsam entwickeln lässt – was für andere Patientinnen sehr gut und sehr hilfreich ist –, bei Menschen, die an einer posttraumatischen Störung leiden, im Allgemeinen eher nicht angebracht sind, denn sie verursachen viel Stress. Wir müssen uns auf Formen der Kommunikation besinnen, in denen wir uns aktiv bemühen, den Interaktionsfaden im Gespräch oder kreativen Austausch mit dem Kind oder Jugendlichen aufrechtzuerhalten. Daher kann es wichtig sein, dass man viele Fragen stellt. Allerdings nicht zuerst nach Traumata, aber z. B. nach Ressourcen, z. B. wie das Kind im Leben zurechtkommt und was ihm Freude macht, oder man fragt zuerst nach der Alltagsbewältigung und nach Alltagsproblemen.

Grawe (2004) betont, wie wichtig eine bedürfnisbefriedigende Therapie sei. Das können wir für die Therapie mit komplex traumatisierten Kindern und Jugendlichen bestätigen. Hier erscheint eine Revision eines eng geführten Konzeptes der Abstinenz dringend vonnöten. Kinder- und Jugendtherapeuten haben es bei der Behandlung von traumatisierten Patienten leichter als ihre Kollegen in der Erwachsenenpsychotherapie: Berührung, bei vielen Erwachsenentherapeuten mit negativen Ressentiments besetzt, das (indizierte) Einbringen persönlicher Aspekte bei der Behandlung sind Behandlungsmomente, mit denen sich der Kindertherapeut beschäftigen muss, da Kinder ein anderes »Grenzgefühl« haben als Erwachsene: Keinem Kindertherapeuten fiele es ein, ein verzweifelt weinendes sechsjähriges Kind, welches bereits ein Vertrauensverhältnis zu ihm aufgebaut hat, nicht möglicherweise auch durch eine vorsichtige Berührung zu trösten! Täten wir dies nicht, wäre das geradezu ein Affront gegen die Menschlichkeit, der beim Kind intuitiv auf Unverständnis stieße und das Vertrauensverhältnis zu uns gefährden könnte! Kinder sind viel mehr über ihre Körperlichkeit und Bewegung zu verstehen und auch zu behandeln. Wir rutschen mit ihnen mit Puppen über den Boden, und eine Berührung ist so selbstverständlich wie das gesprochene Wort beim Erwachsenen. Gleichzeitig ist diese Nähe, die das kindliche Wesen in der Therapiesituation herstellt, natürlich eine Herausforderung an eine abstinente Haltung, die ja vereinfacht bedeutet, dass wir keine persönlichen Bedürfnisse über den Kontakt mit dem Kind befriedigen. Eigene Kinderlosigkeit, nicht ausreichend bearbeitete narzisstisch-altruistische Einstellungen des Therapeuten können zu unabgegrenzten Verhaltensweisen führen, die dem Kind Schaden zufügen können. Es scheint uns aber dennoch wichtig zu sagen, dass der Therapeut dem Kind vermittelt, was den Unterschied der therapeutischen Beziehung und der zu wichtigen Bezugspersonen ausmacht. Wir werden weiter unten hierzu noch weitere Ausführungen machen.

Viele der Kinder und Jugendlichen berichten, wenn man sie danach fragt, von Gedächtnislücken. Das kann ein Zeichen für Amnesie sein. Über Gedächtnislücken sprechen Menschen aber nicht von sich aus. Viele unserer Patientinnen und Patienten haben häufig Mini-Gedächtnislücken, die sie umso mehr überspielen, je älter sie werden. Wir sollten uns angewöhnen, in einer Situation, in der ein Kind im Gespräch wie weggetreten erscheint, es anzusprechen: Bist du noch da, was ist das Letzte, woran du dich erinnern kannst, über das wir geredet haben? Dann erfährt man u. U., dass die letzten paar Sätze oder Spielsequenzen gar nicht mehr präsent sind, d. h., da könnte eine Mini-Gedächtnislücke, eine Miniamnesie sein.

Diese Amnesien sind ein Hinweis auf Dissoziationen. Der Verdacht auf eine dissoziative Störung oder auf dissoziatives Verhalten ist ein ziemlich sicherer Hinweis, dass eine Traumafolgestörung vorliegt. Daraus können Sie dann sofort und frühzeitig ableiten, dass Sie nach dem Phasenmodell arbeiten sollten, soweit das abhängig vom Alter des Kindes schon möglich ist, wie wir im weiteren Text darstellen werden. Wenn sich das später als Irrtum herausstellt, haben Sie dem Kind oder Jugendlichen nicht geschadet, doch wären Sie einem Verdachtsmoment nicht nachgegangen, wäre der Schaden für einen traumatisierten Patienten groß.

5. Persönlichkeitsfehlentwicklungen

Zu den Persönlichkeitsveränderungen, die man zum Teil im Kontakt direkt beobachten kann bzw. die berichtet werden, gehören insbesondere: Selbstvorwürfe, Gefühle, nichts bewirken zu können, chronische Schuldgefühle und daraus resultierende äußerlich sichtbare Phänomene. Die Kinder können in sich gekehrt wirken, ziehen sich aus sozialen Bezügen zurück und nehmen am Alltagsleben weniger teil. Dies als Depression imponierende Verhalten wird vor allem bei weiblichen Patienten gefunden. Es äußert sich im Erstgespräch häufig als Gegenübertragungsphänomen, sodass Therapeuten meinen, ihrerseits nichts bewirken zu können, oder starke Helferimpulse entwickeln. Als Nächstes mag sich das Gefühl – und manchmal ist es kein Gefühl, sondern eine Tatsache, fortgesetzt geschädigt zu werden – zeigen. Es ist manchmal sehr schwierig zu klären, ist das innen? Wird das von innen her immer wieder aktiviert, etwa durch Täterintrojekte, oder passiert Schädigendes immer noch außen? Nicht wenige der in der frühen Kindheit geschädigten Jugendlichen, die traumatisiert wurden, werden durchaus weiter auf die eine oder andere Art geschädigt. Außerdem ist die Tendenz bekannt, sich immer wieder neu zum Opfer zu machen, d.h., diese Patienten reinszenieren häufig schon im Erstgespräch unbewusst eine Täter-Opfer-Konstellation zwischen sich und dem Therapeuten.

Manche dieser Patienten haben eine Tendenz, andere zu Opfern zu machen, mit zunehmendem Alter sind es oftmals männliche Patienten. Auch die beschriebene Tendenz kann sich relativ rasch in therapeutischen Kontexten reinszenieren. Im ersten Fall fühlen sich die Behandler irgendwie schlecht, haben Schuldgefühle, haben das Gefühl, etwas falsch zu machen, verhalten sich vielleicht sogar eindringender als gewöhnlich, während sie sich im zweiten Fall fertig gemacht und entwertet fühlen. In der Regel geschehen all diese Dinge unbewusst, und es erfordert Takt und Feingefühl, sie zum richtigen Zeitpunkt anzusprechen, das ist nach unserer Erfahrung selten im Erstgespräch zu empfehlen. Es sei erneut betont, wie wichtig es ist, die beschriebenen Verhaltensweisen als zum traumakompensatorischen Schema gehörig zu würdigen.

6. Veränderung der Bedeutungssysteme von Kind und Familie
Schließlich gibt es die Veränderung der Bedeutungssysteme, also die Verzweiflung und Hoffnungslosigkeit und den Verlust der bisherigen Lebensüberzeugungen.

Bei Säuglingen, die traumatischem Stress ausgesetzt wurden, finden wir vegetative und körperliche Auswirkungen von extremem Stress. Bei Kleinkindern zeigen sich die Folgen der Belastungen zusätzlich in auffälligem Bindungsverhalten und später in verfestigten Mustern.

Bei Jugendlichen, die kürzlich traumatisiert worden sind, kann man erfragen, ob sich nach dem Trauma die Lebensüberzeugungen vollkommen verändert haben, ob nichts mehr gilt, ob sich die Sicht des Selbst und die Sicht der Welt verändert haben oder zutiefst erschüttert sind.

Dies sind gute Orientierungshilfen, die phänomenologisch wahrnehmbar sind. Hinzu kommen die damit zusammenhängenden Übertragungs- und Gegenübertragungsreaktionen, die helfen können, eine Vermutung über eine chronifizierte Traumafolgestörung erst einmal zu formulieren. Bis dahin braucht man immer noch nicht nachgefragt zu haben, ob es Traumata gegeben hat. Das sollte man im Anschluss vorsichtig und behutsam tun.

Auch die Familie hat durch das erlittene »Mit-Leid« möglicherweise seine Wertesysteme neu ausgerichtet: Eine von Angst getriebene Erziehungshaltung und eine pessimistische Weltsicht oder eine veränderte Einschätzung der Vertrauenswürdigkeit der menschlichen Beziehung durch die nächsten Bezugspersonen können beispielsweise nachhaltig die Sicht auf die Welt des betroffenen Kindes in unserer Behandlung beeinflussen.

Was kann traumatisch wirken?
Wichtig ist, sich an der Erkenntnis zu orientieren, dass Kinder durch Erfahrungen traumatisiert werden können, die Erwachsene nicht für traumatisch halten (Levine, 2004). Zum Beispiel können sich ein Angriff durch ein Tier, z. B. einen Hund, oder körperliche Verletzungen durch Unfälle und Stürze, z. B. vom Fahrrad oder einer Treppe, auf manche Kinder durchaus als Trauma auswirken. Wichtig ist, dass wir uns klarmachen: Traumatisch ist ein Ereignis dann, wenn es erlebt wird mit Hilflosigkeit und Ohnmachtsgefühlen extremer Art und gleichzei-

tig bei einem Kind zu Gefühlsüberflutung, gegebenenfalls Panik und Todesangst führt. Die genannten Situationen können für ein Kind diese Qualität haben, sie müssen es nicht, es kommt auch immer darauf an, wie stabil das Kind in der Situation und insgesamt ist. Es ist nur wichtig, dass man auch an diese Dinge denkt. Auch eine lebensbedrohliche Erkrankung oder hohes Fieber können sich traumatogen auswirken, Erfahrungen von extremen Temperaturen, insbesondere wenn das Kind allein gelassen ist, und Naturkatastrophen. Ebenso können sich ein Beinahe-Ertrinken oder plötzliche Verluste traumatisch auswirken. Nicht wenige Kinder gehen im Kaufhaus vorübergehend verloren usw. Medizinische und zahnmedizinische Eingriffe sind auch ein wichtiges Feld. Medizinisch notwendige Gewalt wird sehr häufig als Trauma erlebt und entsprechend verarbeitet. Und all das sollten wir auch bedenken. Selbstverständlich spielen sexuelle und andere Gewalt eine große Rolle. Es wäre aber falsch, nur an Gewalt und sexuelle Gewalt zu denken, wenn man einen Patienten sieht, der die Zeichen einer Traumafolgestörung aufweist. Es kann auch die Mandeloperation mit vier Jahren sein, bei der drei Erwachsene dieses Kind festgehalten und ihm eine Spritze verpasst haben. Das heißt, wenn wir einmal so weit sind nachzufragen, dann sollten wir auch an diese Dinge denken und nicht, wie das eine Zeit lang der Fall war, nur an die sexuelle Gewalt.

Von Beginn der Kontaktaufnahme an ist es also wichtig, sowohl die allgemeinen Prinzipien der therapeutischen Beziehungsgestaltung zu berücksichtigen wie auch traumaspezifische mitzubedenken und umzusetzen.

Daraus sollte für den Patienten eine Situation entstehen, in der er sich relativ sicher fühlen kann. Fischer (a. a. O.) spricht von der minimalen bzw. optimalen Differenz zwischen der traumatischen Erfahrung und der Beziehungserfahrung in der therapeutischen Begegnung. Diese soll sich durch besondere Höflichkeit, Rücksichtnahme und das Eingehen auf die Bedürfnisse der Patientin auszeichnen.

Hier ein Beispiel aus der Praxis der Psychotherapie mit Kindern und Jugendlichen: Früher hielten wir es für notwendig, mit PatientInnen ausführlich zu analysieren, warum sie von einer Therapeutin zu einer anderen wechseln wollten, und haben dies als Widerstand gedeutet. Für Kinder und Jugendliche gilt, dass sie mitentscheiden, was sie möchten, und eine Beziehungserfahrung machen können, in der ihre Bedürfnisse ernst genommen werden. Wir sind darum bemüht, unseren Patient-Innen so wenig Stress wie möglich zu machen. Konfliktarbeit kommt in der Regel sehr viel später.

Je mehr wir unsere PatientInnen ihrem Entwicklungsstand entsprechend als kompetente »PartnerInnen« ernst nehmen, umso besser. Und dies gilt für Kinder genauso wie für Jugendliche oder Erwachsene.

7. Kindertypische Symptome im Sinne von regressiven Verhaltenstendenzen

Wir möchten hier noch häufige kindertypische Symptome hinzufügen. Je kleiner die betroffenen Kinder sind, die uns begegnen, desto eher neigen sie dazu, sich unter der Wirkung von traumatischem Stress akut oder auch im Sinne von zunehmend persönlichkeitsbestimmender Art und Weise auf frühere Entwicklungsniveaus zurückzuziehen. Vielleicht haben sie unbewusst die Hoffnung, die Zuwendung und Fürsorge dieser frühen Erfahrungswelt von den erwachsenen Personen im Umfeld zu erlangen, wenn sie nur klein und brav genug erschienen. Sprachliche Entwicklungsrückschritte, gestörte Reinlichkeitsentwicklung, sekundäre Enuresis und Enkopresis, trennungsängstliches Verhalten sind im entsprechenden traumatischen Kontext typische Anzeichen einer seelischen Überforderung durch extremen Stress. Dieser kann akuter oder auch chronischer Natur sein, wobei es bei chronischen Belastungen oftmals zu schwer zu überwindenden Symptomen kommt als bei einmaligen, akuten Belastungen. Neurobiologische Erkenntnisse legen nahe, dass auch physiologische Prozesse des Hirnstoffwechsels für die Reaktionsweisen auf traumatischen Stress mitverantwortlich sind. Gerade die Psychotrauma-Folgestörungen sind eine Herausforderung und ein erkenntnisreiches Themengebiet für ein bio-psycho-soziales Krankheitskonzept (Adler et al., 2006).

Van der Kolk spricht bei Störungsbildern in der Folge von komplexen, wiederholten Traumatisierungen bei Kindern schließlich von »Developmental Trauma Disorders« (van der Kolk, 2005). Diese betreffen die Unfähigkeit, sensorische, emotionale und kognitive Informationen als zusammenhängendes Ganzes zu verarbeiten. Im Folgenden werden wir dieses Konzept genauer vorstellen.

2.4.3 Zur Konzeption der entwicklungsbezogenen Trauma-Folgestörungen (Developmental Trauma Disorders)

Bessel van der Kolk hat versucht, sich mit seiner Traumapsychologie des Kindes- und Jugendalters einer Entwicklungsdimension der Traumastörungen anzunähern. Er weist darauf hin, dass eine störungsspezifische Sicht auf pathologische Erscheinungen bei Kindern, wie z. B. Depressionen, verschiedene körperliche Erkrankungen, impulsive Verhaltensstörungen sowie selbstverletzendes Verhalten, dazu führen kann, dass wir ein übergeordnetes Prinzip einer komplexen internalen Fehlorganisation nach Traumatisierung nicht erkennen. Van der Kolk hat den Begriff der entwicklungsbezogenen Trauma-Folgestörungen *(Developmental Trauma Disorders)* eingeführt, um die Situation für Kinder zu beschreiben, die verschiedenartigen chronischen und lang anhaltenden, die Entwicklung beeinträchtigenden traumatischen Erfahrungen ausgesetzt sind und waren (z. B. sexuelle und körperliche Gewalt, Krieg, außerhäusliche Gewalt etc.).

Er bezieht sich in seinen Ausführungen auch auf die bekannte Adverse-Childhood-Experience-Studie des US-amerikanischen Krankenversicherungsunternehmens »Kaiser Permanente« (Felliti et al., 1998). Die Ergebnisse der Befragung von über 17 000 erwachsenen Krankenversicherungsnehmern der USA legen nahe, dass Menschen mit einer isolierten kindlichen Traumatisierung nicht selten Störungen im Sinne einer Posttraumatischen Belastungsstörung entwickeln. Wurden die Probanden komplex traumatisiert, zeigten sich Korrelationen mit vielfältigen psychischen und physischen Erkrankungen. Der Autor führt dies u. a. auf veränderte neurobiologische Entwicklungen unter dem Einfluss von Extremstress zurück. Die individuelle Fähigkeit der Integration sensorischer, emotionaler und kognitiver Informationen in ein kohärentes Ganzes sei gestört. Entwicklungstraumata eröffneten die Bühne für ungerichtete Reaktionen auf wiederholten, nachfolgend erlittenen Stress. Die erwachsenen Bezugspersonen sollten die resultierenden Reaktionen auf chronischen Extremstress im Sinne von traumatischen Re-Enactments nicht als originär oppositionelles Verhalten, eine mangelnde Motivationslage oder bloßes antisoziales Verhalten einstufen. Diese Kinder könnten aufgrund der neurobiologischen Veränderungen gar nicht anders, als sich als Zentrum des Universums zu betrachten. Das Kategorienlernen und die Organisation von Kognitionen sind durch traumatische Erfahrungen beeinträchtigt. Diese benötigen wir aber, um Erfahrungen in das Lebenskontinuum und einen größeren Zusammenhang einzusortieren, problemorientiert Lösungen im Leben zu erarbeiten. Wir müssen uns ein *aktives* Handeln, eine *aktive* Rolle in Problemsituationen vorstellen können, dann sind wir in der Lage, problemorientiert zu *handeln*. Kinder, die ohnmächtig und hilflos traumatischen Situationen ausgesetzt sind, entwickeln diese kognitiven Muster nur unzureichend.

Wenn kindliche Übererregungszeichen im Angesicht von Extremstress nicht von Erwachsenen moduliert und beruhigt werden, diese Erwachsenen vielleicht selbst Ursache für den traumatischen Stress in Beziehungen sind, dann führt dies zu Adaptionsvorgängen, die sich in den dysfunktionalen Verhaltensweisen und psychischen Symptomen äußern, die wir alle kennen. Wenn Professionelle ihrerseits keinen ursächlichen Zusammenhang der Verhaltensweisen des Kindes mit psychischen Überlebensstrategien im Angesicht einer traumatisierenden Umgebung zuordnen können, droht den Kindern neuerlich die Erfahrung, dass die Erwachsenen nicht hilfreich sein können. Sie werden sich schließlich immer weiter in ihr inneres Erleben einigeln. Chronisch traumatisierte Kinder haben nicht selten frustrane Erfahrungen mit TherapeutInnen gemacht und reagieren aversiv auf das Wort »Therapeut«. Und wir müssen uns fragen, ob diese Kinder wirklich »nicht therapierbar« waren oder wir vielleicht Ursachen und Wirkungen von traumatischem Stress im Leben dieser Kinder nicht richtig verstanden und den Auffälligkeiten zugeordnet haben. Und entsprechend haben wir diese Kinder möglicherweise allzu häufig mit unseren Ansprüchen an ihre Möglichkeiten hinsichtlich ihrer Selbstbestimmung, Autonomie und Möglichkeiten einer rationalen Entscheidungsfindung überfordert.

Erkennen wir ihre Begrenzungen in der unmittelbar kritischen Begegnung, in der es »Stress« gibt, an, »übersetzen« wir mit unserem Wissen das Problem des Augenblicks aus traumapsychologischer Perspektive, öffnen sich oft plötzlich Türen für ein therapeutisches Arbeitsbündnis. In die dunkle, einsame Kammer der inneren Verwirrung angesichts der psychischen Vorgänge dringt dann in Momenten erstmals ein wenig lang ersehntes Licht des Selbst-Verständnisses ein. Oft sind es gerade kritische Momente, in denen wir z. B. mit einer über- erregten Patientin zu tun haben, wenn wir eine Sprache für mögliche innere Vorgänge für unser Gegenüber finden können. Dann gewin- nen wir eine verbindende Ebene. Angst, Ohnmacht, Hilflosigkeit – das sind die Gefühlsqualitäten, die dem inneren Zustand der Kinder in den Krisensituationen oft entsprechen. Früh traumatisierten Men- schen fehlt es oft an Worten für Gefühle und innere Zustände. Das macht es ihnen noch einmal mehr schwer, sich mit ihrem Leid ver- ständlich mitzuteilen. In den allzu bekannten Krisensituationen mit den kindlichen und jugendlichen PatientInnen, in denen es z. B. zu »Ausrastern« kommt, zeigt sich immer wieder aufs Neue, dass diese Menschen keine Chance hatten zu lernen, Übererregungs- und andere innere Zustände zu regulieren. Somit können sie Erlebnisse auch schwerlich prozessieren und integrieren, wie van der Kolk meint. Bei anhaltendem Stress würden Körpersensationen, Affekte und Kogni- tionen nicht assoziiert, sondern dissoziiert und fragmentiert abgespei- chert, erste Signale für Angstaffekte werden sofort zu einer Kampf-/ Fluchtreaktion oder Dissoziation führen, ohne dass das Kind aus den wie mechanischen psychobiologischen Abläufen der Situation lernen könnte. So können keine vorausschauenden Handlungsplanungen vor- genommen werden, und kritische, Trauma-Trigger-Situationen werden zu kleinen bis großen Katastrophen. Eigentlich geht es auch bei Traumastörungen neben der Vermeidung einer realen Bedrohung bei allen Reaktionen letztendlich um die Reduktion von *Angst*, ähnlich wie bei der neurotischen Konfliktsituation. Nur dass es hier im Kern um *katastrophale Vernichtungsängste* geht. Diese Angst regiert, meist un- bewusst, das Leben dieser Menschen in weiten Teilen.

Oft erleben diese Kinder ein defizitäres Labeling und Stigmatisie- rungen auch durch Professionelle, die so Regelkreise destruktiver Ent- wicklungen fördern. Der Überlebenssinn, den Symptome einmal hat- ten oder immer noch haben, der entzieht sich meist dem Verständnis der Umgebung.

Van der Kolk weist darauf hin, dass chronisch traumatisierte Kin- der mit verschiedenen Diagnosen beschrieben und behandelt wer- den, eine Posttraumatische Belastungsstörung aber eher selten festge- stellt wird. In einer Studie mit 364 missbrauchten Kindern wurden die jungen Patienten in Reihenfolge ihrer Häufigkeit mit den Diagnosen Trennungsangst, oppositionelle Verhaltensstörung, phobische Störung, Posttraumatische Belastungsstörung und ADHS behandelt (zit. n. van der Kolk: Ackerman et al., 1998). Dabei werden oft auch Aufmerksamkeitsstörungen und dissoziative Störungen diagnostiziert (zit. n. van der Kolk: Teicher et al., 2003). Nach der DSM-IV-Feld-Studie der 80er-Jahre (van der Kolk et al., 2005) hat eine Traumatisierung im ersten Lebensjahrzehnt die am meisten gravierende Wirkung auf die gesamte Entwicklung und resultiert erst mit zunehmendem Alter in der »reinen« Symptomatik im Sinne einer Posttraumatischen Belastungsstörung. Häufig würden auch komorbide Störungen als Diagnosen vergeben, die meist in keinerlei ätiopathogenetischen Zusammenhang der Traumatisierung gebracht würden.

Um allen entwicklungsbezogenen Aspekten einer Traumafolgestörung des Kindes- und Jugendalters gerecht zu werden, hat van der Kolk Kriterien zusammengestellt, die alle klinisch relevanten Dimensionen erfassen sollen. Die Abbildung 2 auf Seite 70 stellt diese Kriterien vor.

Mit seinen Ausführungen ordnet van der Kolk wegweisend alle Aspekte, die eine kindliche Traumatisierung auszeichnen. Er stellt Bezüge zur Funktion der Affektregulation, zu Bindungsmustern, kurzfristigen regressiven Tendenzen bei Kindern, Verlust von Autonomiebestrebungen (oder Pseudoautonomiebestrebungen, Anm. Krü.), zu eigen- oder fremdaggressivem Verhalten, (partiellen) Entwicklungsstopps, vegetativen Dysregulationen (Schlaf, Essverhalten, die Selbstfürsorge betreffend), einer veränderten Sicht der Welt, antizipatorischen Verhaltensweisen und Trauma-Erwartungshaltungen, multiplen körperlichen Problemen, Risikoverhalten, Selbst-Attribution und Selbstwertgefühl der Patienten her.

Für die Behandlung von Kindern und Jugendlichen leitet van der Kolk von seinen Überlegungen folgende Behandlungsziele und Prämissen ab:

1. Sicherheit und Kompetenz
2. Umgang mit traumatischen Re-Enactments
3. Integration und Kontrolle in den Bereichen Körper und Psyche.

Entwicklungsbezogene Trauma-Folgestörung
(Developmental Trauma Disorder)
(nach van der Kolk, 2005)

A Exposition

- Anhaltende Exposition gegenüber einem oder mehreren Formen von entwicklungsbeeinträchtigenden interpersonellen Formen von Traumatisierung (z. B. Trennungstrauma, Verrat, tätliche Gewalt, sexuelle Gewalt, Bedrohung der körperlichen Integrität, Gewaltandrohungen, emotionaler Missbrauch, Zeugenschaft von Gewalt und Tod)
- Subjektive Erlebnisqualität (Rage, Verrat, Angst, Resignation, Niederlage, Schamgefühle)

B Wiederholte Dysregulationsmuster als Antwort auf Trauma-Trigger

- Dysregulationszeichen (unterschiedlich stark ausgeprägt) bei Kontakt mit Hinweisreizen, wobei Veränderungen dazu tendieren, zu persistieren, und nicht zum Ruheniveau zurückkehren; auch nicht dann, wenn der Patient sich der real (nicht bedrohlichen, Anm. Krüger) Umstände bewusst ist
- Affektive Muster
- Somatische Reaktionsmuster (z. B. physiologische, motorische, medizinische)
- Verhaltensmuster (Re-Enactment, selbstverletzendes Verhalten)
- Kognitive Muster (z. B. Gedanken, dass sich das Trauma wiederholen könnte, Verwirrungszustände. Dissoziation, Depersonalisation)
- Beziehungsmuster (anklammerndes, oppositionelles, misstrauisches, überangepasstes Verhalten)
- Selbst-Attribution (z. B. Selbsthass, Schuldgefühle)

C Anhaltend veränderte Attributionen und Erwartungshaltungen

- Negative Selbst-Zuschreibungen
- Misstrauen gegenüber schützenden Bezugspersonen
- Verlust der Erwartung, dass andere Schutz bieten könnten
- Verlust an Vertrauen in den Schutz durch soziale Einrichtungen
- Mangelnde Gewissensfunktion bezüglich sozialer Gerechtigkeit und Sanktionen
- Unvermeidbarkeit späterer Viktimisierung

D Beeinträchtigung sozialer und anderer Funktionen

- Pädagogischer Bereich (Kindergarten, Schule, Ausbildung)
- Familie
- Peers
- Rechtliche Aspekte
- Beruf

Abbildung 2: Entwicklungsbezogene Psychotrauma-Folgestörung

2.4.4 Zu einer deskriptiv-phänomenologischen Entwicklungspsychopathologie der Psychotraumastörungen

»Kinder reagieren anders« – Eine wissenschaftlich fundierte Entwicklungspsychopathologie der Psychotraumastörungen im Kindes- und Jugendalter muss, trotz der ersten Versuche, einen Bezug zu Entwicklung und sozialem Umfeld in die Betrachtung mit einbeziehen, anhand klinischer Erfahrungen und Begleitforschung vertieft und in den Diagnosemanualen aufgenommen werden. Steven Marans und Donald Cohen (1993) vom Child-Study-Center an der Yale-University haben bereits vor über 10 Jahren versucht, später Pynoos et al. (1995), sowie Terr (1995), kindliche Reaktionen auf traumatische Lebenserfahrungen bezogen auf unterschiedliche Entwicklungsphasen zu beschreiben. Auch Anna Freud hatte in ihren bekannten Studien über Kriegskinder bereits entwicklungsbedingte Besonderheiten der Reaktionen auf extremen Stress beschrieben (Freud, A., 1949). Resch et al. (2004) weisen darauf hin, dass (chronische) Traumatisierungen im Kindes- und Jugendalter häufiger mit dissoziativen Störungen einhergehen. Entwicklungsbedingungen des Gehirns in den frühen Lebensjahren werden diskutiert. In einer Studie konnten sie zeigen, dass Patienten mit (frühen) Traumatisierungen signifikant erhöhte dissoziative Phänomene im Jugend- und Erwachsenenalter aufweisen. Eine Neustrukturierung unbewusster mentaler Beziehungsmodelle sei Aufgabe einer psychodynamisch orientierten Therapie.

In Abbildung 3 auf S. 72 haben wir versucht, typische, oft wiederkehrende Symptome bei potenzieller Traumatisierung im Kindes- und Jugendalter entsprechend dem klinischen Eindruck altersmäßiger Häufungen darzustellen. Dabei haben wir die Altersstufen noch einmal weiter unterteilt, als dies Piaget vorgenommen hat. Neben der kognitiven Entwicklungssituation sind bindungspsychologische Aspekte, emotionale Sprach-, Reinlichkeits-, körperliche und schulische Entwicklungsschritte mit in die Einteilung eingegangen, was die Komplexität der Darstellung erhöht.

Die Symptome, die Kinder entwickeln, variieren erheblich. Die Angaben sind mehr als grobe Orientierung und nur im Kontext aller Situationsfaktoren zu verstehen denn als definierte Einheiten. Wir

ALTERSGRUPPE	TYPISCHE SYMPTOME
I 0–1	Schreien, vermehrte Schreckhaftigkeit, verminderte Beruhigbarkeit, Schlafstörungen, Fütterstörungen, Gedeihstörungen, gestörte Bindungsentwicklung
II 1–3	s. I +: Affektlabilität, Hyperaktivität, Unruhezustände, Hyperreagibilität, Hypervigilanz oder Apathie, Angst, ängstlich angespannte Wachsamkeit (frozen watchfullness), Jactatio capitis, Mutismus regressive Symptome: Anklammerndes Verhalten, Entwicklungsretardierung (bezogen auf kommunikative und soziale Fertigkeiten, Sprache, Motorik, Körperwachstum (»psychosozialer Minderwuchs«)
III 3–6	s. II +: Somatisierungen (Bauch-, Kopfschmerzen etc.), »traumatisches Spiel« (konkrete Reinszenierungen mit Peers & mit Spielzeugen), evtl. Äußerungen über intrusives Erleben bei gezielter Exploration, dissoziative Symptome, Tic-Störungen, regressive Symptome: sekundäre oder prolongierte Enuresis, Enkopresis, sozialer Rückzug (Eltern, Peers, Geschwister), rückläufige Sprachentwicklung, Verlust bereits erlangter sozialer Kompetenzen, autistoide Symptome, dissoziales Verhalten
IV 6–10	s. II + III +: zunehmend Symptome einer PTBS oder anderer Störungsbilder nach traumatischem Stress nach ICD-10, Schulleistungsstörungen, Konzentrationsstörungen (z. B. in Zusammenhang mit dissoziativen oder intrusiven Symptomen, vorbestehende Diagnosen i. S. von ADS/ADHS[1]), veränderte, pessimistische Sicht auf die Welt, quälende Schuldgefühle, depressive Symptome, Risikoverhalten, selbstverletzendes Verhalten (SVV), Suizidalität, konversive Symptome (psychogene Anfälle, motorische Ausfälle etc.), Zwangssymptome
V 10–14	s. IV +: zunehmend Symptome im Sinne der klassischen Symptomtrias der Posttraumatischen Belastungsstörung oder anderer Störungsbilder nach traumatischem Stress, bei Beziehungstraumatisierungen sog. »Enactment« (ein

Abbildung 3: Alterstypische Symptome nach traumatischem Stress

---

[1] Aufmerksamkeitsdefizit-Syndrom, Aufmerksamkeitsdefizit- und Hyperaktivitäts-Syndrom. Diagnosen, die nicht selten gegeben werden, wenn eine traumatische Genese der Symptomatik nicht erkannt wird (z. B. Ackerman et al., 1998).

ALTERSGRUPPE		TYPISCHE SYMPTOME
V	10–14	»Wiederherstellen«) traumatischer Situationen in sozialen Situationen, konversive Symptome, Essstörungen, SVV, vermehrt Suizidalität, gel. früher Drogenkonsum (z. B. Cannabinoide, Alkohol), psychotische Symptome
VI	14–18	s. V +: **Circulus vitiosus des Scheiterns:** emotional defizitäre Selbstwahrnehmung, soziales, schulisches Scheitern, (symptombedingte) misslungene erste intime heterosexuelle Beziehungen, Drogenkonsum, Perversionen, weit reichende existenzielle Zukunftsängste

Abbildung 3: Fortsetzung

haben versucht, deskriptiv relevante Symptome des Kindes- und Jugendalters anhand der klinischen Erfahrung entlang der Piaget'schen Entwicklungsphasen aufzuzählen und so den Entwicklungsbezug von van der Kolk konkreten klinischen Erscheinungen zuzuordnen.

Kinder und Jugendliche greifen nicht selten auf für frühere Lebensabschnitte typische Reaktionsformen bei traumatischem Stress zurück. Die Tatsache, dass Kinder symptomatisch so komplex, veränderlich und anders als Erwachsene auf Traumatisierungen reagieren, mag ein weiterer Grund dafür sein, dass ihrem Leid bisher nicht generell mit der angemessenen Fürsorge begegnet wurde.

Die Reaktionen auf unterschiedlichen Funktionsebenen (Sprache, Reinlichkeit, Bindungsverhalten etc.) sind zusätzlich verwirrend und legen eine ätiopathogenetisch gemeinsame Anfangsstrecke der Symptomatik, bezogen auf eine Traumatisierung, zunächst nicht gleich nahe. Gerade wenn es sich um frühe Traumatisierungen aus der präverbalen Entwicklungsphase handelt, sind in den folgenden Jahren diffuse Ängste, unerträgliche innere Spannungszustände, körperliche Symptome usw. oft einzig hinweisend auf eine mögliche Traumatisierung, die der (Fremd-)Anamnese nicht immer zu entnehmen ist. Typische Symptome im Sinne einer Posttraumatischen Belastungsstörung (PTBS) oder dissoziativen Störung fehlen gelegentlich oder sind nur unvollständig ausgeprägt. Erst jugendliche und junge erwachsene Patienten entwickeln nach Traumatisierungen regelhaft Symptome im Sinne einer Posttraumatischen Belastungsstörung oder andere bei Erwachsenen bekannte Störungsbilder.

Im ersten Lebensjahr reagieren Kinder auf extremen Stress mit den ihnen zur Verfügung stehenden Mitteln des Ausdrucks ihres Leides: In der Akutphase kommt es in der Regel zunächst zu massiver psycho-motorischer Unruhe. Anfängliches Schreien wird begleitet von vermehrter Schreckhaftigkeit, verminderter Beruhigbarkeit, es folgen Schlafstörungen, Fütterstörungen bis hin zu generellen Gedeihstörungen. Aus chronischen emotionalen Mangelerfahrungen, Vernachlässigung, Gewalt- und Missbrauchserfahrungen resultiert auch eine gestörte Bindungsentwicklung. Die Bindungsforschung und psychoanalytisch orientierte Entwicklungspsychologie haben eindrückliche Erkenntnisse vorgelegt, welche die Wirkung potenziell traumatischer früher Lebenserfahrungen auf die Entwicklung der grundsätzlichen Beziehungsgestaltung des Menschen haben (Stern, 1985; Bowlby, 2001; Ainsworth, 2003; Fonagy et al., 2004; Übersicht: Grossmann & Grossmann, 2003).

Kleinkinder zeigen vor allem nach chronischem Extremstress eine gestörte Fähigkeit, ihre Gefühle zu regulieren. Eine generelle Übererregung nach Traumatisierung findet ihren Ausdruck in einer allgemeinen Unruhe, aufgeregtem Suchen nach neuer Betätigung, übermäßiger Autostimulation. Weiterhin zeigen sie verschiedene Angstsymptome wie nächtliche Angstzustände, ängstlich angespannt-erstarrte Wachsamkeit, übersteigerte Schreckhaftigkeit und Panikzustände. Einige Kinder reagieren auf chronischen extremen Stress mit elektiver oder genereller Sprachlosigkeit oder Jactatio capitis (Kopfschaukeln), viele Kinder dieser Altersstufe reagieren mit regressiven Symptomen und zeigen vermehrt anklammerndes Verhalten sowie eine allgemeine Entwicklungsretardierung, bezogen auf kommunikative und soziale Fertigkeiten, Sprache, Motorik und Körperwachstum.

Kindergarten- und Vorschulkinder handeln traumatische Erlebnisse oft in scheinbarem Spiel ab, sie »ver-handeln« diese Erfahrungen in der Form, dass das sichtbare Spiel oftmals wie in einem quasi dissoziativen Zustand oder mit einem gesteigerten Erregungsniveau einhergeht und gelegentlich Angstaffekte spürbar werden. Hinzu treten Somatisierungstendenzen z. B. in Form unspezifischer Bauch- oder Kopfschmerzen. Die Anamnese ergibt nicht selten Hinweise auf intrusives

Erleben und dissoziative Symptome. Akuter Stress zeigt sich ab diesem Alter auch als Tic-artige Störungen. Als regressiv sind Symptome wie eine sekundäre oder prolongierte Enuresis, Enkopresis, sozialer Rückzug gegenüber Eltern, Peers oder Geschwistern, eine rückläufige Sprachentwicklung, ein Verlust bereits erlangter sozialer Kompetenzen oder autistoide Symptome sowie auch dissoziales Verhalten zu werten.

Grundschulkinder zeigen dann zunehmend Symptome einer PTBS oder anderer Störungsbilder nach traumatischem Stress wie z. B. dissoziative Störungsbilder, Schulleistungsstörungen, Konzentrationsstörungen und eine negativistische, pessimistische Sicht auf die Welt. Archaische Wertevorstellungen dieser Entwicklungsphase führen meist zu quälenden, häufig geheim gehaltenen Schuldgefühlen, die mit depressiven Symptomen einhergehen können. Die Kinder zeigen nicht selten ein ausgeprägtes Risikoverhalten, erstmals auch selbstverletzendes Verhalten wie »Ritzen«, Suizidalität und früher als konversiv deklarierte Symptome wie psychogene Anfälle, motorische Ausfälle oder psychogene Haltungsanomalien. Nicht selten treten in diesem Alter Zwangssymptome auf, die schnell rückläufig sein können, wenn das Kind hinsichtlich extrem belastender Dauerstressoren wie einem tätlich-aggressiven Verhalten der Eltern untereinander Entlastung findet und die Realangst des Kindes z. B. durch die Intervention eines Therapeuten reduziert werden kann. Auch schwere Zwangssymptome als (Sub-)Akutreaktion auf traumatischen Stress sprechen gut auf gezielte auf eine Stressreduktion abzielende therapeutische Maßnahmen zur Stressreduktion an. Dissoziales Verhalten kann sowohl erruptiv-tätlich, als auch durch Lügen, Stehlen oder Zündeln deutlich werden.

(Früh-)Adoleszente Kinder zeigen weiter zunehmend Symptome im Sinne der klassischen Symptomtrias der Posttraumatischen Belastungsstörung oder anderer Störungsbilder nach traumatischem Stress. Sind die Kinder Opfer von Beziehungsgewalt, so verschiebt sich der Ausdruck traumatischer Erlebnisse von der Spielebene auf die Realbeziehungsebene und findet sich im sogenannten Re-Enactment, dem Wiederherstellen traumatischer Situationen in sozialen Situationen, wieder. Neben den o. g. Symptomen kommt es in dieser Altersstufe vermehrt zur Ausprägung von Essstörungen, nicht selten nach sexuellen Miss-

brauchserfahrungen, selbstverletzendem Verhalten, vermehrter Suizidalität und erstmalig auch zu z. T. bereits exzessivem Drogenkonsum (z. B. Cannabinoide, Alkohol). Gelegentlich finden sich auch psychosenahe Erlebnisweisen, die sich durchaus von intrusivem Wiedererinnern unterscheiden, da es hier zu illusionären bis hin zu wahnhaften Verkennungen der realen Welt und der Menschen im Hier und Jetzt im Sinne früherer traumatischer Beziehungserfahrungen kommen kann.

Bei *Adoleszenten und jungen Erwachsenen* stellt sich zunehmend ein Circulus vitiosus des Scheiterns dar. Dies wird begünstigt durch eine emotional defizitäre Selbstwahrnehmung, was oft mit einem sozialen und schulischen Scheitern einhergeht. Symptombedingt werden erste intime Beziehungen z. B. durch destruktive Projektionen oder übersteigerte, symbiotische Beziehungswünsche belastet und misslingen. Es stellt sich öfter ein Drogenkonsum vor allem von Cannabinoiden und Alkohol ein, da beide deutliche Wirkung gegen Intrusionen und Übererregungszeichen zeigen. Bereits Jugendliche zeigen sexuelle Perversionen im Trauma-Kontext und entwickeln oft rigide, weit reichende existenzielle Zukunftsängste. Oft finden Peers mit ähnlichen Defiziten zueinander und isolieren sich gegenüber anderen Gruppen.

2.5 Ego-State-Theorie als konzeptuelle Grundlage

Den Sinn der Ego-State-Orientierung mag ein Text von Jutta Bauer verdeutlichen:

»Heute Morgen hat Mutter so geschrien, dass ich auseinandergeflogen bin ...«

An diesem genialen Text wird deutlich, dass wir uns unter extrem belastenden Bedingungen »aufteilen« können, verschiedene Anteile oder Ego-States, also Ich-Zustände, bilden können, van der Hart et al. sprechen von der strukturellen Dissoziation der Persönlichkeit. Diese verschiedenen Beschreibungen machen uns darauf aufmerksam, dass wir über die Möglichkeit verfügen, uns mithilfe des »viele seins« zu schützen. Für Kinder ist das ein sehr natürlicher Vorgang, sind sie es ja gewöhnt, im Spiel in unterschiedliche Rollen zu schlüpfen. Allerdings wird ein gesundes Kind wissen, dass es die Rolle spielt, während ein verstörtes nach und nach die Kontrolle verlieren könnte über den Unterschied zwischen innerer und äußerer Wirklichkeit.

Die Ego-State-Therapie wird in den USA seit Jahrzehnten erfolgreich angewendet, insbesondere in der Behandlung von (schwer) traumatisierten Patientinnen und Patienten.

Sie fußt auf den Konzepten von Paul Federn (1952), der den Begriff Ego-State eingeführt hat und für den das Konzept der drei seelischen Instanzen – Ich, Es und Überich – die Komplexität der Persönlichkeit nicht ausreichend zu erfassen schien. Watkins, der bei Federns Lehranalysand Edoardo Weiß in Analyse war, hat dann die Ego-State-Therapie ausformuliert. Nach ihm steht sie auf »drei Beinen«: der Psychoanalyse, der Hypnose und den Erkenntnissen über dissoziatives Verhalten von Janet (Watkins, J., und Watkins, H., 2003).

Wesentlich an der Ego-State-Arbeit scheint uns, dass das Übertragungs- und Gegenübertragungsgeschehen auf verschiedenen Ebenen wahrgenommen und genutzt wird: auf der Ebene der Beziehung der Patientin zur Therapeutin und auf der Ebene der Beziehung der Ego-States zur Therapeutin. So kann man sich vorstellen, dass eine beinahe erwachsene Patientin eine gänzlich andere Beziehung zur Therapeutin pflegen möchte als ein kindlicher Ego-State. Im Unterschied zu traditioneller Therapie wird man nun aber die kindlichen Ansprüche und Wünsche mit dem kindlichen Ego-State bearbeiten und nicht in erster Linie mit dem jung-erwachsenen Ego-State. (Wobei es uns wichtig ist, dies wo immer möglich mithilfe des States zu machen, der am weitesten entwickelt ist.)

Schließlich gilt es auch, die Beziehung des Patienten zu den Teilen zu berücksichtigen und die Beziehung der Teile untereinander.

Nach unserer Erfahrung ist nicht formelle traditionelle Hypnose das »Bein«, sondern die Nutzung von Alltagstrance und suggestiven Interventionen (s. dazu auch Fürstenau, 2001).

Das Wissen um dissoziative Prozesse als Schutz hilft, die Notwendigkeit von voneinander mehr oder weniger getrennten Teilen – States – anzuerkennen und nicht vorschnell beseitigen zu wollen.

PITT-KID setzt Ego-State-Elemente insbesondere in der Arbeit mit dem inneren jüngeren Kind und im Umgang mit malignen Introjekten und bösartigen inneren Objekten ein (s. die dortigen Beispiele).

Wir schreiben beobachtende und vermittelnde Aufgaben eher dem »älteren Ich von heute« zu. Darüber hinaus schlagen wir vor, einen neutralen, beobachtenden Teil, der nichts anderes tut als beobachten, abzutrennen. Dies knüpft an dissoziative Fähigkeiten der PatientInnen an. Vermittelnde Aufgaben können in unserem Konzept auch von der »inneren Weisheit« bzw. dem weisen alten Menschen wahrgenommen werden.

Das Grundprinzip ist entscheidend: Verschiedene Aufgaben werden verschiedenen States zugeordnet. Das heißt, das Prinzip der inneren »Vielheit« ist leitend und Ressourcen generierend.

Je nach Notwendigkeit kann die Therapeutin neben dem älteren Ich, das wir stets zunächst anzusprechen versuchen, auch fürsorgliche Teile ansprechen oder andere hilfreiche Teile – States.

3. Der Beginn der Behandlung

3.1 Behandlungsvoraussetzungen und Beziehungsaufnahme

So wie im Alltag die ersten Sekunden der Kontaktaufnahme oft sehr entscheidend sind, so erweist sich der Beginn der Behandlung, also die erste oder die ersten Sitzungen, häufig als wesentlich für die Weichenstellung.

Die feinen Unterschiede in der therapeutischen Haltung, in den Formulierungen etc., soll hier hervorgehoben werden.

Es ist wichtig, sich vom allerersten Moment der Kontaktaufnahme an bewusst zu sein, dass die Art, wie die Therapeutin diese gestaltet, z. B. mehr oder weniger Zugewandtheit, mehr oder weniger Freundlichkeit, bereits die weitere Zusammenarbeit und Beziehung zum Patienten und seinen Bezugspersonen entscheidend beeinflusst wird. Die hilfreiche therapeutische Beziehung gilt als ein grundlegender und übergeordneter therapeutischer Wirkfaktor, der mehr als einzelne isolierte Therapeuten- oder Methodenmerkmale über Erfolg oder Misserfolg von Behandlungen entscheidet (Kächele, 1992).

Bei der Behandlung von jungen Erwachsenen, Jugendlichen und Kindern noch einmal mehr gilt, dass auch die Beziehung zu den Elternpersonen und deren Unterstützung des Therapeuten entscheidend Einfluss nimmt auf die Wirksamkeit der Maßnahmen. Wir haben zu berücksichtigen, dass insbesondere in den Ballungsgebieten mittlerweile bis zu 30 % der Kinder getrennt lebende Eltern haben und diese z. T. sorgeberechtigten Elternpersonen bei der Therapie(-Planung) mit berücksichtigt werden sollten, um von möglichst vielen Seiten eine loyale, unterstützende Situation bezüglich der Behandlung herzustellen.

Unabhängig vom Alter erzeugt eine traumatische Situation beim Menschen ein existenziell bedrohliches Ohnmachtsgefühl. Beim Erwachsenen wie beim Kind ist es von größter Bedeutung, bereits bei der ersten Kontaktaufnahme deutlich zu machen, dass ein Wiedererlangen von Kontrolle, »Selbst-Macht« eines der wichtigen Ziele gemeinsamer Bemühungen sein wird. Dabei werden im Umgang mit dem Kind und seinem nächsten sozialen Umfeld von Anfang an eine partnerschaftliche Beziehung und transparente Vorgehensweise angeboten und deren Notwendigkeit aus traumapsychologischer Sicht erklärt. Die Einzeltherapie wird immer flankierend von Elterngesprächen und/oder familientherapeutischen Sitzungen begleitet werden, um psychoedukative Behandlungselemente zu vermitteln sowie die Psychodynamik im Familiensystem im Verlauf beobachten zu können, mögliche Fehlentwicklungen frühzeitig erkennen zu können und korrigieren zu helfen. Eine Kooperation mit den Eltern im therapeutischen Prozess setzt voraus, dass die Patientin nicht innerhalb der Familie bedroht und durch Gewalterfahrungen traumatisiert wird. Hier ist eine Unterscheidung von innerfamiliären und außerfamiliären Gewalterfahrungen von Anfang an wichtig. Sind die Verhältnisse derart, dass das Kind z. B. in einer Pflegefamilie lebt und beispielsweise eine regelmäßige Besuchszeit mit den leiblichen Eltern vereinbart wurde, ist hingegen eine Einbeziehung sowohl der Pflegefamilie als auch der leiblichen Eltern sinnvoll. Die leiblichen Eltern können dann z. B. nach anamnestischen Details gefragt werden, die uns ein Verständnis des Kindes erleichtern können. Belastende, alte Schuldgefühle einer ehemals drogensüchtigen Mutter können z. B. herausgestellt und deren negative Wirkung auf das Kind zum Thema gemacht werden. Auch die leiblichen Eltern können in den Besuchszeiten dazu beitragen, dem Kind auf dem Weg der Heilung zu helfen. Immer muss jedoch gewährleistet bleiben, dass der Patient nicht neuerlich durch die Verhältnisse traumatisiert wird. Ist dies nicht sichergestellt, so kann eine Therapie keinen Erfolg haben.

Vermutet die Therapeutin eine innerfamiliäre Gewaltsituation, gibt es mindestens drei Wege, mit diesem Verdacht umzugehen:

1. Der Verdacht betrifft Gewalterfahrungen, die nicht extrem gravierend erscheinen, und man vermutet eine Bereitschaft bei den Eltern, darüber zu sprechen und das eigene Verhalten zu ändern. Z. B. muss die Bereitschaft bestehen, gewaltsame Erziehungsideologien aufzugeben. Auch müssen die Eltern aufgrund eigener Gegebenheiten in der Lage sein, ihr Verhalten zu ändern. Zusätzliche externe

Hilfe, z. B. durch eine Kooperation mit einem Kinderschutzzentrum, kann hinzugezogen werden.

2. Eines der Elternteile erscheint verlässlich kooperativ bei der Aufklärung der Verdachtsmomente, und Sie begleiten zunächst z. B. die Mutter dabei, sich (räumlich) von dem gewalttätigen Partner zu trennen und so dauerhaft (auch mithilfe juristischer Unterstützung) einen Schutz des Kindes vor neuerlicher Gewalt sicherzustellen.

3. Der Verdacht auf aktuelle schwerste Traumatisierungen ist derart gravierend, dass dem zuständigen Jugendamt die akute Kindswohlgefährdung angezeigt werden muss und so familiengerichtliche Maßnahmen eingeleitet werden.

Wie beim Verdacht auf aktuelle Kindswohlgefährdung bei häuslicher Gewalt zu verfahren ist, hat auch eine somatisch-medizinische Dimension. Gegebenenfalls sollten Sie auch eine körperliche Untersuchung einleiten. Das Thema ist sehr komplex. Wir verweisen hier auf den Leitfaden »Häusliche Gewalt« der Hamburger Ärztekammer mit hilfreichen Anregungen, den Sie im Internet abrufen können (www.aerztekammer-hamburg.de) (Krüger, 2006 a).

Die entscheidenden Fragen bezüglich des sozialen Umfeldes und der allgemeinen sozioökonomischen Verhältnisse, deren positive Beantwortung in der Regel zur Differenzialindikation einer ambulanten Behandlung führen, sind:

1. Bietet das direkte, versorgende soziale Umfeld des Kindes (gegebenenfalls mit Hilfe einer professionellen Unterstützung) diesem das subjektive Gefühl von *Sicherheit* nach traumatischem Erleben und ist diese auch in der Realität gewährleistet?

2. Ist das soziale Umfeld hinsichtlich seiner emotionalen, sozialen, gesundheitlichen, kognitiven und sozioökonomischen Gegebenheiten in der Lage, das Kind (mithilfe einer professionellen Unterstützung) beim Stabilisierungsprozess angemessen und kontinuierlich förderlich zu begleiten und zu unterstützen?

Wird nicht nur das Kind durch potenziell traumatische Ereignisse beeinträchtigt, sondern auch das weitere familiäre Umfeld, so ist auch eine Einschätzung der psychischen Situation anderer Familienmitglieder und vor allem der Elternpersonen zu berücksichtigen. Gegebenenfalls müssen wir Hilfemaßnahmen auch für diese anbieten bzw. vermitteln und sicherstellen, dass die primären Bezugspersonen weiterhin ausreichende versorgend-elterliche Ressourcen für das Kind und seine Geschwister vorhalten können.

Vorbestehende konflikthafte innerfamiliäre Kommunikationsstörungen müssen von der Therapeutin erkannt und wenn möglich therapeutisch kurzfristig aufgearbeitet werden, um den Heilungsprozess beim Kind oder Jugendlichen nicht zu behindern.

Auch können durch die Begebenheiten der traumatischen Situation selbst oder aber durch die Symptome der Trauma-Folgestörung bei anderen Familienmitgliedern eigene traumatische Erlebnisse wachgerufen und Störungsbilder (neuerlich) induziert werden, was das Familiensystem weiter labilisieren kann.

Schwere körperliche Erkrankungen von Geschwisterkindern, Eltern oder Großeltern müssen bei der Betrachtung der Fürsorgekompetenz des sozialen Umfeldes berücksichtigt werden.

Auch müssen defizitäre ökonomische Verhältnisse, die durch die Versorgung des Patienten verschärft werden können, erkannt und gegebenenfalls Hilfemaßnahmen gemeinsam mit der Familie und professionellen Einrichtungen, z. B. der öffentlichen Versorgung durch die Allgemeinen Sozialen Dienste, erörtert werden.

Defizitäre ökonomische Verhältnisse der Familie sollten nicht der Grund für die Indikation einer stationären Behandlung sein, wenn die psychosozialen Verhältnisse ansonsten eine ambulante Behandlung sinnvoll erscheinen lassen.

Es wird deutlich, dass eine multiprofessionelle Vernetzung von Hilfesystemen bei der kindlichen Traumatisierung von besonderer Bedeutung ist. Z. B. können Helferkonferenzen, in denen dem Traumatherapeuten eine Case-Management-Funktion zukommen sollte, die Indikation für Familienhilfemaßnahmen ergeben, welche die Möglichkeit einer ambulanten Versorgung des Patienten erst sicherstellen. Geschwisterkinder und eine selbst beeinträchtigte Mutter nach gewalttätigen Erfahrungen im häuslichen Bereich benötigen nicht nur therapeutische Unterstützung, sondern ganz lebenspraktische Hilfen. Diese sollten aber aus einer traumapsychologischen Perspektive betrachtet und koordiniert werden, da das psychische Befinden der

Beteiligten die gesamte Lebenssituation u. U. dramatisch beeinflusst. Diese Betrachtungsweise wird, der klinischen Erfahrung im Sinne von »first things first« folgend, von den Patienten und ihren Familien in der Regel begrüßt, wenn die Notwendigkeit der Hinzuziehung öffentlicher Stellen entsprechend verständlich gemacht wurde. Der Traumatherapeut hat hier eine »Sprachrohrfunktion« für den – die Befindlichkeit aller beeinträchtigenden – inneren Zustand von behandeltem Kind *und* Teilen des Familiensystems. Vergessen wir nicht die Loyalität eines Kindes den Bezugspersonen gegenüber: Es schafft Vertrauen in der therapeutischen Beziehung, wenn wir die unbewussten Sorgen eines Kindes ansprechen und für die Erwachsenen im Umfeld Sorge tragen, soweit es nicht unsere Funktion für das und Loyalität gegenüber dem Kind negativ beeinträchtigt. Hilfemaßnahmen, die an den traumapsychologisch zu erschließenden Bedürfnissen von Kind und Familie vorbei eingeleitet werden, sind nutzlos oder sogar kontraindiziert.

Die Einbeziehung auch des sozialen Umfeldes wie Menschen aus der öffentlichen Jugendhilfe, dem Kindergarten, Schule oder Freizeiteinrichtungen aus einer systemischen, traumapsychologischen Perspektive ist eine wichtige Aufgabe des Therapeuten. Die traumabedingte Symptomatik hat oftmals auch außerhalb des familiären Kontextes einen erheblich destruktiveren Einfluss auf kommunikative Funktionen als andere, z. B. neurotisch bedingte, Konfliktthemen. Dies gilt auch dann, wenn wir es nicht mit destruktiven traumatischen Reinszenierungen i. e. S. zu tun haben, sondern beispielsweise mit ausgeprägtem sozialen Rückzugsverhalten, welches z. B. in einer allgemeinen sozialen Ausgrenzung des Kindes in der Schule zu münden droht oder wenn das Kind raptusartige Impulsdurchbrüche zeigt, die ebenfalls die soziale Integration gefährden können. Die klinische Erfahrung lässt hinsichtlich ihrer z. T. dramatischen systemdynamischen, interaktionellen Implikationen den Vergleich psychotischer Krankheitsbilder und psychotraumatischer Störungsbilder zu.

Aus den o. g. Argumenten ergibt sich die Notwendigkeit, dass ein therapeutisches Vorgehen eine beratende Funktion und gegebenenfalls akute einzeltherapeutische, aber auch familientherapeutische und sozialpsychiatrische Maßnahmen im Sinne einer indizierten Settingvariabilität umfasst (Krüger et al., 2004, 2007).

Das (zeitweise) Einbeziehen eines Co-Therapeuten kann bei komplexen Problemstellungen nötig werden, auch um die Loyalität gegenüber dem Patienten z. B. im begleitenden familientherapeutischen Setting zu gewährleisten. Die Besprechung der umfassenden Aspekte eines familientherapeutischen Settings und einer Arbeit in einem multiprofessionellen Netzwerk soll aber nicht primär Inhalt dieses Buches sein (siehe dazu auch: Krüger, 2006 b, 2006 c, 2006 d).

Ressourcen, die zum einen im betroffenen Kind selbst, aber auch bei den Familienmitgliedern oder der Gesamtfamilie im Sinne eines verbesserten Copings zu eruieren sind, sollten vom Therapeuten aktiv herausgearbeitet und wenn möglich gefördert werden. Die Bedeutung verschiedener Ressourcen für den Heilungsprozess muss dem sozialen Umfeld verdeutlicht werden, gerade weil viele Psychotherapieschulen selbst eine defizitorientierte Selbst- und Fremdwahrnehmung bei vielen Menschen in der Allgemeinbevölkerung forciert haben und die Erwartungshaltung bei den Patienteneltern die Betrachtung von hilfreichen Kompetenzen und Umständen mutmaßlich nicht als »sozial erwünscht« und von den Therapeuten als hilfreich eingeschätzt gelten könnten.

3.2   Elternarbeit und Familientherapie

Eine Traumatisierung durch eine Bezugsperson macht eine Kooperation i. S. des Heilungsprozesses meist schwer möglich oder ist nicht indiziert. Sind Vater oder Mutter mutmaßlich Täter, Mittäter oder haben das Kind der Schutzlosigkeit (mutmaßlich) preisgegeben, so ist eine Versorgung durch diese infolge der Ereignisse in der Regel schwierig, wenn die Eltern ihrer Erziehungsaufgabe durch juristische Maßnahmen nicht ohnehin enthoben wurden oder werden und die öffentliche Erziehung Versorgungsaufgaben übernommen hat. Eine zeitlich begrenzte stationäre kinder- und jugendpsychiatrische Maßnahme dient hier dann oftmals dem Ziel einer Koordination notwendiger diagnostischer und therapeutischer Maßnahmen. Weiterhin können so in sinnvoller Zusammenschau aller relevanten Aspekte der Situation des Kindes aus traumapsychologischer Sicht auch schulische sowie Jugendhilfemaßnahmen abgestimmt werden. Im stationären Setting sind die beschriebenen Methoden ebenfalls anwendbar. Hier wird sich die Behandlung in der Regel jedoch auf stabilisierende therapeutische Maßnahmen beschränken. Stationäre und ambulante Maßnahmen sollten im gegenseitigen Einvernehmen hinsichtlich des Verständnisses und der grundlegenden Behandlungskonzeption von Psychotrauma-Folgestörungen des Kindes- und Jugendalters kooperieren.

Wenn der Zusammenarbeit mit den primären Bezugspersonen nicht o. g. Hinderungsgründe entgegenstehen, kommt diesem Teil der Behandlung von Trauma-Folgestörungen bei Kindern und Jugendlichen als in ihrer Entwicklung von Bezugspersonen abhängigen Wesen eine große Bedeutung zu.

Bei Säuglingen und Kleinkindern wird der Therapeut mit der primären Bezugsperson arbeiten und vor allem Schutz- und Versorgungsbedürfnisse des beeinträchtigten Kindes verstehen helfen und Anleitung für die Versorgung des Kindes entsprechend seines emotionalen Zustandes anbieten.

Das »psychoenergetische Niveau« vorbestehender konflikthafter Beziehungen kann durch die Traumatisierung eines Familienmitgliedes erhöht werden. Die Familie kann im günstigen Fall eine Ressource zur Bewältigung traumatischer Life-Events sein, im ungünstigen Fall jedoch durch prätraumatische Konfliktkonstellationen selbst zum Risikofaktor für einen heilsamen traumakompensatorischen Prozess werden. Gerade im Bezugssystem von Kind und Familie ist somit nicht nur das Ausmaß der psychischen Traumatisierung des Kindes von Belang – vielmehr müssen wir das Augenmerk auch auf die Auswirkungen auf das familiäre und soziale System sowie auf Wechselwirkungen richten.

Familientherapie im Kontext von Traumatisierungen ist gerade in der Anfangszeit der Behandlung begleitend sinnvoll, wenn Eltern ihre Fürsorgefunktion wegen der eigenen Reaktionen auf die traumatischen Ereignisse nur noch begrenzt realisieren können oder die kindliche Symptomatik die familiäre Beziehungsdynamik erheblich negativ beeinträchtigt. Dies ist beispielsweise der Fall, wenn ein sexuell durch einen außerfamiliären männlichen Täter traumatisiertes Kind nicht die zärtliche Fürsorge des Vaters annehmen kann oder sogar aversiv reagiert, weil der Vater durch seine Geschlechtszugehörigkeit Triggerfunktion hat und Flashbacks auslöst. Weiterhin können Eltern initial selbst durch die Ereignisse beeinträchtigt sein, sodass eine familientherapeutische Maßnahme auch deren Stabilisierung dienen kann, sofern sich nicht der Behandlungsfokus zu sehr zu den Eltern verschiebt. Hier sind dann Therapeuten für die Eltern zu empfehlen, mit denen der ambulant tätige Kinder-Traumatherapeut kooperiert.

Geschwister können erheblich durch (traumabedingte) ungünstige Reaktionen auf das traumatisierte Kind dessen Heilungsprozess stören. Hier zeigt die Erfahrung, dass eine Arbeit mit diesen Kindern und eine Würdigung ihrer Position in der Familie im familientherapeutischen Setting hilfreich für den Heilungsprozess sind. Die Bedeutung ihrer potenziell stützenden Rolle sollte Eltern und Geschwistern gegebenenfalls nachhaltig deutlich gemacht werden.

Es empfiehlt sich, dass der Einzeltherapeut die Gespräche mehr als Sprecher und Co-Therapeut für die Belange des Indexpatienten begleitet und von einem Kollegen begleitet wird, um seine Loyalität dem Indexpatienten gegenüber zu wahren und die Allparteilichkeit über eine Rollenverteilung im Therapeutenteam gegenüber dem Familiensystem zu gewährleisten. Auch Ressourcen für die Stabilisierung und Traumaverarbeitung im familiären Umfeld können hier vertiefend gemeinsam eruiert und gegebenenfalls neu erarbeitet werden.

Die Einzeltherapeutin sollte dann allerdings Erfahrung im familientherapeutischen Setting haben, und die Hinzuziehung einer Co-Therapeutin ist oftmals unverzichtbar.

3.3 Übertragung, Gegenübertragung, Abstinenz

Das wesentliche psychoanalytische Instrument, eine therapeutische Begegnung zu verstehen und einzuordnen, ist das Konzept von Übertragung und Gegenübertragung. Die Erkenntnisse zu Übertragung und Gegenübertragung sollten tunlichst in jeder Therapie traumatisierter Patienten berücksichtigt werden. Dabei spricht vieles dafür, dass – ähnlich wie in der Quantenphysik, wo man heute davon ausgeht, dass der Beobachter das zu Beobachtende bestimmt – die Gegenübertragung der Übertragung vorausgeht und ein wesentlicher Beitrag zur Beziehung ist. Wir verweisen hier auf die ausführlichen Ausführungen im PITT-Manual (2. Auflage, 2004, S. 25 ff.). Auch der Abstinenzbegriff bedarf gerade bei der Arbeit mit traumatisierten Kindern und Jugendlichen einiger Anmerkungen. Zusätzlich zu den in der Einführung in Kapitel 1.1 geschilderten Besonderheiten bei der Arbeit mit traumatisierten Kindern ergeben sich die folgenden Gesichtspunkte.

Wir wollen einige Aspekte zu den Übertragungsphänomenen erörtern. Aus der Sicht von Fischer und Zurek (2003) ergibt sich, dass es kontraindiziert ist, der Förderung der »Übertragungsneurose« gezielt Vorschub zu leisten. Bei Kindern entstehen schnell derartige Übertragungssituationen, da diese entwicklungsbedingt noch einmal mehr zu einer regressiven Beziehungsgestaltung neigen.

In der Traumatherapie finden sich junge Menschen ein, die missbräuchliche Beziehungen in ihrer Lebens- und Leidensgeschichte erfahren haben. Sie generalisieren diese Erfahrungen u. a. auch auf den Therapeuten und »testen« ihn, ob er möglicherweise ihr Vertrauen wieder verraten und missbrauchen wird. Die Beziehungs-Tests geschehen bei Kindern nicht selten fulminant, bei älteren Jugendlichen zunehmend meist in »homöopathischen Dosen« und eher verdeckt, wenn der Patient trotz der Beschädigungen soziale Kompetenzen entwickeln konnte. Jugendliche Patientinnen mit einer Missbrauchserfahrung überspielen nicht selten ihr Misstrauen und lassen sich scheinbar vorbehaltlos auf die Therapie so lange ein, bis – subjektiv, im Bezugsrahmen der Patientin – ein erneuter »Übergriff« erfolgt. Nach van der Kolk et al. koste es eine ungeheure Anstrengung für die Therapeuten, eine wirkliche Wertschätzung ihrer eigenen Fähigkeiten im Kontext dieser Tests aufrechtzuerhalten (van der Kolk et al., 2000, S. 389).

Das Bedürfnis der Patienten nach Sicherheit spiegelt sich in dem Bedürfnis der Therapeuten, gute und effektive Behandler im Gegensatz zu den bösen Tätern zu sein (Herman, 2001). Idealisierung vermittelt zwar ein illusionäres Gefühl der Sicherheit, aber hält gerade auch den jugendlichen Patienten davon ab, notwendige autonome Handlungen auszuführen. Wir unterstützen eine Haltung der Hilflosigkeit bei der Patientin, wenn wir »allzu hilfreich« sind.

Bei Kindern ist zu berücksichtigen, dass sie für ihre gesamte Entwicklung hilfreiche reale Beziehungsangebote benötigen und wir so hinsichtlich der Einhaltung einer abstinenten Haltung noch einmal mehr gefordert sind; insbesondere, wenn uns durch das Grauen des traumatischen Erlebens des Kindes eine emotionale »Superinfektion« droht, in der wir unsere eigenen Ohnmachtsgefühle im Angesicht des schwer beschädigten Kindes in einer altruistischen Haltung ausagieren.

Es kommt hinzu, dass wir als Therapeuten schnell in die Situation geraten, die »besseren Eltern« zu werden und mit den primären Bezugspersonen zu konkurrieren. Dies ist besonders dann der Fall, wenn die Eltern eine angemessene Empathiefähigkeit, insbesondere bezogen auf die traumatischen Erfahrungen und den daraus folgenden Symptomen, vermissen lassen. Hier ist eine intensive Elternarbeit wichtig, wenn die Einschätzung der elterlichen Lernfähigkeit eine veränderte Haltung erhoffen lässt.

Der alte Satz von der Hilfe zur Selbsthilfe bekommt so eine neue, wichtige Bedeutung und muss im Kontext der Behandlung von Kindern und Jugendlichen dahingehend erweitert werden, dass auch die Erziehungsberechtigten als Helfer mit in die Behandlung integriert werden sollen.

Mit Misstrauen bezüglich der Absichten des Therapeuten und vielleicht auch bezüglich seiner »Standfestigkeit« angesichts der Konfrontation mit der vom Opfer erlittenen Erfahrung ist stets zu rechnen. Es mögen Zweifel bestehen, ob überhaupt jemand zu helfen in der Lage ist, der solches Leiden ja immer nur begrenzt nachvollziehen kann. Wir empfehlen in diesem Zusammenhang, den Patienten explizit zu sagen, dass man nicht alles verstehen kann. Es ist nicht sinnvoll, dies zum Problem des Patienten zu machen.

TraumatherapeutInnen können sich vom Patienten und seinem Bericht fasziniert, aber auch gleichzeitig überwältigt fühlen. Spürt der Patient die zunehmende Hilflosigkeit des Therapeuten, kann er aus Angst vor Objektverlust in eine Art »Therapeuten-Helferposition« dem Therapeuten gegenüber verfallen. Er versucht, diesen u. a. durch Verschweigen, Dissoziieren oder Affektisolierung vor dem traumatischen Material zu schützen. Gerade Kinder neigen dazu, solche Funktionen zu übernehmen, wenn sie auch zuvor in den primären Beziehungen Parentifizierungen erlebt haben oder »wie gewohnt« funktionieren und die Erwachsenen (in diesem Falle den Therapeuten) schonen.

Bei der therapeutischen Arbeit ist heute die Rede von »Beziehungskunst« (Will, 2003). Daraus sich ergebend stellen wir die Frage, ob

Kunst als kreativer Prozess nicht vielmehr unter Gesichtspunkten von Spiel und Spielen wahrgenommen werden könnte, um den unten beschriebenen Beziehungsstress auch für den Therapeuten zu mildern. Kinder als Patienten laden zu solch einer Sichtweise geradezu ein, können mit ihren entwicklungsbedingten Ressourcen der Spielfertigkeit diese Perspektive nahelegen. (Darüber hinaus hat Kunst auch viel mit Könnerschaft zu tun, erfahrene und gut ausgebildete Kinder- und Jugendtherapeuten haben in der Regel weniger Beziehungsstress, da sie über mehr erprobtes Handwerkszeug verfügen.) Bei der Arbeit mit Kindern ergibt sich häufig eine Aufforderungssituation, in der der therapeutische Prozess aktives Handeln des Therapeuten nötig macht, ohne dass dieses eine nicht abstinente Haltung widerspiegelte: In einer Spielsequenz, in der das Kind beispielsweise auf der Symbolebene auf traumatische Erlebnisse in der Vergangenheit hinweist, schlagen wir dem Kind symbolische Begrenzungen im Sinne von kognitiven Distanzierungsmaßnahmen vor [z. B. errichten wir auf dem Malpapier, mit Bausteinen im Sceno-Kasten[2] oder mit anderen kreativen Hilfsmitteln von uns aus Trennlinien zwischen traumatischen und freudvollen Erlebnisinhalten]. Auch geben wir einem Kind gelegentlich übergangsobjektartige Dinge mit nach Hause. Diese können auch die Qualität von »sicheren Orten« aufweisen und suggestive Wirkmomente haben, wie das Fallbeispiel demonstrieren soll:

Die 8-jährige Diana und ihre Mutter klagen über Einschlafstörungen des Mädchens. Traumatische Gewalterfahrungen mit dem getrennt lebenden Vater wurden in der Vergangenheit zu dieser Tageszeit von Diana gemacht. Flashbackartige Zustände werden von der Patientin beschrieben. Diana arbeitet gern mit zeichnerischen Mitteln. In einer dialogischen Zeichensequenz überlegen wir gemeinsam, was der kleinen Diana in ihr zum Einschlafen gegen die bösen Gedanken helfen könnte. Die Patientin fordert den Therapeuten auf, eine Wiege nach ihren Vorstellungen zu zeichnen. Sie möchte das nicht selbst machen.

---

[2] Beim Sceno-Kasten nach G. von Staabs (1964, 1940) handelt es sich um ein spielerisches Gestaltungsverfahren mit Puppen, Figuren, Zusatzmaterial mit hohem Symbolwert nach tiefenpsychologischen Grundsätzen, eigentlich für diagnostische Zwecke konzipiert.

Ich (A. K.) folge ihrem Wunsch und zeichne eine Wiege nach ihren Anregungen. Die Zeichnung möchte sie mit nach Hause nehmen. Gemeinsam mit ihrer Mutter hängt sie das Bild über ihr Bett. Nach einem Jahr Behandlung erwähnt sie spontan: »Weißt du – wenn ich abends nicht einschlafe oder von einem bösen Traum aufwache, schaue ich auf die Zauberwiege und kann wieder einschlafen.«

Indiziertes aktives Gestalten ist Teil einer therapeutischen Arbeit mit traumatisierten Kindern. Unser Tun regt die Kinder über oben beschriebene Wirkungen hinaus an, selbst mehr Mut zum hilfreichen Handeln für sich selbst zu erlangen. Dabei ist immer zu überprüfen, ab wann wir manipulativ werden, um unsere eigenen Vorstellungen, was heilt, dem Kind aufzudrängen. Traumatherapeuten können dazu neigen, ihre eigenen »Heilswege« allzu leicht auf andere zu übertragen. Ein dialogisches Handeln mit dem Kind oder Jugendlichen ist in geschilderten Therapiesituationen angezeigt. Auch darf ein Therapeut in der Behandlung von traumatisierten Patienten in begrenztem Umfang, wenn es dem primären Ziel der Ressourcenschöpfung dient, eigene Freudequellen vermitteln: Etwas Gutes, das wir mit Begeisterung vermitteln können, wird das Gegenüber, welches uns emotional positiv verbunden ist, »beeindrucken« – vielleicht sogar prägen. Wir vermitteln so natürlich eigene Werte, Persönliches. Wenn wir beispielsweise von unserer Begeisterung für eine bestimmte Musik berichten, dann geben wir etwas Intimes preis [im angemessenen Fall jedoch ohne eigene Bedürfnisse in der Therapie zu befriedigen]. Als Therapeut in der Traumatherapie nicht nur ein neutrales Gegenüber, das »weiße Blatt Papier« zu sein, auf das der Patient seine Welt projizieren kann, halten wir für geradezu notwendig. Wir sind gerade in der Traumatherapie auch menschliches heilsames Agens. Die Auseinandersetzung mit der Befriedigung eigener, z. B. möglicher eigener narzisstischer, Bedürfnisse in der Behandlung von Menschen muss daher umso mehr Inhalt der Selbsterfahrung sein. Die beschriebene neutrale Haltung des Therapeuten kann unbewusst die Selbstbeschuldigungstendenz von Traumapatienten verstärken und/oder kann die Wiederkehr intrusiver Erinnerungen vom Tatgeschehen fördern, was sich unter Umständen retraumatisierend auswirkt.

Bei der Arbeit ist auch mit hinderlichen Gegenübertragungsreak-

tionen zu rechnen, die Luise Reddemann im Erwachsenenmanual dar-
legt. Dort wird auch auf die Arbeit von Fischer und Zurek (2003) ver-
wiesen, deren Lektüre zum Thema wir empfehlen.

3.4   Anamneseerhebung

Über die Bedeutung der psychosozialen Rahmenbedingungen, die eine
Indikation zu einer ambulanten Therapie darstellen, wurde oben bereits berichtet. Üblicherweise ermöglichen wir in der Kindertherapie
den primären Bezugspersonen zunächst, uns und unsere Behandlungskonzeption kennenzulernen. Das Arbeitsbündnis, eine unterstützende
Haltung der (Ersatz-) Eltern, ist eine unabdingbare Voraussetzung für
den Erfolg einer Behandlung; deshalb sind unsere Möglichkeiten bei
Eltern, die Täter sind, außerordentlich begrenzt.

Auch bei scheinbar autonom auftretenden Jugendlichen, die sich
vielleicht sogar primär selbst anmelden, sollte auf die Chancen einer
unterstützenden Haltung von Elternpersonen hingewiesen werden.
Juristisch ist die Einbeziehung der Eltern ohnehin im Verlauf der Behandlung vonnöten. Man kann dem Patienten erläutern, dass es nicht
um Bevormundung, sondern um mögliche weitere Unterstützung des
Patienten geht. Gerade die Vermittlung von psychoedukativen Aspekten an die Eltern eignet sich, die Kooperation mit diesen zu propagieren. Die Erleichterungen, die aus einem Verständnis des familiären
Umfeldes für die Symptome des Patienten entstehen können, sind für
ihn oft ein attraktiver Grund für eine Einbeziehung der Erwachsenen.
Manchmal ist es ratsam, die Einbeziehung von Elternpersonen erst
nach einigen Behandlungsstunden vorzuschlagen. Eine kooperative
Entscheidungsfindung stärkt das Arbeitbündnis zum jugendlichen Patienten. Bei jugendlichen Patienten ist es auch wichtig, die Bedeutung
der Peers nicht zu unterschätzen: Diese werden oftmals »trauma-
äquivalent« vom Patienten gewählt: Traumatisierte Kinder und Jugendliche »finden« sich untereinander. Wir fragen deshalb nach den Beziehungen im sozialen Umfeld.

Fallbeispiel:

Die durch außerhäusliche sexuelle Gewalt traumatisierte 15-jährige Gymnasiastin Maja assoziiert sich zum Entsetzen der Eltern mit rüpeligen »Szenekids« und gibt augenscheinlich tragendere Beziehungen zu früheren Freunden auf. Die Freundeswahl bekommt im Verlauf der Behandlung eine Bedeutung, als traumakompensatorische Aspekte bearbeitet werden: »Ich verstehe jetzt, dass ich diese Leute überall in der Stadt um mich brauche, weil ihr Auftreten mir Sicherheit verspricht, dann brauche ich keine Angst vor dem (unbekannten) Täter haben!« Maja berichtet über gute Erfahrungen von Gemeinschaft und Halt in der Gruppe der schwierigen Gleichaltrigen, die sie in ihr späteres Leben mitnehmen wird. Ihre eigene Art, den Menschen ohne Vorbehalte begegnen zu können, wird, neben anderen Ressourcen, als Quelle für tragende Begegnungen mit Menschen herausgearbeitet. Auch beschreibt sie es nach einem Gespräch über das Haltgebende in den Beziehungen in der Familie als Glück, dass ihre Eltern ihr immer das Gefühl geben konnten, dass sie mit ihren ganz eigenen Wegen im Leben »richtig« sei.

Die »Funktionalität« von Peerbeziehungen – egal, ob sie nun primär entwicklungsförderlich oder hemmend erscheinen – bedürfen zunächst einer wertschätzenden Würdigung durch die Therapeutin, denn es verbergen sich dahinter meist (unbewusste) Lösungsversuche, die sich aus einer traumapsychologisch zu verstehenden Psychodynamik ergeben. Verstehen wir diese gemeinsam mit den Kindern, Jugendlichen und Eltern im therapeutischen Prozess, kann dies den Aufbruch zu intuitiver Suche nach Peers bedeuten, die Entwicklungen der Patientin mehr förderlich begleiten können. Unbewusste, irrationale Beziehungswünsche können so reflektiert und aufgegeben werden.

Kindergarten und Schulsituation

Soziale und Lernschwierigkeiten in der Kindergarten- und Schulsituation sind nicht selten ein erheblicher Stressfaktor. Dieser kann hier z. B. primär durch eine Mobbingsituation entstehen, »Symptome« im Kindergarten oder schulischen Bereich können aber auch Ausdruck sekundärer Folgen der psychischen Symptomatik bei bestehender Psychotrauma-Folgestörung sein. Alle Symptomkategorien der Posttraumatischen Belastungsstörung und kindertypische Krankheitszeichen können soziale Situationen negativ beeinträchtigen. Hier seien einige häufig geschilderte Probleme dargestellt:

> Die 4-jährige Carla nötigt im Kindergarten seit ihrer sexuellen Missbrauchserfahrung andere Kinder zu entgrenztem Spiel, welches traumatischen Reinszenierungen entspricht: Sie entkleidet sich selbst völlig, versucht dieses auch gegen den Willen anderer Kinder bei diesen und manipuliert an den eigenen und den Geschlechtsteilen anderer. Kinder, Erzieher und andere Eltern sind entsetzt, Carla wird mehr oder weniger ausgegrenzt, andere Eltern wollen ihr Kind aus der Einrichtung nehmen, wenn Carla bleibt. Das Mädchen berichtet, dass ihr das Spielen mit der Katze »Pipp« der Nachbarin viel Freude macht. Die Mutter sagt, sie könne eine eigene Katze aber nicht versorgen. Gemeinsam wird erarbeitet, dass die Mutter der befreundeten Nachbarin, die viel verreist, anbieten wird, Pipp in ihrer Abwesenheit zu betreuen. Carla ist begeistert, als sich die Nachbarin über den Vorschlag riesig freut und Pipp nun regelmäßig in Pflege gibt.

> Frank, ein 7-jähriger Junge mit Übererregungssymptomatik nach häuslicher Gewalterfahrung, verhält sich hyperaktiv, kann seine Gefühle schlecht modulieren, »rastet« bei Begrenzungserfahrungen mit Lehrern oder Mitschülern leicht aus, zeigt (gerade in ruhigen) Unterrichtssituationen Konzentrationsstörungen und kann die Aufmerksamkeit nicht auf bestimmte Inhalte fokussieren. Frank ist zunehmend sozial isoliert, was einen Teufelskreis negativer Erfahrungen in den Interaktionen mit Mitschülern und Lehrern nach sich zieht. Die Versorgung seines Meerschweinchens betreibt er mit äußerster Verlässlichkeit und Liebe für das Tier. Seine Hingabefähigkeit an etwas, was ihm wertvoll ist, spendet ihm selbst viel Freude und wird vom Therapeuten als besondere Ressource vor dem Patienten selbst und den Bezugspersonen, die ihm vornehmlich Aggressivität und Rücksichtslosigkeit zuschreiben, explizit gewürdigt.

> Paula, eine 8-jährige Patientin mit intrusiven Erlebnisweisen nach traumatischen Gewalterfahrungen, gerät durch aggressiv getönte Konfliktsituationen, die Hinweisreizcharakter für Traumaerfahrungen haben, in Flashbacksituationen. Lehrer und Mitschüler fallen vegetative Symp-

tome auf: Zittern, Panik in den Augen, anschließend Benommenheit bei der Schülerin. Paula wird in Folge zusätzlich belastet, als alle fragen, was mit ihr los sei und sie selbst keine Antwort weiß und sich obendrein schämt. Paula zeichnet während der ersten Gespräche sehr viel spontan mit den Materialien, die im Behandlungszimmer bereitliegen. Sie sagt, dass ihr das Zeichnen guttue: einfach nur so und wenn die schlimmen Bilder kommen. Der Therapeut würdigt vor der Patientin und den Bezugspersonen ihre Kreativität und ihre Tatkraft, den negativen Gedanken aktiv etwas entgegenzusetzen. Es wird gemeinsam mit den Eltern erarbeitet, das Mädchen mit ihren besonderen zeichnerischen Fähigkeiten zu fördern, und der Therapeut empfiehlt zunächst einmal die Kindermalgruppen in der örtlichen Kunsthalle.

Vermeidungsverhalten und Dissoziationen können unterschiedlichste Auswirkungen haben.

Der 6-jährige James, ebenfalls mit Missbrauchserfahrungen, uriniert in Spielsituationen im Kindergarten in die Kleidung und wird von einigen Kindern gehänselt. Er reagiert aggressiv und hat andere Kinder tätlich verletzt. Er wird zunehmend ausgegrenzt. Die Mutter berichtet, dass James ein guter Schauspieler sei und zu Hause vor dem Spiegel mit viel Freude immer kunstvoll und elegant »Kung Fu« mache. Die Mutter meldet ihn bei einer Kindergruppe für asiatische Kampfkunst an.

Der 9-jährige Kevin leidet an dissoziativen Abwesenheitszuständen, wenn es in der Klasse ruhig wird. Er starrt dann aus dem Fenster, wirkt auf die Lehrer »wie weggeschaltet«. Seine Schulleistungen sinken dadurch, und er wird wegen des »Fehlverhaltens« gemaßregelt. Seine Verbindlichkeit und Freude in der Arbeitshaltung wird als Ressource erarbeitet, die durch die ungewollten Fehlleistungen nun zum einen offen zutage tritt, aber durch die Sanktionen auch eine Kränkung erfährt.

Die sexuell traumatisierte 12-jährige Anke wird dauerhaft wegen psychosomatischer Beschwerden vom Sportunterricht befreit und versäumt den Unterricht sowie sozial bedeutsame Erfahrungen beim gemeinsamen Sport mit Mitschülern. Die Anamnese ergibt einen sexuellen Missbrauch, der Lehrer triggert bei dem Mädchen Flashbacks. Anke liebt es, sich an ihr Fenster zu setzen und die Schwäne im Teich vor dem Haus zu beobachten. Ihre Fähigkeit, die schönen Dinge von Anbeginn ihres Lebens an wahrzunehmen und zu genießen, wird als Ressource benannt und schafft offengelegt eine erste Wiederverbindung zur künstlerisch tätigen Mutter, zu der das Verhältnis seit den Ereignissen gestört war.

Die Beispiele machen deutlich, dass sorgfältig erhobene Informationen über trauma-assoziierte Symptome in außerfamiliären Situationen von großer Bedeutung für Kind und Elternpersonen sein können und wichtige Behandlungsziele aus diesen Bereichen abgeleitet werden können. Immer sollte dem scharfen Augenmerk für Symptome auch ein Blick für die Ressourcen des Kindes oder Jugendlichen gewidmet werden. Gut ist es, die Ressourcen zum Abschluss einer Stunde zu erarbeiten, sodass Belastungen aus der gemeinsamen Arbeit eine Auflösung finden können. Freude entsteht ja immer auch bei der Beschäftigung mit guten Dingen, und dies sollte beständiger Teil therapeutischen Arbeitens sein!

Bei Kindergarten- und Grundschulkindern bis hin zu Kindern in der frühen Adoleszenz hat es sich bewährt, zunächst mit den primären Bezugspersonen potenziell traumatische Lebenserfahrungen des Kindes zu erortern. Es geht hier um die Vermeldung von traumatischem Stress für das Kind. Zu einer ausführlichen Anamnese gehören alle anderen Entwicklungsdaten. Die Entwicklung ab Schwangerschaft, (Mutter und Frucht traumatisierende) Komplikationen, Geburtsverlauf und -traumata sowie die Schilderung des »frühen Tanzes« zwischen Mutter und Kind inklusive einer Stillanamnese geben einen Eindruck von dem Nährboden, auf dem das Kind in der bindungsrelevanten Zeit wachsen durfte. Auch potenzielle Traumatisierungen, die in die vorsprachliche Entwicklungsphase, also vor die Entwicklung expliziter Gedächtnisfunktionen im Alter von bis etwa drei Jahren, fallen, müssen beachtet werden. Diese Erfahrungen erschüttern oftmals die gesamte psychophysische Entwicklung. Symptome als Traumakorrelat aus dieser Zeit werden allzu leicht als »angeborene« Defizite verstanden. Die Erfahrung mit dem genauen Hinschauen auf die frühe Anamnese lässt aber die Vermutung zu, dass traumapsychobiologische Ursachen z. B. für einige Kinder mit der Diagnose ADHS zu finden sind. Nicht selten gibt es denn auch zeitliche Korrelationen zwischen ersten Symptomen und potenzieller Traumatisierung.

Eine gemeinsame Zuordnung der aktuellen Symptome zu einer traumatischen Vorerfahrung hilft den Kindern und Eltern, eine defizitorientierte Selbstwahrnehmung zu überwinden und einen neuen therapeutischen Zugang zu der Symptomatik zu eröffnen.

Zu erarbeiten ist auch die Eigenanamnese des Kindes bezüglich körperlicher Erkrankungen. Auch die gezielte Nachfrage nach (potenziell traumatischen) Erfahrungen mit Ärzten, Krankenhausbehandlung etc. sind wichtig. Eine Zahnbehandlung kann bei einem Kleinkind aus seiner Weltensicht traumatischer Natur sein. Ausländische Kinder sind in jüngeren Jahren gelegentlich im Krankenhaus behandelt und dabei von den Eltern getrennt worden. Eine Rooming-In-Situation, wie in Deutschland mittlerweile fast überall üblich, ist nicht in allen Ländern etabliert. Neben den möglichen Belastungen durch Krankheitssymptome, Behandlungsmaßnahmen etc. sind auch Trennungstraumatisierungen nicht selten. Diese sind für die spätere Ego-State-Arbeit von Bedeutung. Die psychiatrische und somatische Familienanamnese bedarf ebenso gründlicher Nachfrage. Hier sind besonders traumatogene Ereignisse wie Verwaisung und Gewalterfahrungen durch Krieg und Verfolgung bei Eltern und Großeltern von Bedeutung (s. a. Reich et al., 2003). Suizide haben beispielsweise oftmals eine traumapsychologisch relevante familiendynamische Bedeutung. Auch psychotische Erkrankungen in den früheren Generationen sind hier zu nennen. Suchterkrankungen der Eltern führen statistisch gehäuft zu Vernachlässigungs-, Trennungstraumatisierungen und Gewalterfahrungen. Eigene traumatische Erfahrungen der Elterngeneration können einen erheblichen Einfluss auf die Beziehungsgestaltung zu den Kindern haben und traumatisierend sein, was die Familientherapie- und Holocaustforschung sowie die klinische Praxis zeigen (Reich et al., 2003, ebd.; Kogan, 1987, 1995).

Wir müssen nicht alle Informationen am Anfang der Behandlung kennen, aber sie helfen uns oftmals, erste Erklärungen für dysfunktionale innere und äußere Wirkungen von traumatischem Stress zu liefern, die das Kind und das Umfeld zeitnah entlasten können. Besonders quälende Symptome und die Erkenntnis über deren Ursachen sind oftmals ein dringliches Anliegen des Patienten: Das Nicht-Verstehen der eigenen psychischen Situation erzeugt nicht selten Defizitgefühle sowie erhebliches Leid. Gleichzeitig sollte der Patientin jedoch vermittelt werden, dass die Zeit nicht drängt und die wichtigen Dinge, das Verstehen schon ihren Platz in der Therapie bekommen werden.

Bei jugendlichen Patienten, die primär aus eigenem Antrieb zur Vorstellung kommen oder bei denen eine Fremdanamnese nicht möglich ist, hat es sich nicht bewährt, traumatische Erlebnisse zu Beginn der Behandlung en detail zu erheben. Fragebögen zur Erhebung der Traumageschichte gemeinsam mit den Bezugspersonen können bei Kindern und Jugendlichen nützlich sein (z. B. der Kölner Risiko-Index für Kinder und Jugendliche, KRI-KJ, Fischer & Dreiner, 2004).

Eins der Prinzipien von PITT-KID, Distanzierung zu unterstützen, z. B. mithilfe der Imagination, also anzuleiten, sich das Leben aus einer Beobachterperspektive zu betrachten, schafft Sicherheit. Das heißt, man kann das Kind oder die Jugendliche einladen, die eigene Geschichte aus einer beobachtenden, ausreichend distanzierten Haltung heraus zu beantworten, was übrigens viele ohnehin spontan tun.

Auch bei Jugendlichen sollten also die Möglichkeiten einer Fremdanamnese, möglichst durch die Eltern, genutzt werden. Diese sind u. U. auch als Informationsquelle hilfreich, wenn sie die elterliche Fürsorge aufgegeben haben oder aufgeben mussten. Ein Kontakt mit diesen bedarf jedoch individuell in solch einem Fall der respektvollen Abklärung mit den (Ersatz-)Elternpersonen und gegebenenfalls dem Kind/Jugendlichen.

Bei allen notwendigen Informationen über die Schwierigkeiten in der Entwicklung sind Ressourcen des Kindes, der Geschwister und des familiären Umfeldes intensiv zu eruieren. Hierzu ist auch im Behandlungsverlauf immer wieder Gelegenheit. Auch sollte auf Ressourcen von uns aus hingewiesen werden, wenn wir sie im Verlauf als solche erkennen dürfen. Oftmals erfahren die Dinge durch die Konnotation und Wertschätzung des Therapeuten – gerade beim kleineren Kind – eine besondere Bedeutung. Hier liegen Chancen für Wachstum des Kindes und seines Umfeldes, hier können aber auch Versäumnisse in dem Sinn vom Therapeuten zu verantworten sein, dass heilsame Kraftquellen im Umfeld des Kindes nicht »angezapft« werden oder nur gebremst sprudeln. Die Stimme der Therapeutin hat hier durch ihre Bedeutungszuschreibung eine wichtige Verstärkerkraft.

Traumapsychologisch besonders relevante Aspekte der Anamnese:

1. Individuelle Trauma-Psychopathologie
2. Prätraumatische Anamnese des Kindes
3. Entwicklungspsychologie sowie -biologie
4. Gegebenenfalls akute elterliche Trauma-Psychopathologie
5. Prätraumatische Anamnese von Geschwistern und Familie
6. Familien- und Systemdynamik
7. Somatische Anamnese von Kind und Familie
8. Sozioökonomische Situation
9. Soziales Umfeld: Peers, Kindergarten, Schule, Freizeitleben
10. Offenkundige und verborgene Ressourcen des Patienten
11. Offenkundige und verborgene Ressourcen von Familie und Umfeld

3.5 Beantwortende Haltung und Selbstbestimmung

Das Freud'sche Paradigma, wonach die Analyse in der Versagung stattfinden soll, gilt für Traumatherapien nur sehr eingeschränkt, vielmehr erscheint eine freundlich zugewandte beantwortende Haltung angebrachter und ist gerade für Kinder- und Jugendtherapeuten in der Regel längst selbstverständlich.

Für viele KollegInnen mag das starke Kontrollbedürfnis ihrer Patientinnen und Patienten verwirrend sein. Bei neurotischen Patienten wäre dies ein Verhalten, das als Widerstand verstanden und gedeutet werden könnte.

Ein Kind oder Jugendlicher, der eine oder mehrere Erfahrungen extremer Ohnmacht und Hilflosigkeit gemacht hat, kann es nicht oder schlecht verkraften, wenn er sich hilflos (gemacht) fühlt. Menschen mit einer Traumafolgeerkrankung benötigen sehr viel mehr Kontrolle in der Therapie als nicht traumatisierte Menschen. Man könnte es auch »Eigenmacht« im Gegensatz zur erlittenen Ohnmacht nennen. Hilflosigkeit und/oder Ohnmacht sind Trigger; diese Trigger führen dazu, dass sich der betroffene Mensch wieder so fühlt, als geschehe das

Trauma jetzt. Wenn man es bereits beim ersten Kontakt »schafft« zu triggern, hat man es schwer, in Zukunft Vertrauen aufzubauen.

Es ist eine Alltagserfahrung, dass man sich in belastenden Situationen einfacher zurechtfindet und diese akzeptiert, wenn man auf sie vorbereitet ist. Denken Sie z. B. an eine unangenehme Behandlung beim Zahnarzt. Der Schmerz wird gleich ein bisschen leichter, wenn man gut aufgeklärt ist.

Schließlich ist bekannt, dass Menschen, wenn sie sich selbstbestimmt fühlen, leichter lernen und offener sind für Neues. Da eine Psychotherapie eine neue Lernerfahrung darstellt, mag auch dies ein einleuchtender und nachvollziehbarer Grund sein, die Beziehungserfahrung für das Kind auf der Basis von Selbstbestimmung und Selbstkontrolle zu gestalten.

Vieles, was diesen PatientInnen an Aggression angelastet wird, ist reaktiv zu verstehen und hat genau genommen damit zu tun, dass sie sich überwältigt fühlen und dieses Überwältigt-Sein mit Aggression abwehren.

Auch junge Patienten wünschen einen partnerschaftlichen Umgang mit ihren Ärzten, sie möchten verstehen, was nicht in Ordnung ist, eine realistische Vorstellung der Prognose erhalten sowie die Abläufe und die wahrscheinlichen Ergebnisse von Untersuchung und Behandlung verstehen. Des Weiteren wünschen sie sich Unterstützung und Hilfe bei der Bewältigung ihrer Beschwerden, und: Sie möchten darin unterstützt werden, selber etwas zu tun (Klemperer, 2003). Man spricht in der Organmedizin von »shared decision making«, inzwischen hat sich auch ein deutscher Begriff gebildet, der der »partizipativen Entscheidungsfindung« (s. o.). »Aufgabe des Arztes ist es, eine Atmosphäre herzustellen, in der der Patient das Gefühl hat, dass seine Sichtweise gefragt ist.« (Klemperer, a. a. O.) Wenn wir gegen diese Wünsche verstoßen, indem wir wenig oder gar nichts erklären, ist es nicht verwunderlich, dass unsere extrem stressanfälligen Patienten ärgerlich werden. Diese für die Arbeit mit Erwachsenen angestellten Überlegungen gelten aus unserer Sicht genauso für Kinder und Jugendliche.

An dieser Stelle mag der Einwand erfolgen, es sei doch gar nicht zu vermeiden, dass sich die traumatische Szene in der Beziehung wiederholt. Das ist wahr, früher oder später wird sich qua Übertragung etwas von der traumatischen Erfahrung wiederholen.

Aber auch hier gilt: Je später das passiert, desto besser, weil sich dann bereits etwas Vertrauen in die therapeutische Beziehung entwickeln konnte.

Sicher werden wir nicht immer vermeiden können, dass sich die traumatische Erfahrung bereits während der ersten Begegnung reinszeniert. Es erscheint uns wichtig, dass TherapeutInnen wissen, dass sie einen großen Einfluss darauf haben, ob dies geschieht oder nicht.

Dem Wirkfaktor Therapeutin/Therapeut wird häufig in der Reflexion therapeutischer Prozesse nicht die Würdigung entgegengebracht, die wünschenswert wäre. Allzu leicht werden Probleme in einer Therapie ausschließlich der Pathologie der Patienten zugeschrieben.

Seit langem wissen wir, dass »der Arzt als Arznei« wirkt. Das gilt analog für TherapeutInnen. Wir können durch unser Verhalten Hoffnung oder Hoffnungslosigkeit ermöglichen, die Bereitschaft, mit uns zu arbeiten oder sich mit uns herumzustreiten, usw.

3.6 Die Betonung der Arbeitsbeziehung von Anfang an

Greenson hat in den 70er-Jahren Wegweisendes zur Arbeitsbeziehung geschrieben. Die Lektüre des Kapitels zur Arbeitsbeziehung in seinem Buch »Praxis der Psychoanalyse« sei allen empfohlen, die dieses Thema vertiefen möchten.

Nach Zurek und Fischer (a. a. O.) »stimmt vermutlich die Mehrzahl der heutigen Psychoanalytiker mit den Psychotherapieforschern darin überein, dass neben der Übertragung eine im engeren Sinne therapeutisch wirksame Beziehungskonstellation vorhanden und wirksam ist. Diese wird bisweilen als ›therapeutisches Arbeitsbündnis‹ als ›hilfreiche therapeutische Beziehung‹, als ›therapeutische Allianz‹ oder sogar als ›Realbeziehung‹ zwischen Therapeutin und Patientin bezeichnet. Die therapeutische Arbeitsbeziehung erwies sich als bedeutsamer Prädiktor des Therapieerfolgs.« (a. a. O., S. 8)

In PITT-KID streben wir an, Kinder und Jugendliche und in der Regel auch die Eltern nach und nach dafür zu gewinnen, als kompetente Patienten/Patienteneltern mit uns zusammenzuarbeiten, bzw.

wenn diese Fähigkeiten vorhanden sind, deren Verwendung zu fördern und sie daher nicht in eine Situation extremer Regression zu bringen. Jeder Kontrollverlust kann nämlich auch als eine Retraumatisierung aufgefasst werden. Die Übernahme der Realitätskontrolle sollte – wenn möglich – von der Patientin selbst ausgeübt werden!

Aufmerksamkeitsfokussierung auf das Arbeitsbündnis
Wir schlagen den Patienten vor, dass wir nach dem Motto »Das Kind/ die Jugendliche von heute und die Therapeutin kümmern sich gemeinsam um die Probleme, die jeweils im Zusammenhang mit früheren Erfahrungen stehen«, d. h. bildlich gesprochen, um Erfahrungen von »jüngeren Ichs«, Ego-States im Kind oder Jugendlichen.

Wie gewinnt man Patienten und Eltern für diese Arbeitsweise?
Zunächst geht es darum, allen Beteiligten zu verdeutlichen, dass es sich bei dieser Arbeitsweise mit unterschiedlichen Ego-States um ein Konzept handelt, dass aber die andere Herangehensweise, nämlich alles gehört zu einem Ich, auch nichts weiter als ein Konzept ist. Kleineren Kindern können wir die Konzeption der Ego-State-Theorie und eine kooperative Herangehensweise verdeutlichen, wenn wir eine konflikthafte Alltagssituation, in der das Kind altersunangemessen gehandelt hat und jüngere Ich-Zustände spürbar wurden, als Beispiel einführen. Dem Kind sollte nach der Erklärung deutlich sein, was gemeint ist, wenn wir meinen, dass seine Reaktion auf ein Ereignis möglicherweise nicht seiner Reife und seinem Alter entspricht und sich in der Konfliktsituation ein anderer Teilaspekt seines Seins, sich möglicherweise ein älterer Ego-State gezeigt hat. Wir verweisen hier auf Kapitel 4.6 (Arbeit mit dem inneren jüngeren Kind als Ego-State-Therapie).

Welche Voraussetzungen müssen (bei traumatisierten PatientInnen) mindestens gegeben sein, damit man von einem therapeutischen Arbeitsbündnis sprechen kann?
Diese Frage mag seltsam erscheinen, sie wird aber immer wieder explizit – oder implizit – gestellt. Dass diese Frage so gestellt wird, hat wohl damit zu tun, dass manche Therapeutinnen so vom Leiden ihrer Patientinnen beeindruckt sind, dass sie sich gerade bei Kindern eher

zum Retten als zur Zusammenarbeit aufgerufen zu fühlen scheinen. Daher wollen wir hier noch einmal die u.E. wichtigsten Voraussetzungen nennen:

1. Die jugendliche Patientin sollte erkennbar zum Ausdruck bringen, dass sie etwas in ihrem Leben verändern möchte und dass sie bereit ist, dabei mitzuwirken. Je kleiner die Kinder sind, desto mehr müssen die Eltern, auch in gemeinsamen Gesprächen mit dem Kind, eine Behandlungsmotivation haben.

2. Wendet sich z.B. eine Mutter an uns, die glaubhaft gerade eine Trennung vom gewalttätigen Partner vollzieht, muss die Ernsthaftigkeit dieses Bemühens und mögliche (unbewusste) Hinderungsgründe der Mutter offen zur Sprache gebracht werden, bevor die Behandlung mit dem Kind beginnen darf. Die Begrenzungen unserer Handlungsmöglichkeiten im Falle weiterer Täterkontaktes müssen aufgezeigt werden. Bei jugendlichen Patienten mit autonomen Kompetenzen, die eine räumliche Trennung vom Elternhaus möglich erscheinen lassen, sollte zu Beginn erörtert werden, ob nicht zunächst Jugendhilfemaßnahmen von der Patientin in Anspruch genommen werden können, die das Kindswohl sichern helfen.

3. Es sollte bei Jugendlichen möglich sein, mit einem heutigen Teil, der Interesse an einem adoleszenten Leben hat, in Kontakt zu kommen.

4. Alle Anteile, auch die ablehnenden, sollten bereit sein, diejenigen, die mit der Therapeutin zusammenarbeiten wollen, dies tun zu lassen und später diese Erfahrung auszuwerten.

Ein gutes Arbeitsbündnis wird entscheidend durch die Haltung der Therapeutin geprägt. In diesem Zusammenhang empfiehlt sich das Prinzip der »nicht neutralen Abstinenz« (Becker-Fischer und Fischer, a.a.O.) oder noch weitergehend das Prinzip der »parteilichen Abstinenz« (Fischer und Riedesser, 1998, S.187). Abstinere bedeutet »sich enthalten von«, in diesem Fall von der Befriedigung eigener Wünsche und Bedürfnisse durch die Therapie bzw. den Patienten. Gefragt ist eine fürsorgliche und von Wohlwollen geprägte Haltung dem Patienten und ggf. seinen Ego-States gegenüber. »Der abstinente Traumatherapeut ist fähig, sich auf die Bedürfnisse und das erschütterte Selbst- und Weltverständnis seines betroffenen Patienten (und dessen

Ego-States, d. Autoren) einzulassen. Parteilich meint die klare Stellungnahme und solidarische Haltung und auch die verbalisierte Anerkennung der dramatischen Erfahrungen. Abstinenz im formulierten Sinn ist mit einer parteilichen Haltung vereinbar und beides ist für Traumatherapien unerlässlich.« (Zurek und Fischer, a. a. O.)

Gerade bei den kleinsten Patienten ist es wichtig, nach traumatischer Ohnmachtserfahrung eine maximale Übersicht und Kontrolle über unser Vorgehen zu haben.

Das Setting sowie mögliche Settingveränderungen werden zuvor besprochen, um bereits beim ersten Kontakt eine kooperative Situation herzustellen. Auch können der Patient und das soziale Umfeld so gegebenenfalls aktiv in Settingentscheidungen (ob wir z.B. gemeinsame Stunden mit dem (Klein-)Kind oder Familiensitzungen einplanen wollen) mit einwirken, wobei die Befindlichkeit des traumatisierten Kindes oder Jugendlichen für alle Beteiligten deutlich immer im Mittelpunkt aller Betrachtungen stehen sollte.

Jugendliche Patienten und die Eltern sind gerade bei akuter Traumatisierung oft der Auffassung, er/sie oder ihr Kind sei ja nicht »verrückt« und brauche keine Therapie, er/sie/es habe schließlich nur Schlimmes erlebt. Das »Hole-Prinzip« beim therapeutischen Arbeiten im Bereich von nicht traumabezogenen Konfliktthemen, bei dem beim Patienten und der Familie ein hohes Maß an Eigenmotivation in vielen Therapieschulen Behandlungsvoraussetzung ist, sollte zu Beginn bei traumatisierten Kindern, Jugendlichen sowie ihren Familien gelegentlich überwunden werden und die Sinnhaftigkeit einer therapeutischen Intervention am Anfang der Begegnung ausführlich vom Therapeuten erörtert werden. Ein Einstieg kann es auch sein, für Laien konzipierte Literatur über das Trauma-Thema im Zusammenhang mit Kindern zu empfehlen. Hier sei auf das Buch »Erste Hilfe für traumatisierte Kinder« von Andreas Krüger (2007b) hingewiesen.

Eine provokative Abwehrhaltung des kindlichen oder jugendlichen Patienten kann auch die Funktion haben, den Therapeuten zu prüfen, etwa ob dieser der bis zu einer Ambitendenz reichenden Unsicherheit bezüglich der Tragfähigkeit menschlicher Beziehung nach Traumatisierung standhalten und den Patienten mit seiner zunächst abweisenden Art dennoch »halten« kann.

3.7   Testpsychologische Diagnostik

Neben der ausführlichen Anamnese der Elternpersonen und anderer Erwachsener ergibt sich die Möglichkeit der testpsychologischen Untersuchung von Psychotrauma-Folgestörungen. Hier weisen wir auf ausführliche Erörterungen bei Markus Landolt (2004, S. 34 ff., S. 40 ff.) hin. Für Dissoziative Störungen ab dem Jugendalter liegt u. a. das Heidelberger Dissoziations-Inventar (HDI) (Brunner et al., 1999) vor. Für die Erhebung traumaspezifischer Daten haben wir einen Therapeutenfragebogen entwickelt, der insbesondere relevanten klinischen Fragestellungen Rechnung trägt (Baumhauer et al., Veröffentlichung 2007).

3.8   Zur Bedeutung von Imagination, Vorstellungskraft, gestaltendem Tun, Körper und Bewegung

»Mein sicherer innerer Ort ist eine schöne rote Tulpe, die in der Türkei mitten auf einer großen Blumenwiese steht. Ich steige in Hamburg in ein Flugzeug und fliege los, dann laufe ich über die Wiese, bis ich bei meiner Blume bin. Erst mal muss ich mich klein zaubern, dann klettere ich hinauf. Oben habe ich noch einen Code angebracht, damit niemand anders hineinkann. In meiner Blume steht ein großes Bett mit vielen weichen Kissen, ein Kühlschrank mit guten Sachen zu essen und ein Tisch mit Malsachen. Wenn ich nach oben schaue, sehe ich in den blauen Himmel und höre die Vögel. Abends kann die Tulpe die Blütenblätter zuklappen, das ist wie ein schönes Dach. Aber ein kleines Loch bleibt, damit ich in den Sternenhimmel gucken kann.«   (Emely, 11)

Es ist eine Alltagserfahrung, dass wir in der Lage sind, uns Dinge vorzustellen oder sie uns »auszumalen« und allein aufgrund unseres Vorstellungsvermögens Entscheidungen zu treffen bzw. angenehme oder unangenehme Gefühle zu erzeugen. Kinder sind noch einmal näher an dieser Fähigkeit »dran«, Jugendliche und Erwachsene müssen oft erst zu ihren Fähigkeiten, die Emely in ihren Vorstellungen anspricht, »zurückkehren«, um sie für sich nutzbar zu machen. Fast alle Kinder bis zum späten Grundschulalter sind in der Lage zu imaginieren. Manche, die sehr durch traumatische Erfahrungen gestört wurden, brauchen etwas längere Zeit, um sich der Welt der Vorstellungen wieder zu öffnen, andere bewegen sich wie selbstverständlich schon von selbst in diesen Welten, und wir eröffnen einen gemeinsam geteilten Raum, wenn wir die Kinder darauf ansprechen. Nicht immer rechnen Kinder mit einem Interesse der Erwachsenen an diesen Welten, ältere Kinder schämen sich mitunter gar, dass sie von sich aus sichere innere Orte oder Helferwesen erfunden oder gefunden haben. Sie sind in der Regel dankbar, dass ein Erwachsener die Bereitschaft zeigt, diesen »Schatz« innerer Erfahrung mit ihnen zu teilen, ohne sie zu verurteilen.

Methodische Sprachvielfalt bei der einzeltherapeutischen Arbeit mit Kindern und Jugendlichen und ihre Bedeutung für die imaginative Arbeit
In der (spiel-)therapeutischen Arbeit mit Kindern und Jugendlichen müssen wir uns eine methodische Vielfalt aneignen, die zum einen jeweils individuell auf das Kind und seine Entwicklung abgestimmt sein sollte. Zum anderen sollten wir auch Verfahren suchen, die unseren eigenen Wünschen und Möglichkeiten des Ausdrucks entsprechen. Wir sollten uns mit dem Vorgehen identifizieren können und Freude an den Verfahren entwickeln, mit denen wir arbeiten. Bei der Suche nach geeigneten spielerischen Elementen für das Therapiezimmer sollten wir auf Augenhöhe mit den Kindern und Jugendlichen gehen, um das richtige »Sprachmedium« zu entdecken. Einige schöne Möglichkeiten sind den meisten bekannt: (Hand-)Puppen, die Ausstattung des Sceno-Kastens, Figuren des Familienbrettes, Sandspielkasten, Holzfiguren und Bausteine aus der »großen Kiste«, Kissen und Decken etc. bieten Möglichkeiten für eine szenische Bearbeitung von Themen, die entweder das Kind einbringt oder die wir vorschlagen. Bildnerisches Gestalten mit Bleistift, Buntstiften, Filzstiften, Wachsmalern oder manchmal auch Wasserfarben sind sprachliche Mitteilungsformen, die fast alle Kinder gern nutzen. Das dialogische Zeichnen – frei oder am Thema orientiert, im Sinne der Squiggle-Technik von Winnicott (1974), bei der einer der Partner eine Linie zeichnet und der andere jeweils im Wechsel Ergänzungen assoziiert und kommentiert – hat sich als ebenso hilfreiche Methode in der traumazentrierten Therapie bewährt. Auch szenisches (Rollen-)Spielen kann sich als hilfreich erweisen, wenn der

Bewegungsdrang eines hyperaktiven Kindes den Rahmen des kleinen Therapiezimmers sprengt und eine Konzentration erst inklusive einer motorischen Spannungsabfuhr möglich wird. Es sollte jedoch versucht werden, mit diesem Kind im Verlauf noch mehr symbolhafte Ausdrucksformen zu erarbeiten, die auf eine weniger kritische Distanz zu potenziell traumatischen Erlebnisinhalten abzielen, die ungewollt in eine solche Spielszene »lebensgrößer« einbrechen können. Vorstellbar ist, dass aber alle (hilfreichen) Imaginationen auch im Rollenspiel mit dem Kind erarbeitet werden könnten. Hier werden in Zukunft möglicherweise therapeutische Verfahren wie psychodramatische Konzepte für Kinder und Jugendliche differenzierte Möglichkeiten für die Traumatherapie entwickeln. Auch der Einbezug des Körpers in therapeutisches Arbeiten, gerade bei körperlichen Beschädigungen, die mit psychischen einhergingen, erscheint uns für die Zukunft ein wichtiges Arbeitsfeld für Klinik und Forschung darzustellen. Auch hier bieten die Neurowissenschaften Erkenntnisse an, die in diesem Bereich der Kinder- und Jugendtherapie mehr Berücksichtigung finden könnten.

Ein Kinder- und Jugendlichentherapeut wird immer einen besonderen Zugang zu eigenen »Inneren Kindern« haben. Eine Voraussetzung für eine erfüllende Berufstätigkeit ist die Lust am Spiel. Viele unserer Berufskollegen spielen leidenschaftlich ein Musikinstrument, machen Theater, tanzen, malen in ihrer Freizeit.

Imagination und Vorstellungskraft

Die imaginative Arbeit bei der PITT stellt einen wichtigen Punkt dar, warum die Konzeption gerade bei Kindern so geeignet erscheint. Sind die Kinder klein, schlagen wir ihnen vor, die Welten ins gemeinsame Spiel zu verlagern: Alle Aspekte der imaginativen Arbeit werden spielend szenisch dargestellt. Die Kinder zeigen hier eine natürliche Begabung, der wir in der Regel nur zu folgen brauchen.

Imaginieren kann in vielfältiger Form Gestalt annehmen: in Gedanken, aber auch in gestalterischem Tun und körperlichem Ausdruck. Kindern und Jugendlichen aller Altersstufen werden verschiedene Ausdrucksformen angeboten, mit denen wir uns als Kinder- und Jugendtherapeuten vertraut fühlen. Für die unterschiedlichen Altersstufen sind jedoch aufgrund der (kognitiven) Entwicklung tendenziell verschiedene Ausdrucksformen sinnvoll.

Wir schlagen Kindern oder Jugendlichen z. B. vor, sich eine Situation aus der Perspektive eines Vogels oder Flugzeugs vorzustellen.

Inzwischen gibt es auch vonseiten der Hirnforschung Bestätigung dafür, dass Vorstellungen das Gehirn fast genauso beeinflussen und formen können wie echte Erfahrungen (Kreiman et al., 2000; O'Craven u. Kanwisher, 2000). Hüther (2004) spricht als Hirnforscher von »der Macht innerer Bilder«. Schon länger weisen frühere Untersuchungen, die Achterberg in ihrem Buch über Imagination bereits in den 80er-Jahren zusammengetragen hat (Achterberg, 1985), darauf hin, dass Vorstellungsbilder im Körper zu nachweisbaren Veränderungen führen. In einer neueren Untersuchung, die immerhin in »Nature« veröffentlicht wurde, konnten Kreiman et al. (a. a. O.) zeigen, dass lebhafte Visualisierung dieselben Gehirnzellen aktiviert wie die vorgestellte Handlung selbst. Die Bedeutung der Imagination wurde u. a. bereits von Paracelsus hervorgehoben (Achterberg a. a. O.).

Jeder Mensch verfügt über Vorstellungskraft, es sei denn, er hätte eine Erkrankung des Gehirns. Z. B. kann jedes Kind sich vorstellen, wie es bei ihm zu Hause aussieht, auch wenn es nicht dort ist. Manche können das mit lebhaften inneren Bildern, andere, die weniger visuell begabt sind, nehmen zwar innerlich keine lebhaften Bilder wahr, und dennoch wissen sie, wie es bei ihnen zu Hause aussieht. Für die therapeutische Arbeit mit der Vorstellungskraft genügt die letztgenannte Fähigkeit. Es ist nicht erforderlich, intensive innere Bilder wahrnehmen zu können, dies kann offenbar ohnehin nur ein Teil aller Menschen, sondern um ein äußeres Bild zu wissen erfüllt auch seinen Zweck.

In der Praxis sieht das so aus, dass man PatientInnen genau diese Sachverhalte erklärt und sie dann ermutigen sollte, mit dem Potenzial, das sie zur Verfügung haben, zu arbeiten. »Ausdenken« ist ein anderes Wort dafür. Wenn wir uns etwas »ausdenken«, auch das ist eine Alltagserfahrung, hat das ebenfalls Wirkung. Freud sprach vom »Denken als Probehandeln«.

Bei nicht visuell begabten Kindern und Jugendlichen – vermutlich eine genetisch bedingte Fähigkeit – kann man auch nur bedingt starke innere Bilder hervorrufen. Zwar lässt sich durch regelmäßiges Üben der visuelle innere Eindruck etwas intensivieren, ein dafür nicht begabter Mensch wird aber niemals so intensives bildhaftes Erleben erreichen wie ein »visueller Typ«. Für die Arbeit mit »Imagination« ist das nicht wesentlich. Die Verwendung des Begriffs ist insofern nicht korrekt.

Auch älteren Kindern und Jugendlichen bietet sich immer noch auch die Möglichkeit, die Vorstellungskräfte durch gestaltendes Handeln zu erleichtern.

Es empfiehlt sich bei älteren Kindern und Jugendlichen, mit »kleinen«, am Alltag orientierten Vorstellungen zu beginnen. Hat man sich zuvor gründlich für vorhandene Ressourcen interessiert, so ergibt sich meist daraus genügend Stoff für Imagination. *Besonders erfreuliche Erfahrungen und Stärken sind Fundgruben für den Einstieg in die Arbeit mit Imagination.*

Das innere Erleben kann durch auditives oder kinästhetisches Wahrnehmen genauso intensiv sein wie durch visuelles, und innere Bilder können dadurch verstärkt werden. Auch musikalisches oder tänzerisches Schaffen erfordert Vorstellungskraft.

Imaginiertes kann bei nach Expression verlangenden Menschen durch verschiedene Formen expressiver Therapien zur Darstellung gelangen. Nicht nur für (kleine) Kinder, sondern auch für manche Jugendliche ist es leichter, etwas Vorgestelltes zur inneren Wirklichkeit werden zu lassen und es zu externalisieren.

Neben den oben erwähnten psychodramatischen Techniken können auch bei Jugendlichen spieltherapeutische oder Verfahren wie die Sandspieltherapie nach Dora Kalff angeboten werden. Auch Gestaltungstherapie hat sich außerordentlich bewährt (Lücke, 2001). Die Integration körperorientierter Verfahren wird in Zukunft sicher auch bei Kindern und Jugendlichen noch mehr Raum einnehmen, da diese die körperliche Dimension des Leides auch dann gezielter integrieren, wenn nicht der Körper primär beschädigt wurde. Der Bezug zum körperlichen Teil des Leides mag z. B. ein Grund dafür sein, dass Kinder mit einer traumaassoziierten AD(H)S gelegentlich von ergotherapeutischer Arbeit profitieren können, auch wenn sie keiner weiteren psychotherapeutischen, traumazentrierten Behandlung zugeführt wurden.

Welche Form und welchen Ausdruck von Imaginationen man auch immer verwendet, wichtig ist, sich so wenig wie möglich einzumischen, sondern die Kinder und Jugendlichen ihren Weg finden zu lassen.

Auch hier gilt das Prinzip der Begleitung, Information und Ermutigung weit mehr als Expertentum und Belehrung insbesondere i. S. von Besserwissen.

Imaginative Arbeit spricht sowohl die linke wie die rechte Hirnhälfte an. Es wäre ein Irrtum anzunehmen, dass imaginative Arbeit keine Risiken birgt. Wenn man die Bilder forciert, kommen häufig viele Schreckensbilder. Daher braucht es ein behutsames Vorgehen. Bildhaftes Denken ist oft sicherer als Imaginieren im traditionellen Sinn, wobei oft eine viel zu tiefe Entspannung entsteht, die die PatientInnen ängstigen kann. Menschen, die sehr vertraut sind mit inneren tröstenden Bildern – und das sind zahlreiche der schwer traumatisierten Kinder und Jugendliche –, profitieren von der Arbeit mit imaginativen Techniken, insbesondere dann, wenn man ihre Ressourcen konsequent aufgreift.

Imaginative Arbeit hat in der PITT in allen Phasen der Traumabehandlung Platz. Während der Stabilisierungsphase geht es dabei vor allem darum, heilsame Vorstellungen und Bilder (wieder) zu entdecken, zu etablieren und zu festigen.

Während der Traumakonfrontation ist Imagination sicher auch deshalb hilfreich, weil traumatische Erinnerungen ohnehin häufig bildhaft sind. In einer Studie, die in Bielefeld gemeinsam mit den Krankenanstalten Gilead und Prof. Markowitsch von der Universität Bielefeld an erwachsenen Borderlinepatientinnen durchgeführt wurden, fanden sich ebenfalls Hinweise, dass das visuelle Gedächtnis bei Traumaerinnerungen besonders aktiv war.

Es scheint bei Traumatherapeuten bereits seit Janet (1901), der eine »substitution imaginaire« vorgeschlagen hat, immer wieder der Gedanke aufgekommen zu sein, dass man traumatische Bilder durch gesündere ersetzen sollte. In der PITT gehen wir davon aus, dass diese Fähigkeit vorbereitet und erarbeitet werden muss – insbesondere während der Stabilisierungsphase.

Gestalterisches Handeln
Die imaginativen und übenden Anteile der Arbeit werden bei Kindern bis zum frühen Grundschulalter auch mit den Bezugspersonen »eingespielt«, damit die Erkenntnisse der Stunde zu Hause mit den Eltern ver-

tieft werden können und diese wissen, was die Themen sind, die das Kind gerade beschäftigen. Gerade im Alter von drei bis sechs treffen wir Kinder in einem kritischen Lebensabschnitt an, in dem viele Therapeuten Kinder (noch) nicht in Behandlung nehmen. Eltern-Baby-Einrichtungen fühlen sich für dieses Alter auch nicht mehr therapeutisch zuständig. Eine Einbeziehung der Elternpersonen erscheint uns daher grundsätzlich notwendig und sollte zum Standardsetting bei Kindern dieses Alters gehören. So kann auch mit Kindern dieses Alters gearbeitet werden. Das kleine Kind, gerade im Kontext von Traumatisierung, von den primären Bezugspersonen in der Therapiesituation zu trennen, erscheint wenig sinnvoll. Wir laden Kind und Bezugspersonen dazu ein, gemeinsam die Stunden zu verbringen, und erklären warum. In der Regel schauen die Eltern zu, manche haben zu den Themen eigene Ideen, die wir dann gegebenenfalls gemeinsam erörtern und hinzufügen, sie sollen sich aber nicht genötigt fühlen, aktiv zu werden. Sie »dürfen« still folgen und sollten dann etwas einbringen, wenn sie es für wichtig erachten. Manche Kinder mit schweren Beziehungstraumata brauchen ihren Betreuer auch als »Schutzpatron« für jüngere innere Kinder, was – vorübergehend – in der intimeren Zweierbegegnung geschehen kann. Die Elternpersonen sind oftmals mit ihrem Wissen um das eigene Kind eine Ressource, wenn es um die Ressourcen des Kindes geht, sie sind meist die »Fachleute« für die Entwicklungen des Kindes, die es selbst nicht erinnern oder reflektieren kann. Menschen aus der öffentlichen Erziehungshilfe, die sich der Kinder angenommen haben, wissen über die Aktenlage aus dem Jugendamt ebenfalls eine Menge über das Kind. Der Kontext, in dem wir gemeinsam tätig werden, wird so deutlicher. Ein vertrauensvoller Umgang zwischen den Partnern in der Behandlung (Kind, Eltern, Therapeutin) wird so zu einer Selbstverständlichkeit.

Als therapeutische Hilfsmittel bieten sich im jungen Alter Dinge an, die wir alle aus der Arbeit mit Kindern kennen (z. B. eine Kiste mit vielen unterschiedlichen Bausteinen und stilisierten hölzernen menschlichen Spielfiguren). Dialoge können mit Handpuppen in das Spiele einführen oder zum wichtigen Spielelement im »Als-ob-Raum« werden. Ein Zugang zu Stofftieren im Spielzimmer ist immer sinnvoll, da die Kinder manchmal »ausbrechen« wollen, wenn Spielinhalte sie in die Nähe von traumatischen Erfahrungen bringen. Die Verarbeitung der

Energien im Raum, mehr körperliche Bewegung beim Puppenspiel als mit den Bausteinen zwischen Realität und Spielszene schaffen »Luft« und können körperliche Spannungszustände entlasten. Wir möchten hier noch einmal darauf hinweisen, dass es bei PITT nicht um die kathartische Abfuhr traumatischer Erfahrungen geht! (Unkontrollierte) Kontakte mit diesen Erfahrungen und der entstehende Stress sollten vermieden werden, das haben wir vor Behandlungsbeginn auch dem Kind schon vermittelt. Kinder dieses Alters halten sich aber nicht immer an diese »Regeln« und inszenieren traumatische Erfahrungen im Spiel. Im Abschnitt 3.11 werden wir auf dieses Thema näher eingehen.

Zeichnen und Malen, Arbeit mit dem Sceno-Kasten
Bei Kindern im Grundschulalter und älter hat sich bewährt, die kreative Arbeit mehr in die »zweidimensionale« Arbeit zu verlegen. Aber lassen Sie dem Kind die Wahl. Das entspricht der zunehmenden Fähigkeit und dem Wunsch der Kinder, ihr Abstraktionsvermögen zu nutzen und die Welt in der Vorstellung zu erfassen. Zeichnen und Malen sind wie »Zwischenschritte« zwischen Spiel und rein mentaler Vorstellungs- und Imaginationsarbeit. Das dialogische Zeichnen – frei oder am Thema orientiert, im Sinne der Squiggle-Technik von Winnicott, wo einer der Partner eine Linie zeichnet und der andere jeweils im Wechsel Ergänzungen assoziiert und kommentierend zeichnet – ist eine großartige Methode, um über die spielerische Ebene, gut distanziert, auch im »Als-ob-Raum« heikle Themen zu »besprechen«. Manchmal nähern sich die Kinder erst nach einigen vorsichtigen Wechselspielen dem zentralen Thema an, welches sie beschäftigt, oder benötigen auch Erfahrungen mit dieser Art des »Spiels«. Gelegentlich haften die Kinder an einer Darstellung und wollen sie mit anderen gestalterischen Mitteln vertiefen, was dann zur Arbeit an imaginierten Inhalten der PITT führen kann. Wir haben die Möglichkeit, dem Kind mitzuteilen, wenn wir den Eindruck gewinnen, dass das Kind gerade an dieser Arbeit Freude zu haben scheint und eine Vertiefung deshalb sinnvoll erscheint. So verstärken wir die Motivation des Kindes an der gemeinsamen Arbeit.

Bereits mit Kindern im späten Grundschulalter bis hin zu jugendlichen Patienten arbeiten wir dann vornehmlich mit gedachten Bildern. Wir sollten aber immer auch anbieten, die anderen beschriebenen Ausdrucksformen zu nutzen.

3.9 Häufig gestellte Fragen zu Spiel, gestaltender und imaginativer Arbeit

■ **Wie geht man mit der Situation um, wenn jüngere Kinder explizit allein in der Therapiesituation arbeiten wollen?**

Zunächst einmal hat auch ein Kind ein Recht auf eine Vier-Augen-Situation mit seiner Therapeutin. In der Regel wird nur ein Kind, das einen guten psychosozialen Rückhalt hat, solch einen autonomen Wunsch äußern. Diesem Wunsch sollte dann auch stattgegeben werden, und er eröffnet dann Themen, bei denen die Therapeutin dem Kind dann oftmals eine Vermittlerrolle zwischen den Erwachsenen im Leben des Kindes abnehmen soll. Meist entstehen solche Situationen in fortgeschrittenen Behandlungsprozessen, wenn das Kind bereits größeres Vertrauen in den Therapeuten entwickeln konnte.

■ **Wann, wie häufig kann ich imaginative Verfahren einsetzen?**

So oft, wie die Patientin kann und möchte und es therapeutisch sinnvoll erscheint. Jedoch gilt: Erst bei einem Mindestmaß an psychischer, physischer und sozialer Stabilität werden imaginative Ressourcen mit Körpergefühl und Affekten stabilisierend erlebbar. (Das macht es schwerer, Kinder und Jugendliche, die hier keinen sicheren Status haben, wirksam zu helfen.)

Bei Kindern sollten (heilsame) Bilder in jeder Stunde ihren Platz haben. Der Patient sollte mit einem »guten Gefühl« die Stunde verlassen. Hier eigenen sich dann Abschlussrituale, bei denen gerade bei schwer traumatisierten Kindern positive Kognitionen neuerlich verankert werden sollten. Dies kann z.B. bedeuten, die verletzten jüngeren Kinder noch einmal an den sicheren Ort zu bringen etc.

■ **Wie kann ich mit Widerstand umgehen?**

Klären Sie, was er bedeutet. Z.B. kann er bedeuten, dass die Patientin mit Ähnlichem schlechte Erfahrungen gemacht hat, z.B. durch manipulierendes Einbeziehen von Imaginationen im Rahmen von kultischem Handeln. Dann sollten Sie Imagination erst einmal nicht einsetzen. Versuchen Sie dann eher kognitive Arbeit, Wahrnehmen des Hier und Jetzt, Aufbau einer respektvollen Beziehung etc.

Bei jugendlichen Patienten erschwert eine für dieses Alter nicht selten rationalistische Haltung der Patientin, diese Art der Arbeit anzunehmen. Hier kann es dann hilfreich sein, den Patienten da »abzuholen«, wo er steht: die »guten Argumente« für die imaginative Arbeit, die wir oben genannt haben, können dem Patienten vertieft im kritischen Dialog vermittelt werden. Wir können erklären, wofür der »Quatsch« gut sein kann. Eine (selbst-)kritische und gleichzeitig selbstbewusste Haltung der Therapeutin ist hier wichtig, ohne Besserwissertum und pädagogische Attitüde. Dabei sollten wir aber nicht um jeden Preis um eine Akzeptanz der Überlegungen werben. Kognitive Arbeit ist in der Regel das, was am leichtesten geht. Dann kann man gelegentlich Bilder, Geschichten, Metaphern einweben. Achten Sie auf Sprachbilder und regen Sie an, sie achtsam wahrzunehmen, fast kein Jugendlicher verwendet nie ein Sprachbild. Regen Sie bei negativen Bildern Gegenbilder an.

■ **Wie ist mit Ängsten vor der imaginativen Arbeit umzugehen?**

Nehmen Sie sie ernst und versuchen Sie zu klären, worum es geht. Meist haben einige Teile Angst, andere nicht. Laden Sie zu der Vorstellung ein: Es handelt sich um Gedankenspiele, mehr nicht. Vorstellungsbilder sind ja gerade nicht »in Stein gemeißelte Wahrheiten« und können jederzeit verändert werden. Kinder sind in der Regel gern bereit, die Arbeit mit Bildern zu machen. Täterintrojekte sind manchmal der Grund dafür, dass hilfreiches Handeln für sich selbst, auch im Sinne von Imaginationen, »nicht erlaubt« ist. In diesem Fall bedürfen Täterintrojekte möglicherweise einer Bearbeitung.

Darüber hinaus kann es sehr helfen, wenn wir uns vor allem am Anfang der Therapie für das interessieren, was der Patient macht, was er erlebt hat. Immer dann, wenn er es uns erzählt, ist es bereits vorgestellt, imaginiert. Das heißt, *Imagination ist bei genauer Betrachtung etwas sehr Alltägliches*. Nur die Vorstellung, dass sie etwas Besonderes sei, verunsichert.

■ **Was tun, wenn Dissoziationen, Flashbacks oder retraumatische Handlungssequenzen die Imaginationen stören oder als Trigger funktionieren?**

Führen Sie zunächst eine sichere Orientierung im Hier und Jetzt herbei. Das geht in der Regel unter Einbeziehung des Körpers leichter, d. h., man bittet den Patienten, sich bewusst zu machen, dass der Körper Kontakt mit dem Boden hat, dass die Füße auf dem Boden stehen etc. Bei ausgeprägter dissoziativer Symptomatik sind in der Regel körperorientierte stabilisierende Maßnahmen vorzuziehen (dazu ausführlich Babette Rothschild [2002]: »Der Körper erinnert sich«, ein ausgezeichneter Begleiter in Sachen Körpertherapie ohne Körperberührung bei TraumapatientInnen).

Kinder verlangen zum einen von der Therapeutin immer wieder den altersentsprechend angemessenen »Einsatz« des eigenen Körpers im Spiel, gewisse Berührungen sind da »normal« für eine kindgerechte therapeutische Haltung. Das macht auch die »Erdung« der Kinder, z. B. durch eine vorsichtige Berührung an der Schulter, selbstverständlicher möglich. Der Einsatz der eigenen Hände bedarf aber immer der Nachfrage des kindlichen Einverständnisses oder zumindest der Ankündigung bei schweren dissoziativen Zuständen. Zum anderen ist der Umgang mit Körperkontakt gerade z. B. bei Kindern mit Missbrauchserfahrungen zum Teil Ausdruck einer Reinszenierung traumatischer Erfahrungen mit Erwachsenen, wobei projektive Übertragungsmechanismen hier eine Rolle spielen können. Wir sollten uns um ein begrenzendes Handeln, ohne dass sich das Kind dabei abgewiesen fühlt, bemühen. Wenn ein sexuell missbrauchtes Kind der Therapeutin immer wieder mit Kussmund auf den Schoss springen will, dann ist es hilfreich, nach dem ersten grenzüberschreitenden Handlungsversuch des Kindes dieses Verhalten mit dem Kind zu verstehen und an die kognitiven Fähigkeiten des Kindes zu appellieren. Die Grenzen der therapeutischen Beziehung im Unterschied zu der zu den Elternpersonen sollte als Erstes aufgezeigt werden. Dann folgt eine Zuordnung des im Hier und Jetzt unangemessenen Verhaltens zu den Bedürfnissen und Nöten des unversorgten »jüngeren Kindes« und Innere-Kind-Arbeit (s. u.). Eine Beschämung des Kindes durch barsche Zurechtweisung sollte auf jeden Fall vermieden werden. So etwas passiert, wenn wir selbst hilflos überreagieren und Handlungen traumatisierter Ego-States des Kindes nicht erkennen. Wir dürfen und sollten aber auch unsere Grenzen artikulieren und dem Kind deutlich machen. In dieser Situation kann es hilfreich sein, das Kind zu fragen, ob die eigene gespürte Überforderung Teil des kindlichen Erlebens von früher sei. So sind wir in der Lage, wieder »über« etwas zu sprechen und so zu möglichen

States zu gelangen, an denen wir mit dem Kind (imaginativ) arbeiten können.

Ältere Kinder reagieren zunehmend mit Flashbacks und Dissoziationen statt Reinszenierungen auf therapeutische Situationen mit Trigger-Wirkung. Hier sollten wir erst anschließend, wenn der Patient sich wieder ganz sicher im Hier und Jetzt verortet fühlt, sich genauer spürt, über die Imaginationen sprechen. »Angenommen, du hättest einen sicheren Ort, wie würde er aussehen, womit würdest du dich wohlfühlen…«, d. h. alles nur »in Gedanken« machen. Außerdem Bilder, die Trigger sind, nicht verwenden. Vielleicht gibt es eine Übung, einen Teil einer Übung, die als wohltuender erlebt wird.

3.10   Die Bedeutung kognitiver Orientierung in der Traumatherapie

Psychodynamisch arbeitende TherapeutInnen haben den Wert kognitiver Arbeit meist nicht schätzen gelernt. In Ergänzung der psychodynamischen Arbeit scheint uns bei Menschen mit Traumafolgeerkrankungen die Arbeit an kognitiven Verzerrungen unerlässlich.

Das, was jemand denkt, ist ihr/ihm in der Regel am leichtesten zugänglich. Warum also diese Ressource nicht nutzen? Selbst wenn das nicht die vollständige Lösung des Problems ist. (Denn vieles spricht dafür, dass kognitive Verhaltenstherapeuten den alleinigen Wert kognitiver Arbeit überschätzen!)

Gerade bei schwerer gestörten PatientInnen ist die Arbeit an dysfunktionalen Kognitionen oft unerlässlich, wenn man überhaupt weiterkommen will. Das gilt für Kinder genauso wie für Erwachsene.

Die einschlägigen Lehrbücher der kognitiven VT (z. B. Petermann, 1994) seien daher empfohlen.

Kognitive Arbeit hat für den traumatisierten Patienten den Vorteil, dass er mehr Kontrolle hat.

Das schließt eine psychodynamische Sichtweise nicht aus. Gerade die Verbindung beider Ansätze scheint für unsere Patientinnen und Patienten besonders angenehm. Eher kognitiv orientierte Arbeit kann man auch als »cool« bezeichnen (so die sehr erfahrene amerikanische Traumatherapeutin Catherine Fine in einer persönlichen Mitteilung).

»Cool Jazz« sollte übrigens seinen Protagonisten dabei helfen, ihre Wut auf die Unterdrückung der Schwarzen (Musiker) durch die Weißen zu kanalisieren (Mac Adams, 2001). Dieses Vorgehen spricht gerade auch jugendliche Patienten an.

Wir möchten hier die Unterschiede zwischen einer nur kognitiv orientierten und einer psychodynamisch-kognitiven Sichtweise verdeutlichen:

So lässt sich z. B. die von jugendlichen PatientInnen häufig aufgestellte Behauptung »Ich bin dieses kleine Kind« mittels der einfachen Frage »Wie bist du hierhergekommen« – insbesondere, wenn die Patientin allein mit den öffentlichen Verkehrsmitteln gekommen ist – leicht auf der kognitiven Ebene als unrealistisch und irrational widerlegen. Man kann ihr sodann vorschlagen, diese Vorstellung in eine realistischere, wie z. B. »Ich fühle wie dieses Kind«, umzuformulieren und anschließend die Wirkung der beiden Sätze auf ihre Selbstwahrnehmung zu überprüfen.

Das psychodynamische Konzept dazu ist die Stärkung der Ich-Funktion der Selbstwahrnehmung. Die Widerlegung auf der kognitiven Ebene allein löst aber meist noch nicht den emotionalen Teil des Problems und auch nicht den des Beziehungsangebots. Eine traditionell psychodynamische Intervention könnte lauten: »Es ist dir wichtig, dass ich wahrnehme, dass du dich z. Zt. wie ein kleines Kind erlebst.« Damit könnte sich eine stärker zu regressivem Verhalten neigende jugendliche Patientin aber noch lange nicht aufgefordert fühlen, infrage zu stellen, dass sie dieses Kind gar nicht ist, auch wenn die Formulierung »wie ein Kind« bereits eine Infragestellung des ursprünglichen Konzepts der Patientin von sich selbst beinhaltet.

Es wird an diesem kleinen Beispiel eine gewisse Dichotomie der Einsichts- versus Handlungsorientierung deutlich.

Um die scheinbaren Gegensätze zu überbrücken, wäre eine an dialektischen Prinzipien orientierte Intervention denkbar, die beides verbindet: »Ich habe den Eindruck, dass es dir wichtig ist, dass ich wahrnehme, dass du dich z. Zt. wie ein kleines Kind erlebst. Denkst du, dass es dir hilft, an diesem Bild von dir selbst festzuhalten? Und dass ich dir helfe, wenn ich es teile?«

Wenn die Patientin mit »Nein« antwortet, informieren wir sie über die Bedeutung dessen, was man denkt und wie es sich auf uns auswirkt, und laden sie ein, sich eine funktionalere Kognition zu suchen. Wenn sie mit »Ja« antwortet, bitten wir sie, uns zu erklären, wie sie darauf kommt, z. B. wie in der folgenden Fallvignette:

Die 14-jährige Lisa beschwert sich nach einigen Stunden Therapie bei den Pflegeeltern über ihren Therapeuten, dass sie nicht häufiger Behandlungstermine angeboten bekomme.
Sie habe das Gefühl, sie käme mit ihrem Leben nicht weiter, und wünsche sich, mehr versorgt zu werden.
Th.: Ich kann gut verstehen, dass du viel Unterstützung brauchst, um die psychischen Symptome und die Erfahrungen von früher zu verarbeiten, aber deine Pflegeeltern waren schon so viele Jahre hilfreich für dich da und sind es doch auch jetzt. Ich möchte dir helfen, dass du selbst den Weg findest.
Pat.: Ja, aber das reicht mir nicht. Gerade von Ihnen hätte ich mir mehr gewünscht.
Th.: Deine Pflegeeltern haben gesagt, dass du dir mehr Therapiestunden wünschst. Aber das würde auch bedeuten, dass du weniger das Gefühl haben könntest, dein Leben allein zu meistern – du sagtest am Anfang der Therapie, dass dir das sehr wichtig sei.
Pat.: Wenn Sie das sagen, wundere ich mich selbst über meinen Wunsch. Es fällt mir z. Zt. schwer, die Übungen abends zu machen (Stabilisierungs- und Distanzierungsübungen, Anm. A. K.).
Th.: Vielleicht hat es eine Bedeutung, dass du mir das jetzt erzählst, das mit den Übungen, dass nichts mehr klappt?
Pat.: Durch den Verlust meiner leiblichen Mutter fühle ich mich wie ein kleines Kind, ich denke oft, ich bin ein kleines Kind, das nichts kann.
Th.: Aber du bist sehr gut in der Schule, schreibst trotz der Konzentrationsstörungen und gelegentlichen Dissoziationen nur Einser und Zweier! Ich habe den Eindruck, ich soll wahrnehmen, dass du »die kleine Lisa« bist?
Pat.: Ja, vielleicht.
Th.: Dir scheint es sehr wichtig zu sein, dass ich das denke?
Pat.: Kann schon sein, aber diesen Unterschied zwischen älteren und jüngeren Teilen in mir, das finde ich manchmal echt schwierig.
Th.: Wenn du »die Kleine« wärst, dann würden sich alle noch mehr um dich kümmern?

Pat.: Ja, ich glaube, das brauche ich …

Th.: Ich glaube, die »kleine Lisa« braucht das, die von heute möchte die Dinge auf eigene Faust machen.

Pat.: Da haben Sie recht.

Th.: … Aber die »kleine Lisa« hat wohl zu wenig bekommen. Es war schlimm, dass sie nicht genug Zuwendung bekommen hat und nicht vor den schlimmen Erfahrungen geschützt wurde. Diese »Lisa«, die lebt in dir weiter und ruft nach Zuwendung, kannst du mit dieser Vorstellung etwas anfangen?

Die beschriebenen Interventionen haben zum einen einige psychoedukative Elemente. Der Einschub von Psychoedukation i. S. von umfassenderer Information, Wissensvermittlung und Aufklärung ist für psychodynamisch arbeitende TherapeutInnen ungewohnt. Manche halten das sogar für eine Verletzung der Abstinenzregel.

Zur Erinnerung: Abstinenz bedeutet den Verzicht auf Befriedigung eigener Bedürfnisse durch die Therapeutin und nicht den Verzicht auf Interventionen, die nicht als klassisch gelten, weil diese klassischen Interventionen nämlich für eine andere, Ich-stärkere, Klientel entwickelt wurden.

Fürstenau (2001) spricht hier von suggestiven Techniken. Wer sich ausführlicher mit der Theorie beschäftigen möchte, dem seien seine Ausführungen sehr empfohlen.

Psychoedukative Elemente i. S. von Information sprechen die PatientInnen eher auf der altersgemäß weiterentwickelten Ebene an, sie laden eher zu einem Weniger an Regression ein.

Ein wichtiges Element, das unter den Psychoanalytikern als Erste Ferenczi und Rank in die Diskussion brachten, das aber auf wenig Gegenliebe stieß, ist die Handlungsorientierung. Auch hier scheint es für kognitiv verhaltenstherapeutische TherapeutInnen leichter, handlungsfördernde Interventionen einzubringen. »Durcharbeiten« hat aber u. E. genau diese Implikation: Dass Dinge neu und anders getan werden, die neuen Erfahrungen dann wiederum durchleuchtet werden und danach weiteres neues Handeln folgt usf.

3.11 Ressourcenorientierung: Kind, Jugendliche und Familie

Ressourcenorientierte Psychotherapie braucht Ressourcenorientierung lebende TherapeutInnen! Wer dieses Buch liest und durcharbeitet, bringt sicher eine Bereitschaft mit, einiges neu zu lernen und eine grundsätzliche Akzeptanz des Gedankens, ressourcenorientiert zu arbeiten.

Alte Gewohnheiten zu ändern, braucht Zeit. Dass Menschen Gewohnheitstiere sind, ist eine alte Erfahrung, neuerdings bestätigt die Gehirnforschung die Notwendigkeit des Wiederholens und Übens.

Aus diesem Grund raten wir TherapeutInnen, die mit PITT arbeiten möchten, sehr dazu, Ressourcenorientierung im Alltag zu erproben, dies gilt insbesondere auch für die imaginative Herangehensweise. Nur wer selbst mit Bildern und den Bildern der Übungen vertraut ist und deren Wert im eigenen Leben schätzen gelernt hat, kann diese überzeugend weitergeben. Viele der Übungen eignen sich übrigens ausgezeichnet zur Selbstfürsorge i. S. einer Psychohygiene.

Wichtig ist uns auch, dass (s. auch weiter unten) in den »schlimmen« Bildern bereits die Ressourcen, Schätze, verborgen sind. »Vielleicht sind alle Drachen Prinzessinnen, die erlöst sein wollen«, schreibt Rilke in seinem »Brief an einen jungen Dichter«.

Wir sagen der Patientin, dass wir es für einen Segen halten, wenn sie z. B. kreativ ist und dass wir diese Kreativität für die Therapie nutzen könnten, wenn es ihr recht sei.

Wenn eine Patientin oder ein Patient viele imaginative Fähigkeiten mitbringt, ist es ein Leichtes, damit zu arbeiten, wir würden kostbare Ressourcen verschenken, wenn wir das nicht tun. Bei anderen sind die kreativen Möglichkeiten nicht so offensichtlich. Es lohnt jedoch den Versuch, Anregungen zu geben, da nicht wenige PatientInnen diese gerne aufgreifen.

Die Eltern (und gegebenenfalls auch nahestehende Geschwister) sollten, gerade bei jüngeren Patienten, intensiv mit dem Ressourcengedanken vertraut gemacht werden. Ein heilsames Spiel mit der älteren oder auch sorgenfreien jüngeren Schwester kann enorme Kräfte freisetzen. Nutzen Sie immer wieder auch die in der kognitiven Verhaltenstherapie üblichen Rating-Verfahren. Um zu differenzieren, was am meisten hilfreich im Leben war und ist, kann eine tabellarische Freude-biographie (Kast, 1994) auch mit numerischen oder (bei kleineren Kindern mit einer Anzahl Smileys, Sonnen etc.) symbolischen Wertungen versehen werden. So entsteht für alle: Eltern, Geschwister und Therapeutin, eine Übereinkunft über besonders stärkende Momente im Leben des Kindes, die hier und jetzt vielleicht weiter gefördert oder wiederbelebt werden können. Diejenigen, die es ablehnen, mit Bildern zu arbeiten, sollte man allerdings nicht bedrängen. Hier helfen z. B. Geschichten weiter oder auch Metaphern.

■ **Wie erfährt man etwas über Ressourcen?**

(Schwer) Traumatisierte (Jugendliche in der Regel noch einmal weniger) PatientInnen berichten oft nicht von selbst von Ressourcen. Man sollte gezielt danach fragen. Von Anfang an, also am besten bereits im ersten Gespräch, sollten Sie sowohl die Probleme und Symptome eruieren wie auch die Ressourcen und möglichen Lösungen.

Achtung: Bitte erklären Sie, warum Sie das tun. Für manche jugendliche Patienten oder Eltern ist das ungewöhnlich, befremdlich, weil sie meinen, in einer Therapie gehe es nur um Probleme. Die kleinen Patienten sind meist sofort »dabei«.

Hilfreich ist die Übung »Was kann ich« (s. »Imagination als heilsame Kraft«, S. 27). Diese Übung kann man immer wieder durchführen, wodurch sich die Ressourcenliste immer mehr vergrößert. Bei kleinen Kindern sollen die Eltern die Dinge aufschreiben, die das Kind selbst nennt oder die Mutter. Das Kind sollte bei allen diesen Formen von Übungen angeregt werden, auch andere Sinneskanäle zu bedienen: Hier kann man das Kind z. B. bitten, einige Fertigkeiten oder Assoziationen aufzumalen.

Des Weiteren hilft eine Liste der Dinge und Menschen, die einem geholfen haben oder helfen, die einen froh gemacht haben oder froh machen. All dies sollte eventuell aktiv mit Feingefühl für das richtige Timing erfragt werden.

Grawe (2004) spricht davon, dass wir die Wahrnehmung auf das lenken sollten, was gelingt und was Freude macht. Alle diese Vorgehensweisen erfordern Aktivität vonseiten der Therapeutin, ein abwartendes Sich-zurück-Lehnen bewirkt nichts. Die Aktivität sollte dennoch mit einer respektvollen Haltung gegenüber den Lösungsversuchen der Patienten erfolgen.

■ **Was ist zu tun, wenn jugendliche Patienten die Frage nach Ressourcen als Kränkung erleben?**

Traumatisierte Patientinnen und Patienten brauchen Menschen, die bereit sind anzuerkennen, dass das erlittene Leid schrecklich und oft auch unrecht war. Ressourcenorientierte Angebote werden häufig so aufgenommen, als sollten Schmerz und Leid und Unrecht verleugnet werden. Es ist dann notwendig, deutlich zu machen, dass es sich dabei um zwei verschiedene Dinge handelt. Anerkennung des Leidens auf der einen Seite und auf der anderen Seite – oder auf der anderen Waagschale – Ressourcenorientierung. Die beste Möglichkeit, die Kinder davon zu überzeugen, dass ein Wahrnehmen ihrer Ressourcen sie weiterbringt, ist, dass sie sich selbst davon durch Beobachtung überzeugen und dass Sie ihnen helfen, »die Prinzessinnen in ihren Drachen« zu entdecken.

Leid und Leiden brauchen Platz, sollten aber nicht alles dominieren.

Als hilfreich hat sich herausgestellt, den Patienten zu erklären, dass sich unser Gehirn auf einer Seite (links präfrontal) verstärkt mit angenehmen, gehobenen Gefühlen beschäftigt und auf der anderen (rechts präfrontal) mit den belastenden Gefühlen. Kindern malen wir das erläuternd auf ein Bild. Das kann man sich vorstellen wie das Trainieren von Muskeln. Man muss die Muskeln trainieren, von denen man sich mehr Leistung erhofft. Wenn wir aber durch die Beschäftigung mit Leidvollem andauernd den einen Teil im Gehirn fördern, dann entsteht dadurch noch lange nichts im anderen. Gezieltes Training für den linken präfrontalen Cortex wäre also die ressourcenorientierte Arbeit.

Die Beobachtung von Auswirkungen ist im Übrigen stets die einfachste und eleganteste Art, sich davon zu überzeugen, dass etwas hilfreich oder schädlich ist. Eine Glaubensfrage sollte man aus keiner psychotherapeutischen Intervention machen (s. die Beobachtungsaufgaben von de Shazer, 2000 sowie die reichhaltigen Beobachtungsaufgaben, »Kontemplationen«, aus der buddhistischen Psychologie, dazu »Leichter leben« von Sylvia Wetzel, 2002).

Wie leitet man einen Settingwechsel ein, wenn zuvor ohne Imagination und nicht ressourcenorientiert gearbeitet wurde? Die Überlegungen beziehen sich auf Kinder ab einem kognitiven Niveau des mittleren bis späten Grundschulalters, zuvor wissen wir in der Regel über die *elterliche* Anamnese über Traumatisierungen oder diese äußern sich eklatant auf der Symptomebene. Ältere Patienten entwickeln gelegentlich nach einem Monotrauma eine lang unerkannte Trauma-Folgestörung. Wenn wir diese im Verlauf feststellen, ergibt sich folgendes Vorgehen:

1. Schlagen Sie zunächst vor, auf eine Metaebene zu gehen und Bilanz zu ziehen.

2. Klären Sie, was es für Ihre Beziehung bedeutet, wenn Sie anders arbeiten. Nehmen Sie sich Zeit, das gründlich zu besprechen und zu analysieren!

3. Schlagen Sie sodann die neue Arbeitsweise vor und erklären Sie warum.

4. Erläutern Sie danach das Modell des »beidäugigen« Zugangs in Diagnostik und Therapie (Fürstenau, 2002. Siehe auch S. 100 f.). Bringen Sie eventuell ein kleines Beispiel ein, regen Sie an, die neuen Erfahrungen auszuwerten.

5. Es hat sich häufig auch als hilfreich erwiesen, Jugendlichen vorzuschlagen, das eine oder andere zu lesen, damit sie sich ein Urteil bilden können. (Wir empfehlen z. B. »Die Glücksformel« von Stefan Klein.)

6. Die Zustimmung der Patientin zum Settingwechsel ist unerlässlich, andernfalls riskiert man ungünstige, und in diesem Fall aus der Beziehung begründete, regressive Prozesse. (Die Patientin erlebt unbegründete Settingwechsel, denen sie womöglich nicht zustimmen konnte, als Willkür, selbst wenn sie das so nicht äußern kann!)

7. Beziehen Sie gegebenenfalls wieder die Eltern mit in die mit der Patientin gemeinsam neu gefundenen Erkenntnisse ein, damit diese den Heilungsprozess unterstützen können.

8. Werten Sie in einer der nächsten Sitzungen aus, wie es der Patientin mit der neuen Arbeitsweise geht.

3.12 Prozess- versus Phasenorientierung sowie Besonderheiten bei Kindern und Jugendlichen

Psychoanalytisch oder psychodynamisch arbeitende KollegInnen sind bei der Phasenorientierung oft eher befremdet, da man dann ja nicht mehr am Prozess der Patienten orientiert sei. Für die Arbeit mit Kindern und Jugendlichen kann man der Auffassung der analytisch-psychodynamischen Schule in einigen Punkten recht geben. Bei Kindern bis zehn Jahren mit durchschnittlicher allgemeiner Intelligenzfunktion ist die Arbeit nach dem Phasenmodell nicht ohne Weiteres realisierbar. Das Kind wird bei ausreichend vertrauensvoller Beziehung zum Therapeuten spontan die Dinge in die Behandlungsstunde mit einbringen, die ihm gerade in den Sinn kommen – und das ist für ein Kind dieses Alters der richtige Weg und die Akzeptanz dessen für eine kindgerechte therapeutische Haltung unabdingbar. Eine strikte Einhaltung eines phasenhaften Therapieverlaufes ist hier schwierig. Es ist an der Therapeutin, dem Kind in der ihm angemessenen Sprache zu vermitteln, dass eine Konfrontation mit schmerzhaften Erinnerungen ihm Schaden zufügen kann. Insbesondere das Auseinanderhalten des Früher und Damals mit dem Hier und Heute ist für kleinere Kinder nicht leicht. Der Zeitbegriff, Fantasiewelt und Realität verschwimmen nicht nur im lustvollen, konstruktiven Spiel, sondern eben auch in Bezug auf traumatische Erlebnisinhalte. Beharrlich wiederholte »Korrekturen« im Sinne einer Realitätskontrolle, bei der der Therapeut das Kind beruhigend anspricht, haben sich als hilfreich erwiesen: »Ein Teil von dir denkt immer noch, das Schlimme passiert weiter, und kann nicht glauben, dass es vorbei ist. Dieser Teil hat einmal eine wichtige Rolle gespielt, hat aufgepasst und dich beschützt vor noch mehr Verletzungen; jetzt brauchst du seine Hilfe aber nicht mehr, weil die Gefahr vorbei ist. Vielleicht können wir diesem Teil ja durch etwas Schönes danken? Er hat viel für dich getan.« Die positive Würdigung der Funktion dieser zunächst irrational anmutenden Verwechslungen sollte immer mit in die Intervention einfließen.

Generell muss für die Arbeit mit traumatisierten Menschen gesagt werden, dass die individuelle aktuelle Befindlichkeit die therapeutische Situation maßgeblich mitgestaltet und die Therapeutin hier Kontexte herstellt, z. B. dem Patienten den Erkenntnisweg zu traumatisch bedingten negativen Kognitionen etc. eröffnet. (»Hast du mal darüber nachgedacht, wie es kommt, dass du bei Auseinandersetzungen immer wieder so viel Angst bekommst, die gar nicht zu dem Streit passt?«)

Dennoch kann einem Kind in seiner Sprache immer wieder deutlich gemacht werden, welche Bedeutung es hat, dass seine Seele im Sinne der Stabilisierung Erholung und Pflege braucht nach dem, was sie aushalten musste, und dass diese »Wundpflege« einen festen Platz im Leben nach der Katastrophe braucht. Man kann im spieltherapeutischen Prozess immer wieder auch die Notwendigkeit der psychischen Separation traumatischer Erlebnisinhalte propagieren, erklären und um ein Einverständnis beim Kind für entsprechende gemeinsame Maßnahmen werben. Die Kinder sind in der Regel äußerst verständnisvoll und folgen einem »psycho-logischen« Vorgehen intuitiv viel leichter als erwachsene Patienten.

Die grundsätzliche Suggestibilität des Kindes sollte die Therapeutin allerdings nicht dazu verleiten, kindliche Bedürfnisse nicht ausreichend wahrzunehmen und quasi manipulativ zu werden. Dies geschieht beispielsweise dann, wenn den Maximen einer therapeutischen Schule mehr gefolgt wird, als dem Kind mit abweichenden Bedürfnissen an die Therapiestunde in dieser Situation zuträglich wäre. Die Beziehungserfahrung in der Therapie ist für ein (kleineres) Kind noch einmal mehr eine *reale* Beziehungserfahrung, die nicht durch neuerliche Dominanz erwachsener Vorstellungen geprägt sein sollte, welche das Kind aus missbräuchlichen früheren Kontexten allzu gut kennt. Dieser Punkt ist bei der Arbeit mit Kindern im jüngeren Alter u. E. ein besonders wichtiger Punkt: Durch das mehr geleitete, geplante Vorgehen beim Kind droht ein »Machtverhältnis« in der Arbeitsbeziehung zu entstehen, welches dem Kind z. B. mit Gewalterfahrung in der Beziehung nicht zuträglich ist.

Den Gefahren eines notwendigerweise mehr direktiven Vorgehens in der Traumatherapie kann begegnet werden, indem wir das Kind immer wieder fragen, ob das aktuelle Vorgehen o. k. ist – sich das Kind mit seinen Themen, die es vielleicht einbringen möchte, angesprochen und verstanden fühlt. Auch die Grenzen der Beziehung im therapeutischen Rahmen müssen dem Kind und jugendlichen Patienten immer wieder einmal einfühlsam nahegebracht werden, um (latent) zu regressiven Übertragungsprozessen entgegenzuwirken.

Für jugendliche Patienten schlagen wir vor, eine Sowohl-als-auch-Haltung und keine Entweder-oder-Haltung einzunehmen.

Die Phasenorientierung ist ein Modell, das sich insofern bewährt hat, als die klinische Erfahrung zeigt, dass viele PatientInnen, die unter traumatischem Stress leiden, eine Ich-Stärkung brauchen, ehe sie sich auf traumatische Erinnerungen einlassen können.

Was nützt es dem Jugendlichen, wenn man ihm prozessorientiert folgt und er dadurch z.B. in schwer kontrollierbare dissoziative Zustände gerät? Hat man zusätzlich das Phasenmodell im Kopf, so weiß man in vielen Fällen, dass eine Stabilisierung erforderlich ist, und man kann den Patienten dafür auch zu gewinnen versuchen. (Widerstandsdeutungen im klassischen Sinn sind in solchen Fällen zwecklos, gelegentlich sogar schädlich!)

Andererseits ist es genauso unsinnig, einer Patientin, die dringend über eine traumatische Erfahrung sprechen möchte, dies zu verbieten, weil man ja noch »in der Stabilisierungsphase ist«.

Im letzteren Fall besteht die Kunst darin, der Patientin zu helfen, dass sie so über ihre belastenden inneren Vorgänge sprechen kann, dass sie keinen Schaden nimmt. Das könnte z.B. sein, dass man ihr Elemente der Bildschirm- oder der Beobachtertechnik aufzeigt, sodass sie mit viel Distanz und deshalb gefahrlos über ihre traumatischen Erfahrungen sprechen kann. (Dies ist übrigens keine »Traumakonfrontation«.) Das ist in unserem Verständnis phasenorientiertes Wissen, angewandt für einen bestimmten therapeutischen Prozess.

Als hilfreich erweist sich auch Fischers Empfehlung, sich am traumakompensatorischen Schema entlang zu orientieren, d.h., dass man dem Kind das Sinnvolle bestimmter Symptome, die es hat, erklärt und den jungen Patienten ermutigt, diese bewusst und geschickt bei der Bewältigung des anstehenden Problems, in diesem Fall also der Wunsch, etwas zu erzählen, und die Angst davor einzusetzen. Hat ein Kind z.B. ein zwanghaftes Ritual entwickelt, könnte man es bitten, seinen Bericht ritualisiert vorzubringen. (Fischer, a.a.O.)

Man sollte nach guter psychoanalytischer Tradition erst das Ich, in diesem Fall das traumakompensatorische Schema, stärken, bevor man sich dem Traumaschema zuwendet. Im Übrigen ist es ebenfalls altes psychodynamisches Wissen, dass man Inhaltsanalyse erst nach der Widerstandsanalyse durchführt. Hier wird die Widerstandsarbeit allerdings aus einem anderen Widerstandsverständnis heraus durchgeführt.

Besonders bewährt hat sich – wie übrigens in allen unklaren Situationen –, die Patienten um ihre Meinung zu bitten, wie zu verfahren sei. Kinder wissen nämlich meist sehr genau, was sie brauchen.

Daher empfehlen wir, dass Kinder und Jugendliche schon sehr früh in der Therapie angehalten werden, ein Bild, eine Vorstellung von ihrer »inneren Weisheit« zu entwickeln. Eine Möglichkeit ist einzuladen, sich den ganz alten weisen Mann, die alte weise Frau, die/der das Kind einmal sein wird, vorzustellen.

Die »innere Weisheit« kann bei vielerlei Entscheidungen, Fragen, Problemen zurate gezogen werden. Kinder vom Kindergartenalter bis zur Pubertät nehmen solche Vorstellungen oft gerne auf, oder man erfährt bei Nachfrage, dass sie bereits über derartige hilfreiche innere Bilderwelten verfügen, die sich infolge der Traumakompensation entwickelt haben. Dann ist es wichtig, diese psychische Leistung zu würdigen und eventuell zu fördern. Dabei erscheint es uns wichtig, den kindlichen Vorurteilen über das bekannte Denken der Erwachsenen aktiv zu begegnen: Man unterstreicht die Wirkung solcher Vorstellungen und bedauert vor dem Kind, dass viele Erwachsene Vernunft falsch verstehen und daher verlernt haben, wie das Kind die gute Kraft der Vorstellungen für sich zu nutzen.

Bei Jugendlichen kommt der Hinweis auf einen Boom esoterisch geprägter Fantasy-Literatur und Filmkultur solch einem Angebot oft unterstützend entgegen, wenn sie zunächst Widerstände gegen solche Vorstellungen anmelden. Diese Abwehr von imaginativen Elementen der Arbeit müssen einfühlsam verhandelt werden und entsprechen letztendlich dann oft doch einer Neigung von Jugendlichen zum Schweifen in andere Welten. Man kann die kritischen Jugendlichen mit Argumenten überzeugen, wenn man allgegenwärtige Beispiele für die Wirkung der Vorstellungskraft und der Bilder anbringt. (»Was passiert, wenn du dir eine Zitrone vorstellst? – Der Speichelfluss in deinem Mund ist eine spürbare körperliche Reaktion auf einen Gedanken« oder: »Die Werbung verkauft Dinge, indem sie vor allem mit Bildern Menschen bewegt – Bilder prägen Haltungen und Handeln, warum nicht in deinem Kopf?«) Hier ist es wichtig, die Bedeutung einer Schaukelbewegung in einer Dialektik von »cooler« sicherer äußerer Realitätskontrolle im Sinne starker/gestärkter Ich-Funktionen als »kontrollierten Gegenpol« zur zarten Fantasie gemeinsam mit der Jugendlichen herauszuarbeiten. Die »harte Schale« um einen »weichen Kern« entspricht ja oft auch der Erscheinung dieser Jugendlichen.

Hier geht es auch noch einmal um die generelle innere Legitimation zu einer Therapiemaßnahme, die beim Jugendlichen im Grunde eine Zumutung für altersentsprechende Autonomiebestrebungen darstellt. Die Abnabelung von Elternpersonen und Erwachsenen, die Ausbildung von ganz eigenen Jugendkulturen in vielen Generationen sind lebendiges Zeugnis der autonomen Bestrebungen dieses Entwicklungszeitalters. Therapie sollte so kooperativ gestaltet werden, die Maxime der Kontrolle über die Situation, gerade auch auf dem Hintergrund von Traumakompensation, sollte vom Therapeuten als erwünschte Eigenart erkannt und gefördert werden. Der augenscheinliche Konflikt, der sich um das Thema Therapie herum darstellt, sollte offen angesprochen und jede Bemühung des Patienten, sich einer Behandlung zu »unter«-ziehen, als reife Ich-Leistung gewürdigt werden.

Gefühlsüberflutung

Auch in den neueren Veröffentlichungen zum Umgang mit Emotionen wird trotz der jetzt nicht mehr neuen Debatte über Trauma und Trauma-Folgestörungen auf das Problem der Gefühlsüberflutung selten eingegangen. Die meisten Kinder und Jugendlichen verschlechtern sich durch stark gefühlsorientierte Arbeit, weil sie den damit verbundenen Kontrollverlust schlecht verkraften.

Die Traumaforschung hat uns darüber belehrt, dass Menschen nach einem Trauma »dichtmachen«, ihre Gefühle nicht mehr spüren können und dass das ein Schutz ist. Andererseits leiden viele auch oder ausschließlich an der Überflutung durch Gefühle. Wie bekannt sein dürfte, reagiert dann der Mandelkern im Gehirn wie ein überempfindlicher Feuermelder, der schon auf eine brennende Zigarette Alarm schlagen würde. Wir wissen auch, dass wir insbesondere bei in der frühesten Lebenszeit traumatisierten Kindern und Jugendlichen mit einer ineffizienten reparativen Funktion der orbitofrontalen Region zu rechnen haben (Schore, 2002), was dazu führt, dass der betroffene Mensch sich schlecht oder gar nicht selbst beruhigen kann. Wenn man dieses Wissen zugrunde legt und mit klinischer Erfahrung ergänzt, wie kann man dann noch intensives Gefühlserleben für belastende Gefühle fordern? Es gibt also im Umgang mit Gefühlen von traumatisierten PatientInnen ein Dilemma. Wir haben in früheren Jahren vielfach erlebt, wie ungünstig es sich auf traumatisierte PatientInnen ausgewirkt hat, wenn wir ihr Schutzbedürfnis des Dichtmachens nicht genügend be- und geachtet haben. Gleichzeitig ist es aber notwendig, dass traumatisierte PatientInnen – nach und nach – Vertrauen zu sich und ihren Gefühlen aufbauen. Das Vorgehen nach PITT-KID ermöglicht den Kindern und Jugendlichen nach und nach, diesen Balanceakt besser zu meistern. Das Konzept »emotionale Intelligenz« impliziert einen nicht »gefühlsbetonten« Umgang mit Gefühlen, d. h., Gefühle werden genutzt und geschätzt und sollten bewusst wahrgenommen werden, aber insbesondere die Kontrolle belastender Gefühle für das Selbst oder für andere wird empfohlen. Das Konzept »rauslassen« gilt als nicht funktional und wird daher abgelehnt. (Klein, a. a. O., S. 58 ff.)

Kinder und Jugendliche mit einer Traumafolgestörung können ihrem oft gewohnheitsmäßigen Dissoziieren mit der Übung in Achtsamkeit wirksam begegnen. Wir verweisen hier auf die Übungen zu Achtsamkeit und innerem Beobachter in »Imagination« (S. 38 ff.). Diese Übungen lassen sich bereits, an eine kindliche Sprache angepasst, mit Grundschulkindern einüben. Wichtig ist bei den Kindern, dass Sie die Kontrolle über die Situation bewahren: D. h., wir sprechen mit ihnen über mögliche Ängste, die bei solchen angeleiteten Übungen auftreten könnten, dass wir diese bei ihrer Lebensgeschichte nachvollziehen könnten. Und wir bieten den Kindern an, Rahmenbedingungen zu finden, in denen sie sich wohlfühlen können bei der Übung.

Achtsamkeit ist stets mit dem »Hier und Jetzt« verbunden. Damit entdecken die PatientInnen immer mehr, dass es Dinge »in ihrem Kopf« gibt, die sie in die Gegenwart hineinprojizieren, und das bedeutet, dass es sich bei genauer Betrachtung um Vergangenes handelt und dass es die jetzt aktuelle äußere Wirklichkeit gibt. Wenn es dem Patienten auch nur gelegentlich gelingt, Achtsamkeit mit einer nicht wertenden Haltung zu verbinden, erlebt er, wie entlastend sich das auswirken kann, nicht andauernd mit »einer Schere im Kopf« herumzulaufen, sondern die Dinge mit mehr Gelassenheit wahrzunehmen –, im Hier und Jetzt bist du in Sicherheit.

Bei dieser Art des Übens im Alltag geht es nicht um Perfektion, sondern eher um eine Haltungsänderung. Die Übungseinheiten sollten eher kurz sein, ca. 5 Minuten, dafür eher öfter mit Alltagstätigkeiten verknüpft werden.

Wird das Wahrgenommene als zu schmerzhaft empfunden, z. B. Gefühle oder auch Körperempfindungen, sollte ergänzend empfohlen werden, dass das Kind oder der/die Jugendliche bewusst mit der Vorstellung seiner/ihrer »inneren Beobachterin« arbeitet und sich dadurch wiederum vom Wahrgenommenen distanzieren kann. Wobei die Haltung der Achtsamkeit selbst bereits eine gewisse Distanz beinhaltet, sie muss aber gelegentlich noch verstärkt werden.

Viele traumatisierte Kinder und Jugendliche praktizieren die Selbstbeobachtung bereits annähernd, sind sich aber nicht bewusst, dass man genau dies gezielt als Ressource verwenden kann.

Soziale Kompetenz beziehen wir zunächst auf einen »sozial kompetenten« Umgang mit der »inneren Familie«, mit den unterschiedlichen Selbstanteilen. Wenn dieser besser gelingt, gelingt soziale Kompetenz in Außenbeziehungen meist von allein oder zumindest leichter. Kinder und Jugendliche, die gelernt haben, sich selbst zu akzeptieren, insbesondere die sonderbaren und wenig begeisternden Seiten ihrer selbst, die werden auch freundlicher im Umgang mit anderen. Das ist altes psychotherapeutisches Erfahrungswissen.

PsychotherapeutInnen, die vorhaben, mit PITT-KID zu arbeiten, möchten wir empfehlen, Achtsamkeit bzw. wenigstens genaues Wahrnehmen zu praktizieren. Zum einen sind Sie dann überzeugender, wenn Sie sie den Kindern und Jugendlichen empfehlen, zum anderen wirkt sie sich i. S. von Selbstfürsorge aus.

Kleineren Kindern kann man Achtsamkeit spielerisch, zusammen mit den Eltern, nahebringen: Ab und an in Ruhe ein gemeinsames Essen bereiten, statt das Fertigmenü in die Mikrowelle zu schieben; den eigenen Körper gut pflegen, z. B. nach dem Freitagsbad noch mit einem guten Öl einreiben; eine Blume genau studieren und beschreiben oder einen Käfer: »wie viele Punkte hat der Marienkäfer?«, eine Musik gemeinsam genießen und die Instrumente heraushören, deren Charakter beschreiben etc. Der Konsum von »Bildschirm-Bildern«: Fernsehen, PC-Spiele etc., sollte u. E. sehr begrenzt, und wenn, dann von den Bezugspersonen reglementiert werden. Es ist wohl sinnlos, den

Kindern jeglichen Gebrauch dieser Technik zu untersagen, eine kritische Auseinandersetzung sollte aber stattfinden und dem Kind im gesteckten Rahmen Eigenverantwortung zugestanden werden: Wie fühlt es sich an, wenn ich eine Stunde am PC saß oder stattdessen einmal ausprobiert habe, eine Stunde mit meinem Freund im Park Fußball zu spielen: Welche Gedanken kommen mir dazu, was sagt mein Körper?

Die achtsame Körperwahrnehmung erscheint im Kontext von Traumatisierung besonders wichtig (Levine & Kline, 2005).

3.13 Zum Umgang mit regressiven Prozessen

Regression spielt in der analytischen Psychotherapie und allen psychodynamischen Verfahren eine bedeutende Rolle.

Was wird unter Regression verstanden:

Ein innerseelisches Zurückgehen auf eine frühere Entwicklungsstufe, das sich auch in entsprechendem Verhalten etc. ausdrückt. Regression ist ein normaler Vorgang, der durchaus zur psychischen Gesundheit gehört. Erst wenn jemand über regressive Prozesse keine Kontrolle mehr hat und sie nicht aktiv rückgängig machen kann, werden sie zum Problem. Kreative Prozesse z. B. wären ohne die Fähigkeit zur Regression kaum vorstellbar. In der Psychoanalyse ist Regression ein wichtiges Mittel der Selbsterfahrung und Selbsterkenntnis.

In der tiefenpsychologisch fundierten Psychotherapie geht es aufgrund der begrenzten Zeit um Eingrenzung der Regression. Hier geschieht das meist mittels der Fokussierung auf einen Konflikt und Bearbeitung desselben.

In der PITT-KID geht es um Eingrenzung der Regression mithilfe des Instrumentes der »inneren Bühne«, des »inneren runden Tischs« um reifere Ich-Anteile und Kompetenzen des Ich von heute i. S. der »therapeutischen Ich-Spaltung« zu erhalten und zu fördern.

Die innere Bühne ist zu verstehen als ein imaginierter oder imaginärer innerer Ort, an dem verschiedenste Selbstanteile ihren Platz finden bzw. haben. Das Ich von heute hat dort einen zentralen Platz insofern, als es in der Regel die Funktionen des Autors und Regisseurs oder »Königs« wahrnimmt. Kann das Ich von heute dies nicht erbringen, so hilft es, diesen »König« mit den Kindern zu »erfinden«. Das »innere jüngere Kind oder die inneren jüngeren Kinder« befinden sich ebenso auf der inneren Bühne wie die verinnerlichten realen Eltern, die »idealen Versorger« u. v. a. m. Keinesfalls sollte sich die Therapeutin als »Regisseurin« verstehen. (Vielleicht hilft die Vorstellung, »Regieassistentin« zu sein.)

Das Konzept der inneren Bühne hat in vielem Anklänge an die Jung'sche Psychologie, aber auch an andere Therapieschulen, z. B. die Transaktionsanalyse, die Gestaltarbeit, das Psychodrama, und alle Verfahren, die innere Prozesse psychodramatisch in Szene setzen, sind ebenfalls verwandt. Aber auch die Psychoanalytikerin Joyce McDougall (1988) spricht von »inneren Theatern«.

Imagination: Spieltherapie im Kopf
Wir sprechen bei der rein imaginativen Arbeit gerne von »Spieltherapie im Kopf«, weil uns auch für jugendliche Patienten der spielerische Aspekt sehr wichtig ist. Dieser Aspekt ergänzt sich nach unserer Vorstellung mit dem Konzept der »therapeutischen Kunst«.

Es wird mit der Hypothese gearbeitet, dass das Ich von heute auf der inneren Bühne gestalten kann. Hat der Patient sich davon erst einmal überzeugt, so kann allein diese Haltung bereits Erleichterung verschaffen. Es geht allerdings nicht ohne Verhandlungsbereitschaft mit den Akteuren bzw. Verhandlungsbereitschaft dieser Akteure. Dazu sind manchmal erst »Vorverhandlungen« zu führen. Die therapeutische Aufgabe besteht in erster Linie darin, die innere Kommunikation anzuregen und zu fördern. Die Therapeutin wäre ggf. auch als Moderatorin zu verstehen.

Regression ist durch die »innere Bühne« jederzeit möglich, d. h., sie wird genau genommen überhaupt nicht eingegrenzt. Was aber geschieht, ist, dass die Regression innerhalb der therapeutischen Beziehung eingegrenzt wird.

Freuds ursprüngliches Konzept der Übertragung als Widerstand (Freud, 1912) kommt hier zum Tragen.

Gesunde Regression sollte ein wachstumsfördernder Prozess sein. Wie wir aus der »Neurobiologie der Angst« (Hüther, 1997), aber auch aus alltäglichen Erfahrungen wissen, ist zu viel Angst nicht wachstumsfördernd. Regression, die allzu viel Angst aktiviert, ist daher therapeutisch nicht empfehlenswert. Sie fordert die Therapeuten zu immer mehr Aktivität und Verantwortungsübernahme heraus und macht die Patienten abhängig.

In unserer Arbeit gibt es einen imaginären Aktionsraum zwischen Therapeut und Patientin, in dem sich auch das Übertragungsgeschehen entfalten kann, ohne das Arbeitsbündnis davon tiefer zu stören.

Wenn wir uns schon im Erstgespräch für den ganzen Menschen interessieren, d.h. das Kind oder den Jugendlichen mit seinen altersangemessenen Kompetenzen, dann wirkt sich auch dies antiregressiv aus. In einem nächsten Schritt folgt die Frage: Was hindert das Kind oder den/die Jugendliche an der Verwirklichung seines/ihres Glücks oder gelungener Beziehungen? Und daraus ergibt sich die Erkenntnis, dass Unaufgearbeitetes aus der Vergangenheit diesen Menschen an der Erreichung seiner aktuellen Ziele hindert.

Daraus folgt dann, dass mit der Patientin von heute eine Verabredung getroffen werden kann, gemeinsam an den Problemen der jüngeren Teile in ihr zu arbeiten. Dieses explizit formulierte Angebot halten wir für sehr wichtig, damit die Patientin eine Chance erhält, sich explizit dazu zu äußern. Darüber hinaus erfolgt eine Erklärung, dass frühere kindliche Anteile auf der »inneren Bühne« den Raum erhalten sollen, sich zu zeigen, und dass dort der Ort sein soll, auf dem imaginativ Heilung geschehen soll. Gerade kleinere Kinder verstehen diesen »Gedankenspagat« meist ohne Probleme, wenn wir nicht über die »innere Bühne« reden, sondern diese als Spielbühne im Therapiezimmer aufbauen.

3.14 Die häufigsten Fallen in der Einleitungsphase

1. Rettungsfantasien seitens des Therapeuten und gesteigertes Helfen wirken sich nicht günstig aus und gefährden die Unterstützungshaltung der Elternpersonen, die sich »ausgebootet« fühlen können.
2. Falsch verstandene Abstinenz und die Weigerung, hilfreich beizustehen, ebenso.

3. Eine schulmeisterliche Aktivität ist ebenso ungünstig wie allzu langes Warten, insbesondere wenn Kinder sich durch ausdauerndes Beschäftigen mit Belastendem immer mehr in einen belasteten Zustand hineinmanövrieren.

4. Zu starke Orientierung an einem auf Assoziation ausgerichteten Modell ist ebenso schädlich wie eine streng auf bestimmte Phasenprinzipien gerichtete Haltung.

5. Viel Information am Anfang ist wichtig, sie sollte aber nicht dazu dienen, die Beziehung außer Acht zu lassen. Die Aufrechterhaltung einer tragfähigen therapeutischen (Arbeits-)Beziehung zu allen Beteiligten – Kind (und Familie) – hat immer Vorrang vor jeder anderen Intervention.

6. Viele KollegInnen lassen sich verleiten, zu viel traumatisches Material zu erfragen. Bei der Behandlung von Kindern können und sollten wir auch eine möglichst genaue Anamnese durch die Elternpersonen durchführen. Wir haben so die Chance, auffälliges Verhalten oder psychische Symptome des Kindes besser zu verstehen und gegebenenfalls auch zu erklären, was dem Kind und Umfeld u. U. kurzfristig Entlastung schaffen kann.

7. Es ist notwendig, das Kennenlernen von traumatischen Inhalten zugunsten der Erarbeitung von äußerer und innerer Sicherheit der Patientin zurückzustellen. Diese sollte immer Vorrang haben!

8. Die Schutzmechanismen der Patienten werden oft zu früh infrage gestellt. Wichtig ist, diese zu würdigen und dann behutsam ihren Wert im aktuellen Leben kritisch zu überprüfen (z. B. aggressive Ausbrüche, selbstverletzendes oder rückzügiges Verhalten).

9. Fischer beschreibt Verhalten, das sich entwickelt(e), um das Ich vor Überflutung mit traumatischem Material zu verhindern, als traumakompensatorisches Schema. Er rät, dieses Schema zunächst zu würdigen und – soweit vertretbar – zu fördern. Handelt es sich um selbstschädigendes Verhalten, kann man darauf hinarbeiten, es durch funktionaleres zu ersetzen. Keinesfalls sollte man vor Festigung traumakompensatorischer Fähigkeiten das Trauma bearbeiten wollen (Fischer, a. a. O.).

3.15 Therapieevaluation: Welche Ziele habe ich erreicht?

Bei Kindern und Jugendlichen hat sich gezeigt, dass eine Visualisierung der bisher erreichten Ziele, wie eine »Fieberkurve« in der somatischen Medizin, im Behandlungsverlauf im Sinne des Kontinuitätserlebens zur Orientierung und Überprüfung der geleisteten (psychischen) Arbeit im Prozess sinnvoll ist. Dazu erstellen wir mit den Patienten, nachdem die Therapieziele erarbeitet wurden, ein Diagramm, in dem die subjektive Beeinträchtigung durch die beiden wichtigsten Zielsymptome gegen die Zeit aufgetragen werden kann. Im Laufe der Behandlung können so Therapeutin und Therapeut die erreichten Ziele verfolgen, und es entsteht so noch ein weiterer Verstärkereffekt, den Kinder gerne annehmen. Diese Art der »Buchführung« gibt den jüngeren Patienten zusätzlich ein Gefühl der Kontrolle über die Therapievorgänge. Der Therapeut hat so die Möglichkeit zu überprüfen, ob er an den Bedürfnissen des Kindes immer noch »nah dran« ist. Die Ziele können sich im Laufe der Therapie natürlich wandeln. Wenn beispielsweise intrusives Erleben am Anfang am meisten »nervt«, so kann nach Symptomberuhigung die Beziehungsebene plötzlich mehr Bedeutung erlangen, und Konflikte rund um die »Ausraster« können zu einem zentralen Behandlungsthema werden. Wir sollten uns aber nicht rigide an diesen Verlaufsbögen festklammern. Sie dienen mehr einer groben Orientierung für Patientin, Familie und Therapeutin.

3.16 Zusammenfassung: Vorgehen in der Einleitungsphase

- Seien Sie freundlich und zugewandt und denken Sie daran, dass jede Therapie von einer hilfreichen Beziehung für den Patienten und seine belastete Familie lebt.
- Fühlen Sie sich für die Beziehung verantwortlich und Bedenken Sie die Verantwortlichkeitsgefühle des Kindes für die Eltern: Identifizieren Sie sich also probehalber auch mit den Fürsorgeimpulsen des Kindes für seine Eltern.

- Klären Sie den Auftrag der Patientin/des Patienten und der Eltern (bei jüngeren Patienten) an Sie explizit und frühestmöglich.
- Erklären Sie möglichst Kind/Jugendlichen und Eltern/Familie das Vorgehen, die Konzeption und alle unten genannten Ausführungen.
- Erheben Sie die Anamnese mit dem Kind oder Jugendlichen, ohne Belastungen zu fokussieren oder durch Betonung schwieriger Themen zu belasten. Traumatische biografische Erlebnisse gehören in das Elterngespräch, unter Ausschluss des Kindes. Sagen Sie dem Kind aber, dass Sie die Eltern zu den schlimmen Dingen befragen wollen, ohne das Kind ausschließen zu wollen. Sie wollen ihm lediglich Stress ersparen.
- Erheben Sie parallel zur Problemanamnese auch die »Freudebiografie« (Kast, 1994) und fragen Sie Patient und Umfeld, was dem Patienten geholfen hat, schwierige Situationen zu überstehen.
- Führen Sie, falls erforderlich, sofort eine Distanzierungstechnik (Affektregler, Tresor, innerer Beobachter) ein.
- Verstärken Sie Ressourcen durch Würdigung derselben.
- Erklären Sie, warum Sie ressourcenorientiert arbeiten.
- Klären Sie die Entwicklungsziele des Kindes/Jugendlichen von heute.

Daraus ergeben sich die Therapieziele:

- Stellen Sie einen Zusammenhang zwischen Auftrag/Zielen, Beschwerden und Lösungsmöglichkeiten frühestmöglich her.
- Regen Sie die Fähigkeit zur Selbstbeobachtung an, dazu gehört insbesondere das Wahrnehmen von Erfreulichem (Zufriedenheits- oder Freudetagebuch).
- Erarbeiten Sie mit dem Kind möglichst schon in der ersten Sitzung, welche Möglichkeiten der Selbstberuhigung es einsetzen kann. Bitten Sie Schulkinder und Jugendliche, dass sie sich das auf einen Zettel schreiben, den sie immer bei sich führen.
- Schlagen Sie ressourcenorientierte Selbstbeobachtungen vor (z.B. »Bitte achte bis zu unserem nächsten Termin auf alles, was dir guttut, und notiere es (lassen Sie bei Kindern bis zur Adoleszenz die Eltern mit dem Kind gemeinsam notieren).
- Erbitten Sie Rückmeldungen.
- Erklären Sie das gesamte Therapieprozedere.

- Greifen Sie positive Sprachbilder der Patientin auf.

- Regen Sie, wenn die Sprachbilder negativ sind, zu innerem Pendeln zwischen negativen Bildern und entsprechenden Gegenbildern an.

- Führen Sie gegebenenfalls die eine oder andere Imaginationsübung ein. (S. dazu: »Imagination als heilsame Kraft«).

- Erklären Sie das Prinzip »innere Bühne« und die Betonung der Arbeitsbeziehung und bitten Sie um Einverständnis zu dieser Arbeit.

- Führen Sie die Arbeit mit dem inneren jüngeren Kind bzw. jüngeren Ich (ggf. erklärend) ein.

- Regen Sie so früh wie möglich an, dass sich die (auch die noch sehr junge!) Patientin ihre »innere Weisheit« bewusst macht. Eigene effiziente Lösungsstrategien im Umgang mit dem Schrecken sind hier ein gutes Beispiel. Jeder Patient hat sich schon vor der Therapie um Lösungen bemüht, die aber nicht alle optimal sind, weswegen wir hinzugerufen wurden.

- Achten Sie darauf, dass die Arbeitsbeziehung erhalten bleibt. Klären Sie Übertragungsmanifestationen negativer oder idealisierender Art immer sofort und seien Sie bemüht, wieder auf die Ebene der Arbeitsbeziehung zu gelangen.

- Finden Sie Gelegenheiten, miteinander zu lachen. Lachen ist vielleicht nicht immer die beste Medizin, aber eine der wirksamsten. Auch Gähnen ist erlaubt und führt zu einer spontanen Entlastung.

4. Die Stabilisierungsphase

Lass den Tag nicht verstreichen
ohne ihm ein großes oder kleines Geheimnis abzuringen.

J. R. Jimenez

Stabilisierung als Prinzip sollte bei der ersten Kontaktaufnahme beginnen, d. h., das hier Beschriebene ist wiederum vernetzt mit dem bereits Ausgeführten. Die Themen Sicherheit und Schuld spielen gerade in der Stabilisierungsphase zu Beginn eine wichtige Rolle bei Kindern und Jugendlichen. Vielfach ergeben sich gerade bei Kindern besonders erfolgreiche Behandlungsmöglichkeiten aus einer intensiven Stabilisierungsarbeit. Erklärende, vermittelnde Gespräche mit psychoedukativen Elementen mit Bezugspersonen und Kind helfen und haben oft erhebliche absorptive Funktionen, was zu einer deutlichen Reduktion der belastenden Symptomatik führen kann. Wir ermitteln so auch das aktuelle Sicherheitsempfinden in der Realität des Kindes und können gemeinsam schauen, wie sich das Kind in Zukunft noch sicherer fühlen kann. Wenn Kind, Eltern und Therapeutin gemeinsam die Intention formulieren, die kindlichen Seelenwunden gut zu versorgen, hat das u. E. bereits heilsame Wirkung, aber es muss eben offen ausgesprochen werden. Schuldgefühle bei Kind *und Eltern* können frühzeitig herausgearbeitet und gegebenenfalls relativiert werden. Sie sind z. T. schwerwiegender als z. B. intrusive Erinnerungen oder Dissoziationen. Distanzierungsübungen bei Kindern ab einer Sprachfähigkeit, die etwa im Alter von vier bis fünf Jahren bei den meisten normal entwickelten Kindern gegeben ist, sowie die Förderung von neuen und vorhandenen Ressourcen führen meist zu einer erheblichen Symptombesserung. Als belastend bewertete Intrusionen treten nach diesen Interventionen gerade bei kleineren Kindern deutlich in den Hintergrund der Symptomatik. Wichtig ist, die Intervention an das jeweilige Alter anzupassen. Bei den jüngsten Patienten hat es sich bewährt, Schuldgefühle »stellvertretend« über die anwesenden Eltern anzusprechen und im gemeinsamen Spiel mit den Eltern Selbstheilungskräfte anzuregen oder zu verstärken. Viele Kinder verfügen über das rechte »Gefühl« und auch über einen »inneren Heiler«, den sie gelegentlich selbst im Spiel ansprechen.

Fallbeispiel für die Arbeit mit Schuldgefühlen:
Maurice (drei Jahre) hat erlebt, wie sein kleiner Bruder bei einem Unfall schwer verletzt wurde, den er durch sein »Spiel« ausgelöst hat. Der Vater konnte den Bruder erfolgreich reanimieren, es kam zum Einsatz eines Rettungshubschraubers. Maurice habe sich gleich in einer Ecke »verkrochen«. Die Eltern werfen sich Unachtsamkeit vor und leiden unter heftigen Schuldgefühlen. Die Mutter entwickelte Symptome im Sinne einer Posttraumatischen Belastungsstörung. Die Eltern können sich gut gegenseitig stützen, Freunde und Verwandte sind hilfreich. Eine genaue Anamnese, bei der auf mögliche Schuldzuweisungen besonders geachtet wird, ergibt, dass der Vater am Folgetag nach dem Ereignis sagte: »Du darfst mit dem Rasenmäher doch nicht spielen!« Der 1-jährige Bruder Tim ist nach einigen Wochen Krankenhausaufenthalt glücklicherweise vollständig körperlich wiederhergestellt.
Maurice leidet seit Monaten unter extremer motorischer Unruhe, Schlafstörungen, aggressiven Impulsdurchbrüchen und verliert sich in ungerichtetem Tätigkeitsdrang. Er zeigt sich ständig besorgt um Tim, lässt ihn nicht aus dem Auge. Im Krankenhaus wollte er ihn oft nicht besuchen. Im Kindergarten fällt auf, dass er sich von anderen zurückzieht und nur noch wenig spielt. Bei den ersten Vorstellungen wirkt der Junge gequält. Wir sind in einer Behandlungsstunde, in der Mutter und Vater mit dem Therapeuten am Tisch sitzen. Maurice hockt daneben und spielt sichtbar vertieft mit Bausteinen.
Th.: Sie haben erzählt, dass Sie M. gesagt haben, er solle nicht mit der Maschine spielen. Könnte es sein, dass Ihre eigene Verzweiflung Grund dafür gewesen ist, Maurice das zu sagen? (Anm.: Schuldgefühle, die der Vater an das Kind delegiert hat, werden angesprochen, ohne das zu bewerten. Der Vater hat so die Chance, selbst zu erkennen, er wird nicht in Gegenwart des Kindes herabgewürdigt.)
Vt.: Ja, es war vielleicht falsch, Maurice das zu sagen, er konnte ja nichts dafür.
Th.: Die Schuldgefühle, die alle in der Familie haben, sind, glaube ich, unerträglich. Maurice zeigt mit seiner Sorge um Tim, dass er Angst um

ihn hat, aber vielleicht auch, dass er ein guter Junge sein will. Nicht mehr »böse« (...). (Der Therapeut erklärt den Eltern in Gegenwart des Kindes kurz etwas über den archaischen Schuldbegriff, den ein Kind dieses Alters hat, schmückt es mit Beispielen.) (M. schaut zwischendurch zu den Erwachsenen auf und wirkt dann kurz sehr aufmerksam und am Thema interessiert.)

Mt.: Ja, er ist total lieb zu ihm, ich sage ihm manchmal, dass er sich keine Sorgen um Tim machen muss. Es ist doch alles vorbei!

Th.: Das ist gut, dass Sie M. das gesagt haben, sagen Sie M. das immer wieder (M. unterbricht kurz sein Spiel und schaut wieder auf). Aber es ist auch gut, dass sich M. um Tim kümmert, so kann er für seinen kleinen Bruder auch etwas tun (der Pat. schaut wieder kurz auf in die Runde).

Vt.: So habe ich das noch gar nicht gesehen. Dass sich M. vielleicht wirklich Vorwürfe macht. (M. setzt sich auf den Schoß des Vaters, sagt nichts und schaut den Therapeuten an.)

Th.: Niemand von Ihnen hat Schuld oder war böse. Dinge passieren nun einmal, und es ist unser Glück, dass es meistens gut geht, wir alle machen Fehler – so ist das Leben, aber wir sind nicht automatisch schuld. Vielleicht verantwortlich. Manchmal halten es Eltern einfach nicht aus, die Verantwortung für Sachen zu übernehmen, wenn sie einmal nicht aufgepasst haben. Das ist aber auch normal. Aber Kinder sind nicht schuld, wenn schlimme Dinge passieren. (Anm.: Eine »Ent-Schuldigung« des gesamten Familiensystems durch den Therapeuten entlastet dieses in der Regel erheblich und führt mitunter zu spontaner Symptomreduktion beim Kind.)

Im Kapitel 5 (Vorgehen bei der ungeplanten Begegnung mit traumaassoziiertem Erlebnismaterial) wird an den Fallbeispielen Dominik (S. 241 ff.) und Mara deutlich, wie wir durch die Intervention bei unkontrollierten traumatischen Reinszenierungen das Kind in Kooperation mit dem sozialen Umfeld stabilisieren können und möglicherweise auch durch ein geeignetes Vorgehen gleichzeitig rekonstruktiv-assoziative Prozesse induzieren. Insgesamt lässt sich aus der klinischen Erfahrung heraus sagen, dass gerade bei Kindern und Jugendlichen noch einmal mehr die Bedeutung von stabilisierenden Maßnahmen nicht hoch genug eingeschätzt werden kann. So wird wiederum Stress, der bei einer Konfrontation immer entsteht, vermieden. Das soziale Umfeld sollte in das Symptomverständnis und die (Übungs-)Maßnahmen integriert werden. Dies gilt im Besonderen auch für die Kinder und Jugendlichen, die in Einrichtungen der öffentlichen Jugendhilfe untergebracht worden sind. Führen Symptome, (dissoziale) Verhaltensweisen dazu, dass neuerlich (traumatische) Trennungen daraus resultieren, weil ein Kind in einer Einrichtung nicht mehr »haltbar« ist, sich oder andere gefährdet, ist diese Kooperation noch einmal wichtiger. Die Mitarbeiter einer pädagogischen Wohngruppe sollten sich in Kooperation mit der Traumatherapeutin mit dem Kind oder Jugendlichen »von heute« verbünden, um inadäquate Verhaltensweisen, Fehlwahrnehmungen des »jüngeren« Kindes im sozialen Kontext gemeinsam auszuloten, um so dissoziative Zustände und Intrusionen beim Kind zu vermeiden, Frühwarnsysteme und Hilfepläne zu entwickeln und so für alle Beteiligten Stress zu reduzieren.

Sorgfältig eingesetzte Stabilisierungsarbeit kann bei älteren Jugendlichen auch helfen, sich innerlich stärker zu fühlen und sich dadurch auch eher zuzutrauen, sich von den sie – immer noch – schädigenden Menschen zu distanzieren und in einer Situation unklarer sozialer Verhältnisse eigene Bedürfnisse nach Sicherheit und Wahrung der persönlichen Integrität offen zu artikulieren und gegebenenfalls auch mit Unterstützung bereits eingeschalteter öffentlicher Kinder- und Jugendhilfemitarbeiter umsetzen zu lassen.

4.1 Äußere Sicherheit

4.1.1 Allgemeine Aspekte

Für ein Traumaopfer ist die erste Voraussetzung für den Heilungsprozess in der Regel die Herstellung einer sicheren Umgebung. Begegnet uns ein Kind, welches durch die realen Lebensumstände weiterhin bedroht ist, so müssen wir nach Möglichkeit zunächst Sicherheit in der Realität herstellen helfen.

Anhaltender Täterkontakt macht nutzbringende Therapie zunichte. Kinder haben aufgrund ihrer Unreife nicht die notwendigen autonomen Funktionen, sich effektiv von einem Täter aus dem familiären Umfeld zu distanzieren. Hat der erwachsene Patient letztlich die freie Entscheidungsgewalt, so sind Kinder (auch juristisch) abhängig. Bevor nicht z. B. geeignete familienrechtliche Schritte zum Schutz des Kindeswohles eingeleitet wurden, kann eine Therapie im engeren Sinne nicht funktionieren. Gelegentlich begegnen uns in der Therapie Kinder von Müttern, die den Mut haben, der Gewalttätigkeit des Partners zu trotzen und in kleinen Schritten einen Weg aus der Gewaltfalle zu suchen. Wenn vonseiten eines Verantwortlichen im Umfeld des Kindes der Entschluss und eine Chance zur Schaffung sicherer Lebensverhältnisse ohne zu erwartende gewaltsame emotionale oder tätliche Übergriffe gegen das Kind oder seine Umgebung gegeben ist, kann u. U. eine therapeutische Maßnahme eingeleitet werden. Die Grenze der Möglichkeiten muss dem Kind und den Bezugspersonen aber klar erläutert werden, um zu hoch gesteckte Erwartungen zu vermeiden.

Es ist wichtig, die möglicherweise weiterhin irrational wahrgenommene Bedrohung des Kindes zu ermitteln und ihm die Sicherheit in der Realität zu erläutern. Entscheidend für das psychische Befinden des Kindes ist dessen persönliche Einschätzung der Gesamtsituation. Fühlt sich das Kind beispielsweise nach einer Wegweisung eines mutmaßlich gewalttätigen Stiefvaters durch die Sicherungsmaßnahmen nicht ausreichend geschützt, so bedarf das Sicherheitsempfinden des Kindes sowohl immer der konkreten Nachfrage als auch einer für das Kind nachvollziehbaren Erklärung effizienter Sicherungsmaßnahmen.

Während eine Traumakonfrontation vor der Herstellung verlässlicher äußerer Sicherheit auf jeden Fall kontraindiziert ist, kann die sorgfältig eingesetzte Stabilisierungsarbeit den Kindern und Jugendlichen schon helfen, sich innerlich stärker zu fühlen und sich dadurch auch eher zuzutrauen, sich von den sie – immer noch – schädigenden Menschen innerlich zu distanzieren. Egal, welche Gewalt Kindern durch Elternpersonen angetan wurde: Wir wollen bedenken, dass die Liebe des Kindes zu den primären Bezugspersonen tief verankert ist und meist zumindest latente Reste guter Erfahrung und positiver innerer Bilder zum missbräuchlichen Elternteil vorhanden sind. Diese sollten wir aktiv ansprechen und würdigen. So kann das Kind bei Trennungen von diesen Elternpersonen auch um den Verlust trauern. Bei Geschwistersystemen ist es wichtig zu unterscheiden. Viele Kinder können belastet sein durch Gewalt der Eltern, aber nur eines ist beispielsweise i.e.S. traumatisiert. Der Entwicklungsstand des einzelnen Kindes bei den Ereignissen und die intrafamiliäre Beziehungsdynamik – individuelle Delegationen, Projektionen, Identifikationen – müssen differenziert betrachtet werden.

In Zusammenhang einer realen Trennung von Bezugspersonen oder nahendem Verlust sind gelegentlich Gespräche und Spiel- sowie Gestaltungssequenzen mit dem Thema der Sehnsucht der PatientInnen nach »guter Beelterung« und Vorstellungen von »idealen«, immer bedürfnisbefriedigenden Elternpersonen sinnvoll. Der Therapeut begibt sich allerdings in eine schwierige Situation, wenn solche Bemühungen in einer Situation initiiert werden, in der nicht ganz sicher ist, dass beispielsweise die Wegweisung des gewalttätigen Stiefvaters durch juristische/polizeiliche Maßnahmen in absehbarer Zeit sichergestellt ist. Ein Aufbrechen der Abwehr der Gefühle der eigenen Fürsorgebedürftigkeit destabilisiert das Kind, wenn an den äußeren Verhältnissen keine Veränderung in Richtung besserer Versorgung zu erkennen ist. Destabilisierende regressive Entwicklungen können die Folge sein.

Besteht weiter ungeschützter Täterkontakt im häuslichen Umfeld, so muss eher von einer Behandlung abgeraten und zu begleitenden Jugendhilfemaßnahmen geraten werden, die einen Schritt zu mehr realer Sicherheit des Kindes in Zukunft bewirken können. Die bisher geschilderten Zusammenhänge treffen für Kinder bis zum Alter der fortgeschrittenen Adoleszenz zu.

Bei älteren, jugendlichen Patienten mit einer hohen Eigenmotivation für eine Therapie stellt sich die Situation anders dar. Betrachten wir z.B. eine emotional missbräuchliche häusliche Situation. Die Patientin scheint sehr in belastende Beziehungen verstrickt zu sein. Es fällt auf, dass belastende Beziehungserfahrungen ursächlich mit der Symptomatik zusammenhängen. Ein »Täterkontakt« kann aus der abhängigen Situation der Patientin heraus z.Zt. nicht vermieden werden, und eine Behandlung, die über stabilisierende Maßnahmen hinausgeht, erscheint zunächst unmöglich. Ein längerer gemeinsamer Weg ist hier vonnöten, um dem Jugendlichen zu einer ausreichenden Autonomie zu verhelfen. Geeignete Jugendhilfemaßnahmen, z.B. im Sinne einer stationären Hilfemaßnahme in einer Jugendwohngemeinschaft, können dann (möglichst mit Unterstützung der Eltern/eines Elternteiles, ihrer »funktionalen Elternanteile«) beantragt werden. Im

Verlauf kann es sein, dass sich der Patient Situationen aussetzt, in denen es zu vom Patienten initiierten belastenden Begegnungen und retraumatisierenden Szenen mit Elternpersonen kommt, die mit der Therapeutin kritisch bearbeitet werden können.

Die Frage »Wer kann keinen Abstand halten, du oder dein jüngeres inneres Kind?« führt nach längerem Leben in neuen sozialen Bezügen häufig zu der Antwort »Das jüngere Kind, ich finde es sogar dumm, dass ich den Kontakt halte«. Damit besteht dann wiederum ein Ansatz für die Arbeit mit dem inneren jüngeren Kind (s. u.).

Es sollte in Betracht gezogen werden, dass eine länger dauernde stabile und haltgebende therapeutische Beziehung erst einmal aufgebaut werden muss als ein gewisses Gegengewicht zu den schädigenden, aber doch auch bedeutsamen Beziehungen (Reddemann, Wöller, Kruse, 2005). Die durch das Wiedererleben traumatischer Affekte im Alltag aktivierten Verlassenheitsängste führen dazu, dass Traumaopfer sich an Personen binden, die ihnen Nähe und Geborgenheit anzubieten scheinen; in diesem Fall können sogar gewaltsame Handlungen toleriert werden. In vielen Fällen wird Leiden bewusst in Kauf genommen, da nur so ein Gefühl von Nähe, Geborgenheit und Heimat möglich ist. Verschiedentlich ist auf den Aspekt hingewiesen worden, dass das Sicherheitsgefühl auf das Bekannte, das Vertraute angewiesen ist, auch wenn dieses Gewalt, Chaos und Betrug bedeutet. Reviktimisierungen geschehen oft in einem Umfeld, in dem die Bereitschaft dazu schon angelegt ist. Gerade ein solches Umfeld vermittelt die Nähe zum Elternhaus und erfüllt das Bedürfnis, auch in einer gewaltsamen Umgebung Vertrautes, Bekanntes wiederzufinden. In einer missbräuchlichen Beziehung selbst kann Nähe nur in Verbindung mit Gewalterfahrung erlebt worden sein. Schmerz und Leiden werden dann besonders gesucht, wenn sie über eine Assoziation mit »Mutter« oder »Vater« oder über das Gefühl des Bekannten und Vertrauten indirekt ein Gefühl von Geborgenheit, Sicherheit und Heimat vermitteln. Manchmal sind ja leider die Schädiger die einzigen Menschen, zu denen ein emotionaler Kontakt besteht. Das gilt für jugendliche Patienten genauso wie für erwachsene. Solche Umstände sollte die Therapeutin allerdings nicht – allzu lange – dazu verführen, sich für die Retterin der Patientin zu halten. Nur die Patientin selbst kann sich retten – vorausgesetzt, sie will es wenigstens ein wenig. Sozialpsychiatrische Interventionen wie beispielsweise geeignete Jugendhilfemaßnahmen als Lösungsmöglichkeiten sollten gegebenenfalls auch von der Therapeutin selbst zur Sprache gebracht werden. Ältere Jugendliche wissen meist nichts über Hilfemöglichkeiten. Allerdings forciert die Therapeutin damit einen Loyalitätskonflikt mit den Bezugspersonen, eine weitsichtige Abwägung der »Güter« Kindeswohl versus Erhalt (partiell Stabilität gewährender) familiärer Strukturen muss dann vorgenommen werden.

Der Loyalitätskonflikt, der durch ein »gutes Objekt« in der Therapie entwickelt wird, könnte einen Jugendlichen auf unheilvolle Art und Weise einer inneren Zerreißprobe aussetzen, bei der Erwartungen an die Therapeutin wachgerufen werden, der diese nicht gerecht werden kann. Deshalb gilt, dass in der Regel im Vorfeld einer Behandlung zunächst durch Jugendamt und Familiengericht Verhältnisse in stark von Gewalt gekennzeichneten familiären Beziehungen hergestellt wurden, die eine Arbeit im sicheren sozialen Umfeld ermöglicht.

Bei allen Patienten ist aber dennoch mit den inneren Anteilen umzugehen, die immer wieder den Kontakt zu Täterpersonen wünschen.

In diesem Zusammenhang bewähren sich wiederum Gespräche über die Sehnsucht der Patientin nach »guter Beelterung« und Vorstellungen von »idealen, immer bedürfnisbefriedigenden Wesen« besonders.

4.1.2 Äußere Sicherheit – Besondere Aspekte bei Säuglingen und Kleinkindern

Bei der Betreuung von Säuglingen und Kleinkindern bis zu einem Alter von etwa einem Jahr steht die Arbeit mit den primären Bezugspersonen im Mittelpunkt. Zeigen Kinder die in Kapitel 2.4.4 beschriebenen Symptome im Sinne einer chronischen Extremstresserfahrung, so sind die Maßnahmen darauf ausgerichtet, der »sichtbaren« Bedürfnislage des Kindes empathisch und wachsam zu folgen: aufmerksame körperliche Nähe, ausgewogene Ernährung, ausreichend Ruhe usw. Gerade in diesem Entwicklungsalter gehen wir davon aus, dass eine direkte Behandlung von Kindern in Zukunft möglicherweise viel mehr in Kooperation zwischen Elternpersonen und traumapsychologisch orientierten Therapeuten mit körperorientierten und physiotherapeutischen Konzepten ausgerichtet sein sollte. Die Behandlung von körperlichen Folgen der seelischen Schwerverletzung hätte hier eine andere Bedeutung, da die Sprache als heilsames, vermittelndes Behandlungsinstrument nur lautierend, lautmalerisch Einsatz finden kann. Sich sprichwörtlich in »die Hände von jemandem zu begeben« heißt, sich in Sicherheit wiegen in der Nähe eines anderen. Die Bedeutung von *Händen* der Menschen um das kleine Wesen herum kann mächtig destruktiv, aber auch umgekehrt mächtig beruhigend und heilsam sein. Die Erkenntnisse von Mosetter und Mosetter (2005) und ihr physiotherapeutischer Behandlungsansatz zur Behandlung von typischen Muskelverspannungen bei Traumatisierungen bei erwachsenen Patienten sind Beispiel für ein »psychosomatisches« Verständnis von Trauma. Für Säuglinge und Kinder müssten Konzepte weiter entlang einer Entwicklungspsychobiologie angepasst werden.

Wir empfehlen Eltern weiterhin, sich an für diese Altersstufe konzeptualisierten Eltern-Säuglings- und Kleinkind-Beratungsstellen oder kinderpsychosomatische Ambulanzen zu wenden (s. a. Kapitel 1.2).

4.2   Psychoedukation

Psychoedukation hat in der Behandlung posttraumatischer Störungsbilder einen festen Platz. Unsere klinische Erfahrung hat uns gezeigt, dass die Behandlungsverläufe unkomplizierter werden, wenn wir eine einleitende Phase der Psychoedukation vorsehen.

Es geht darum, die PatientInnen und die Familie sowie das weitere soziale Umfeld über Trauma, Trauma-Coping und Traumafolgen zu informieren. Dies führt zu einem besseren Verständnis der oft bizarr erscheinenden Verhaltensweisen für die Patientin, d. h. zu einer verbesserten Selbstakzeptanz (Reddemann und Dehner-Rau, 2004).

Psychodynamisch arbeitende TherapeutInnen sollten lernen abzuwägen, ob es Zeit für Psychoedukation ist oder für eine Deutung oder andere Interventionen. Psychoedukation kann minimal direktiv sein, indem man z. B. anregt, dass sich die Patientin an frühere Lösungen erinnert, in jedem Fall erfordert sie aktiveres Handeln des Therapeuten, als Psychodynamiker es gewohnt sind.

Bitte bedenken Sie immer, dass letztlich die Patientin oder der Patient entscheidet, was für sie oder ihn stimmt, d. h., wir ermutigen die PatientInnen zur Meisterschaft im Umgang mit sich selbst. Wir wollen hier ein Beispiel bringen, wie man Kindern, die über entsprechende kognitive Funktionen und eine Auffassungsgabe verfügen, Sachverhalte nahebringt.

Zu Beginn ist es wichtig, mit dem Kind ein wenig über psychische Vorgänge allgemein zu sprechen. Es hat sich bewährt, Eltern und Kind zusammen zu informieren. Die Eltern werden eingeladen, unsere Erklärungen gegebenenfalls auszukleiden oder zu unterbrechen, wenn sie denken, dass wir ihr Kind gerade überfordern. Auch das Kind wird ermuntert, zu jedem Zeitpunkt zu unterbrechen, um etwas zu fragen oder anzumerken. Die Inhalte sollten auf zwei bis vier Stunden verteilt angeboten werden, um das Kind nicht zu überfordern. Pausen in den Stunden, in denen mit kleineren Kindern die Inhalte bildnerisch verarbeitet werden können, sind ebenfalls sinnvoll. Fragen Sie das Kind immer wieder zwischendurch, ob es die Dinge verstehen könne, es sei ja ganz schön viel, was es über sich lernen könne, und es eilt nicht. Auch nächste Stunde können wir weitermachen. Wir sollten dem Kind und den Eltern darstellen, warum wir alles gründlich erklären wollen.

Was wird da eigentlich verletzt? Psyche, Seele, psychischer Apparat. Wir fragen das Kind zunächst, ob es selbst dazu eine Vorstellung hat. Hier das Beispiel einer 4-jährigen Patientin, der wir versuchen zu erklären, was die Psyche ist:

Th: Weißt du, was die Seele oder die Psyche ist?
Pat.: Nö, weiß ich nicht.
Th.: Na, dann will ich mal versuchen, dir das ein bisschen zu erklären. Aber das ist nicht einfach, weil die Erwachsenen das nämlich auch nicht so genau wissen. Die Seele könnte im Kopf sein, aber wohl nicht ganz nur da. Das Gehirn, das ist wie ein Computer im Kopf, mit dem machst du dir deine Gedanken, und er sagt auch, was der Körper tun soll – dieser Computer im Kopf, das ist bestimmt ein wichtiger Teil der Psyche oder Seele. O. k. – Warst du heute schon mal froh?
Pat.: Ja, als Mama mir mein Lieblingskleid angezogen hat, als wir zu dir gefahren sind!
Th.: Das ist ja schön. – Hast du auch jemanden lieb?
Pat.: Ja, Mama und Papa und Strolchi, unseren Hund!
Th.: Guck mal: und ich denke, wenn wir froh sind oder jemanden

lieb haben oder traurig sind, dann ist das die Sprache der Seele. Genau wissen wir das aber nicht, wir können ja in den Kopf und so nicht einfach reinschauen! Weißt du jetzt vielleicht ein bisschen mehr, was die Seele ist?

Pat.: (nickt)

Wir können das Kind dann noch fragen, ob ihm noch Beispiele für Gefühle einfallen, das Kind anregen, die Seele zu malen oder zu zeichnen.

Jetzt können wir mit dem Kind auch über die Dinge sprechen, die einer Seele passieren können, fangen wir mit schönen Dingen an: ein schönes Geschenk, eine schöne Begegnung – das macht der Seele Freude. Aber es gibt ja auch die anderen Seiten: ein schlimmer Streit mit einem Freund, das kann sehr ärgerlich machen. Oder wenn wir etwas verlieren – das kann traurig machen. Aber was noch viel schlimmer ist: wenn die Seele verletzt wird. Wie so eine Verletzung aussehen kann, was das ist und wie wir mögliche Folgen, mit denen das Kind sich bereits abmüht, erklären können, das erläutern wir nun.

Hier nun ein Beispiel für eine Erklärung zum Begriff der traumatischen Situation. Dem Kind hilft es, wenn wir nach traumatischen Ereignissen mit ihm gemeinsam versuchen zu erfassen, welches unsägliche Leid das Kind zu tragen hat, ohne es dabei überwältigenden Gefühlen auszusetzen. Authentisches Mitgefühl von einer starken Position aus hilft. Hierbei ist es wichtig, nicht »in die Tiefe« der *wirklichen* Ereignisschilderung zu gehen.

Wir sollten uns mehr im Allgemeinen aufhalten und die *Wirkungen* der Ereignisse im Kind zur Sprache bringen und was wir tun können. Zu große Nähe zum Traumathema kann wiederum überwältigende Erinnerungen wecken.

Nun die Beispielerklärung für eine traumatische Situation:

Stell dir bitte mal ein Kaninchen vor, das gerade von einer Katze verfolgt wird. Das Kaninchen kann sich gerade noch in einen Winkel zwischen zwei Steinen retten. Die Katze kann nicht an das Kaninchen ran, aber die Tatze der Katze tanzt die ganze Zeit vor den Augen des Kaninchens hin und her. Das Kaninchen sitzt in einer Falle: es kann weder weglaufen, noch kann es kämpfen und sich wehren. So eine

Situation, die nennt man eine traumatische Situation – wenn ganz große Gefahr da ist und man kann absolut gar nichts mehr machen und hat riesige Angst. Man könnte das auch »Nichts-geht-mehr-Situation« nennen. Menschen kann es auch so gehen, wenn sie zuschauen müssen, wie anderen Leid widerfährt. Wir fühlen ja mit anderen mit, und da kann es für Menschen manchmal genauso schlimm sein, wenn sie mit zusehen müssen. Das wäre so, als müsste der Bruder von dem Kaninchen vom Kaninchenbau aus zusehen und Angst um seinen Bruder haben, der gerade von der Katze gejagt wird. Da ist das Herzchen vom Kaninchen und seinem Bruder wie schockgefroren: nichts geht mehr, Wut und vor allem die Tränen sind dann wie in Angst eingefroren.

Die in diesem Abschnitt geschilderten Erläuterungen für Kinder richten sich zunächst an die Kleinsten: Diejenigen, die gerade erst gelernt haben, sicher mit der Sprache umzugehen und in kleinem Umfang intellektuelle Fähigkeiten entwickelt haben, um die Welt mit dem Verstand zu verstehen. In jüngerem Alter ist es am schwersten, dem Kind die Dinge zu erklären. Die Beispiele sind grundsätzlich auch für ältere Kinder geeignet, müssen dann entsprechend in einer anderen Sprache gehalten werden. Fragen Sie das Kind immer erst, was es selbst für Vorstellungen zu den Themen hat!

Ein Kind, das seelisch schwer verletzt wurde, leidet noch einmal mehr unter den schwer beschreibbaren Wirkungen von Extremstress. Es hat sich gezeigt, dass es hilft, wenn man erst einmal versteht, wieso Seele und Körper auf den Stress so reagieren. Gerade Kinder sind dankbar, wenn sie aus dem Unverständnis für die veränderten inneren Vorgänge im Körper und der Seele befreit werden. Sie wollen endlich wissen, was mit ihnen los ist. Ältere Kinder fragen sich: Sind sie jetzt verrückt? Warum sind sie offenkundig anders als andere Kinder? Kindergarten- und noch kleinere Kinder erschrecken nur noch immer mehr, wenn sie von dem Horror des Traumas während Intrusionen verfolgt werden und keinen Ausdruck für die Vorgänge haben. Für sie mag das Trauma nicht einmal wirklich zu Ende sein, ihr Begriff von der Zeit bedeutet vielleicht sogar, dass die schlimmen Bilder immer noch der Realität entsprechen.

Es ist also von großer Bedeutung, mit den Kindern zu versuchen zu reden. Ein aufklärendes Gespräch über die möglichen Folgen einer Schwerverletzung hat noch keinem Kind geschadet. Ungewohnt für tiefenpsychologisch arbeitende Kollegen sind die vielen Worte, die wir sprechen. Manche Kinder greifen spontan Inhalte auf und assoziieren sie mit den eigenen Erlebnissen, der Therapeut sollte aber auch gezielt danach fragen. Hier nun eine weitere Erklärungssequenz zur Symptomatik i. S. typischer Traumafolgen.

Wir zeichnen für das Kind (hier die 6-jährige Anna) ein Bild:

Stell dir vor, dein Gehirn besteht aus drei Schalen, wie eine Zwiebel aus Schalen besteht! Und in der Mitte, hier, das ist unser »altes« Gehirn, das funktioniert ganz so wie z. B. bei Eidechsen, deswegen sagen einige Leute auch Reptiliengehirn dazu. Damit befiehlt das Gehirn dem Körper auch, wie er funktionieren soll, wenn der Mensch totale Angst hat und in Gefahr ist. Im mittleren Gehirn, da sind die Gefühle und Erinnerungen. Und hier, außen – da sind die »grauen Zellen«, das ist der Teil von unserem Gehirn, mit dem wir schwierige Sachen denken: z. B., wie man einen Schlüssel ins Schloss bekommt oder ein Fahrrad repariert oder wie viel neun und drei ist. Normalerweise sind die grauen Zellen und das Gefühlsgehirn der Boss im »Computer Kopf«, Sie sagen, wo es langgeht. Wenn die Sinne: Augen, Ohren – alle sagen: »ganz große Gefahr – Achtung, Lebensgefahr!«, dann macht es »klick« im Kopf, und das Reptiliengehirn übernimmt so lange das Kommando, bis das Schlimme vorbei ist. Es funktioniert automatisch und ganz einfach: Es ist wie ein Notfallprogramm und steuert ohne viel Nachdenken alles Mögliche, damit der Mensch gegen die Gefahr gut kämpfen oder aber schnell weglaufen kann. Denken wir noch mal an das Kaninchen vom letzten Mal, weißt du noch, das, was die Katze in die Enge getrieben hatte? Das konnte aber nicht kämpfen oder fliehen. Und nach so einer »Nichts-geht-mehr-Situation« bleibt das Notfallprogramm vom Reptiliengehirn manchmal angeschaltet und ist weiter Boss in der Steuerzentrale und nervt, weil es immer noch denkt, es ist Gefahr, obwohl schon längst alles vorbei ist.

Das macht dann folgende Sachen in deinem Kopf und Körper (wir zeichnen dem Kind dann nebeneinander drei Kreise und schreiben »1, 2, 3« hinein). Erst mal macht das Gehirn mit dem Körper das, was ein Sportler macht, der sich gerade für den Wettkampf vorbereitet: Er macht sich für den Wettkampf warm: Er trainiert schon mal, um beim Startschuss topfit zu sein. Und so macht es auch das Notfallprogramm mit deinem Körper: es setzt ihn »unter Strom«, macht ihn super wach: Das merkst du, wenn du z. B. so nervös bist, mit deinen Beinen immerzu wackelst (die Übererregungszeichen und die weiteren des Kindes werden nun mit dem Kind gemeinsam durchgegangen und können bei Schulkindern neben dem Kreis eins notiert werden). Du siehst, wenn wir kämpfen oder flüchten wollten, dann sind diese Dinge sinnvoll. Aber dein Reptiliengehirn verwechselt Situationen hier und heute ja mit früher, als die kleine Anna in dir wirklich in Not war und nicht herauskam. Da können wir erst mal nix machen. Da in der Schaltzentrale ist manchmal immer noch die alte Angst der Boss. Der Schalter im Kopf ist halt immer noch auf »Alarm« gestellt.

(Hier sei nochmals auf Peter Levine und Maggie Kline [2005] hingewiesen, die empfehlen, für die vom Stammhirn ausgelösten Körpersensationen im Schockzustand mit dem Kind zusammen eine Sprache zu finden. Dies hilft vielen Kindern bei der Integration dissoziierter [körperlicher und psychischer] Erinnerungsfragmente.)

(Dann verweisen wir auf den Kreis »2« und erörtern die intrusiven Symptome beim Kind:)

Dann hat das alte Gehirn noch ein anderes Programm: Stell dir doch noch mal das Kaninchen vor, ja? Damit so was Schlimmes mit der Katze nicht wieder vorkommt, schickt die Erinnerungszentrale bei jeder Gelegenheit, wenn das Kaninchen an die Katze erinnert wird oder sich wieder so in die Enge getrieben fühlt, immer wieder schlimme Bilder los, die wie ein Blitz einschlagen, von der Tatze der Katze z. B. – und dann hat das Kaninchen wieder genauso viel Angst wie damals. Oder vielleicht träumt das Kaninchen auch von der schlimmen Situation. So passt es immer wieder auf, dass es nicht von der Katze angegriffen wird. Das ist eigentlich gut, denn so bleibt das Kaninchen auf der Hut und wird nicht von der Katze gefangen. Und so ist das vielleicht auch bei uns Menschen, als wären wir noch im Urwald und wären von einem Löwen angefallen worden.

Schau, wenn du die schlimmen Bilder siehst, wenn etwas an die schlimmen Dinge erinnert, dann denkt das Reptiliengehirn auch, dass du aufpassen sollst, dass du solchen Dingen in Zukunft aus dem Weg gehen sollst. Aber es ist halt wie eine alte Maschine, jetzt ist ja alles vorbei und du bist in Sicherheit, aber das alte Gehirn arbeitet immer noch im Alarmzustand – eigentlich, weil es dich schützen will. Und die Bilder tun ganz doll weh, hast du gesagt. Und Schmerzen haben ja auch einen Sinn: Wenn wir Zahnschmerzen haben, gehen wir zum Zahnarzt, und er macht die Zähne wieder heil, damit der Zahn weiter lebt und nicht eines Tages ausfällt. Und deine Eltern haben mir gesagt, dass deine Albträume dich manchmal in Panik versetzen, und mir hast du ja von den schlimmen Bildern am Tag erzählt… Und das alles ist auch wie Schmerzen im Körper. Und jetzt sind du und deine Eltern hier, und wir überlegen zusammen, dass die Wunden in deiner Seele einen Verband und viel Pflege brauchen – wie der kranke Zahn.

(Dann weisen wir auf den dritten Kreis und beziehen uns auf Vermeidungsverhalten und Intrusionen:)

Und dann ist es so, dass das, was wir bis hierher besprochen haben, natürlich richtig anstrengend ist! Du hast selbst erzählt, wie sehr es dich nervt, abends nicht schlafen zu können, weil dann die Bilder kommen oder du immer so leicht ausrastest und aufgeregt bist. Da habe ich von deinen Eltern gehört, dass du seit dem schlimmen Unfall damals gar nicht mehr schwimmen gehen willst. (Der Therapeut weist auf eine typische Triggersituation hin, die aus der Anamnese hervorgeht.) Es ist ja nicht alles Wasser gefährlich, und ich glaube, du schützt dich auch davor, nicht an die Sache von damals zu denken und hast so weniger Stress? (Kind nickt) Schau, so gibt es vielleicht noch mehr Dinge, die du vermeidest, damit du zur Ruhe kommst. Und dein Gehirn hilft da auch: Du und deine Eltern und die Lehrerin haben gesagt, dass du manchmal so wie weggeschaltet bist und die anderen dich dann anschubsen müssen, damit du wieder »da bist«? (Kind nickt wieder) – ich glaube, da schaltet dann das Gehirn mal für Momente auf »Durchzug« und der Körper ruht sich von dem ganzen Stress aus. Und du siehst, eigentlich haben alle Krankheitszeichen einen Sinn. Und du reagierst ganz normal. Was passiert ist, das ist nicht normal, das kann die Seele eines Menschen fast nicht tragen, und deswegen springt im Gehirn halt das Notfallprogramm an.

Und was wollen wir für deine Seele hier tun? Wir sagen ja auch, dass die Liebe und Traurigkeit Sachen sind, die das Herz betreffen, hast du das auch schon mal gehört? (Kind nickt) Ich glaube, dass so ein Trauma ist, als würde das Herz in Angst wie »schockgefrieren«. Eigentlich machen die schlimmen Sachen, die passieren, wütend oder auch traurig. Aber das Herz ist ohnmächtig und erstarrt zu Eis, auch die Tränen und die Wut und alles. Und nun können wir, du und deine Eltern, durch die Pflege des Herzens schaffen, dass es wieder weich werden kann.

(Fragen Sie das Kind noch einmal, ob es die Dinge verstanden hat. Man kann auch die Eltern bitten, es dem Kind anhand der Zeichnungen noch mal zu erklären, oder selbst in den Folgestunden Inhalte teilweise wiederholen, wenn das Kind Aspekte noch nicht verstanden hat, die einem wichtig für das Selbstverständnis des Kindes erscheinen.)

Nächtliche Enuresis, Schuldgefühle als Schutz vor Ohnmachtsgefühlen, Zwangssymptome etc. – alle Symptome, die ätiologisch mit einer Traumatisierung in Verbindung zu bringen sind, sollten soweit möglich Eltern und dem Kind in seiner Sprache erklärt werden. Das Erklären hat eine wichtige heilsame Funktion, nicht nur der Inhalt, der ohnehin nicht letzte Wahrheiten verkünden wird. Auch die Forschung versteht Traumafolgestörungen ja noch nicht in Gänze. Wir sollten es aus den genannten Gründen zumindest versuchen, die inneren und äußeren Wirrnisse des Kindes mit ihm und den Eltern zu verstehen. Es ist natürlich auch möglich, nur Teilaspekte der o. g. Aspekte zu erläutern, wenn diese der Symptomatik beim Kind entsprechen. Traumatherapie wird heute in einer dreiphasigen Behandlung durchgeführt. Auch dieses sollten wir älteren Kindern schon vermitteln, die grundsätzlich im Verlauf von einer gezielten Konfrontation profitieren könnten, also Kindern ab frühestens dem fortgeschrittenen Grundschulalter. 1. Stabilisierung, 2. Traumakonfrontation, vorausgesetzt, die Patientin/der Patient ist dafür stabil genug, 3. Integration und Neubeginn. Wir sollten alle Kinder und Jugendlichen immer wieder über den

Sinn des Vorgehens informieren. Gerade Kinder brauchen erklärende Worte! Die Welt ist für sie oft kompliziert genug.

Für Adoleszente und junge Erwachsene verweisen wir auch auf die Patienteninformation aus dem Erwachsenenmanual (S. 99).

Persönliches soziales Umfeld

Finden wir bei Kindern und Jugendlichen Symptome einer akuten oder chronisch-komplexen Psychotrauma-Folgestörung, so sind oft auch Beziehungen außerhalb der Kernfamilie durch die stark beeinträchtigenden Symptome und deren Folgen sowie mögliche traumatische Ereignisse erheblich belastet (s. a. Kapitel 3.2). Dies macht es nötig, das weitere soziale Umfeld wie z. B. Freundeskreis, emotional bedeutsame Verwandte und Bekannte mit in die Behandlungskonzeption einzubeziehen und gegebenenfalls zu einem Gespräch einzuladen. Gespräche haben hier vor allem eine psychoedukative Bedeutung zur Vermittlung von Wissen über die Symptomatik und den Umgang mit dieser. Auch verschaffen diese Gespräche dem Therapeuten einen Einblick in das soziale Gefüge, in dem sich die Patientin bewegt. Hilfreiche und weniger hilfreiche Beziehungen können so, manchmal erst über Dritte, sichtbar werden (s. a. die oben genannte Patienteninformation).

Jugend- und Erziehungshilfe, Kindergarten, Schule und Vereine

Die traumapsychologische Expertise der Therapeutin kann für verschiedene professionelle Kontexte richtungsweisend sein. Diese beziehen sich auf schulische und andere pädagogische, Jugend- und Erziehungshilfemaßnahmen, bei denen eine (Versorgungs-)Planung unter Einbeziehung der psychischen Verfassung des Kindes oder Jugendlichen unerlässlich scheint. Eine Psychoedukation auch des weiteren sozialen Umfeldes und anderer Professionen sind wichtige Elemente einer integrierten Versorgung.

Ist ein Kind beispielsweise durch eine dissoziative Symptomatik im Schulunterricht immer wieder »abwesend«, so bedürfen diese Zustände einer (wohlüberlegten) Erklärung gegenüber der Lehrerschaft und eventuell auch gegenüber den Mitschülern. Raptusartiges aggressives Verhalten als Ausdruck von Übererregungssymptomen bei einer Posttraumatischen Belastungsstörung wird von den Patienten oftmals schamhaft erlebt und bedarf eines traumapsychologisch abgestimmten pädagogischen Umgangs nicht nur im häuslichen Umfeld, sondern auch im Kindergarten, bei Peers oder in der Schule.

Der ambulant tätigen Therapeutin kommt also auch eine Case-Management-Funktion zu, die sich auf die klinische Versorgung vor Ort sowie die weitere Vernetzung von Hilfemaßnahmen bezieht (Krüger et al., 2004, ebd., 2007 a, b).

4.3 Kreativer Umgang mit angeleitet gestalteten Vorstellungswelten und Imaginations-»Übungen«

Weiter oben wurde ausgeführt, dass jeder Mensch über Vorstellungskraft verfügt und Kinder in der Regel noch einmal mehr. Die Möglichkeit, dabei auch innere Bilder zu sehen, innere Filme, ist mehr oder weniger stark ausgeprägt und nicht Bedingung für die Arbeit mit »Imaginationen«. Kinder spielen ihre innere Welt oftmals auf äußeren Bühnen: Sie malen, bauen Traum- und Vorstellungswelten aus allem, was ihnen in die Quere kommt: Da werden Umzugskartons zu Schiffen, Steinchen zum Schatz, Puppen wird Leben eingehaucht, die Kinder selbst werden zu Protagonisten in ihren gespielten Welten und beziehen andere Kinder, Erwachsene, alle möglichen Dinge ins Spiel ein, ob sie nun wollen oder nicht. Eine unschätzbare Ressource! Gerade für nicht so fantasiebegabte Kinder ergibt sich durch das Spiel im konkret-äußeren Raum eine Möglichkeit, inneren Zuständen Ausdruck zu verleihen und sich auch hilfreiche Vorstellungen vom Außen- in den Innenraum zu befördern.

Wir werden in den folgenden Kapiteln in der Regel zunächst die Behandlung jugendlicher Patienten erörtern, da sich hier große Übereinstimmungen mit der Konzeption für erwachsene Patienten ergeben. Jeweils anschließend besprechen wir das Vorgehen bei jüngeren Kindern, wenn sich hier Besonderheiten ergeben. Es sei darauf hingewiesen, dass es Jugendliche gibt, die mit kindlicher Freude die Übungs- und Vorstellungsformen der jüngeren Patienten für sich aufnehmen. Wir haben es uns daher zur Angewohnheit gemacht, die bildnerischen Mittel für die kleineren Kinder den großen auch anzubieten. Dabei ist darauf zu achten, dass so ein Angebot nicht als Herabwürdigung bei den Patienten aufgenommen wird. Man kann sagen, dass die Ich-Anteile von heute manchmal noch eine sehr enge Verbindung zu den jüngeren haben und daher die Techniken für jüngere Patienten mit ihren Vorteilen, was die Plastizität und Greifbarkeit angeht, sogar für Erwachsene sehr hilfreich sein können. Vor allem können jugendliche Patienten profitieren, die Schwierigkeiten mit dem Imaginieren haben.

Die Übungen als Ausgangsmaterial

Über die Jahre hat sich bei uns zunehmend ein Umgang mit den Übungen als Ausgangsmaterial entwickelt. Ausgangsmaterial meint, dass die Übungen vielfach als »Ideengeber« verstanden werden, die dann je nach therapeutischer Situation kreativ eingesetzt werden. Noch einmal mehr gilt dies für kleinere Kinder, die nur bedingt für geregelte Übungsformen zu gewinnen sind. Eine spielerische Herangehensweise ist hier der Zugang zu den Themen, wie wir weiter unten darstellen werden.

Man kann mit einer jugendlichen Patientin ein Gespräch über die eine oder andere Übung führen. »Angenommen, du würdest dir so etwas wie einen *guten, sicheren Ort* vorstellen, wie würde der aussehen… was könntest du tun, damit der Ort so gestaltet ist, dass du dich dort ganz und gar wohlfühlen kannst… Angenommen, du hast es dir da bequem gemacht, würdest du dann auch noch hilfreiche, dir helfende, unterstützende Wesen dort haben wollen, oder wie sonst könntest du dort für noch mehr Wohlgefühl sorgen?« Wenn der Patient sich erst einmal auf die Bilder eingelassen hat und sie für hilfreich hält bzw. erlebt, dass sie ihm guttun, ermutigen wir dazu, sich bis zur nächsten Therapiesitzung damit etwas zu beschäftigen und uns davon zu berichten, wie sich die Beschäftigung auswirkt. Kindern und Jugendlichen bieten wir an, die Imaginationen durch selbst gemalte Bilder zu verstärken.

Es ist oft erstaunlich, wie kreativ PatientInnen die Übungen umgestalten. Auch dies ist sehr zu begrüßen, solange erkennbar ist, dass die Patientin sich damit gut oder sogar besser fühlt. Ungünstig wäre die Umgestaltung der Übungen in selbstdestruktiver Weise.

Kindern, die im Grundschulalter sind, sich betont »vernünftig« geben, aber für eine imaginative Arbeit zu jung erscheinen, bieten wir neben der Spielmöglichkeit oft Zeichenmaterial an. Ein Einstieg kann die Squiggle-Technik von Winnicott (s. a. Günter, 2003) sein, wobei sich aus dem ersten Dialog zwischen Patientin und Therapeutin z. B. über das Thema »Sicherheit« ein gestalterischer Prozess an einer der entstandenen Zeichnungen ergeben kann. Hier regen wir die Kinder genauso zu kreativer Gestaltung an, wie wir es bei den älteren Jugendlichen tun, mit denen wir nur auf der kognitiven Ebene arbeiten.

Mit Kindern, die in ihrem emotionalen und kognitiven Entwicklungsstand noch gern die Welt im Rollenspiel oder Imitationsspiel – in Form von theatralischen »Inszenierungen« im Spiel – verstehen und Erfahrungen so verarbeiten (also in der Regel Kinder bis zu einem Alter von etwa zehn Jahren), betreten wir in der Therapiestunde wiederholt »Spiel-Räume«, also Szenen mit Bausteinen, Handpuppen, Sceno-Kasten, in denen wir das Kind anregen, einen guten, sicheren Ort zu kreieren. Das kann man über Stunden wiederholen, fotografieren und das Ergebnis den Kindern so mitgeben oder als »Bauvorlage« für die nächste Stunde nutzen, um an den Szenen weiter zu bauen und so Kognitionen zu verankern.

Kleinkinder bringen sich als »Figuren« selbst ins Spiel ein: sie bauen mit Decken Höhlen, die Rollen zwischen mitspielenden Puppen und kindlichem »Schauspieler« verwischen z. T., und auch die Therapeutin erhält oft eine oder mehrere Rollen zugeteilt oder »bedient« das Kind beim Bauen mit guten Materialien.

Die positive Wirkung von Übergangsobjekten wie z. B. des Teddys, den die Kinder dieses Alters als hilfreiches Wesen besetzen, machen wir uns bei der Arbeit zu eigen. Eigentlich stellen gute, sichere innere oder gespielte Orte den »Lebensraum« für diese Objekte dar – Orte, die durch die traumatische Realität (in Teilen) zerstört wurden. Kinder bauen für ihre Kuscheltiere ständig sichere, warme Orte und stellen so mittels aktiver Imaginationen psychische Repräsentationen her, die einer protektiven emotionalen »Speckschicht« ähneln, um spätere belastende Erfahrungen zu überdauern. Aus dem »Singen des Kindes im Walde« bei ersten Schritten in eine unbekannte Welt wird der »Hans im Glück«, der die Angst vor autonomer Entwicklung und Alleinsein im Spiel überwunden hat und in Freiheit die Welt erobert. Die Arbeit mit Imaginationen dient u. a. diesen traumabedingt blockierten Entwicklungen.

Ein Verständnis der Neurophysiologie der Stressverarbeitung hilft auch kleinen Kindern, ihre bereits selbst entwickelten Hilfemaßnahmen zu intensivieren sowie besser zu würdigen und die Notwendigkeit des »Gehirntrainings« deutlich zu machen. Dabei hat sich die Zuhilfenahme von Zeichenmaterial bewährt: Man kann einen Kreis zeichnen und eine Hälfte mit schwarzen oder roten, die andere, durch eine Trennlinie separiert, mit grünen Kringeln füllen. Die schwarzen stellen die schlimmen Gedanken und Bilder im Kopf dar, die immer wieder viel Platz im Kopf einnehmen wollen (man kann das Kind an intrusive Bilder und Angstzustände erinnern, die belasten und oft plötzlich wieder kommen, ohne gefragt zu werden) und die grünen verdrängen wollen. Da kann es helfen, die grünen zu stärken, immer wieder an sie zu denken und so für mehr Platz im Kopf für die grünen zu sorgen, indem die Grenzlinie verschoben wird. Auch die Grenzlinie kann verstärkt werden: So wird auch der Sinn z.B. der Tresorübung verdeutlicht, bei der wir das Kind ermuntern, (intrusive) Gedanken »abgeschlossen« in einem imaginierten oder mit kreativen Mitteln hergestellten Behältnis zu verwahren. Im Wasserfarbenkasten wird das Grün schon durch einen Tropfen Schwarz schrecklich schmutzig.

Wichtig erscheint uns, auch Kinder und Jugendliche für die Vorstellung zu gewinnen, dass die Symptome letztlich alle einmal ihren Sinn gehabt haben, nur heute unzeitgemäß sind. Es handelt sich also nicht um ein Bekämpfen der Symptome, mehr um eine »Umprogrammierung« der Denkwelten. Der Vergleich mit dem Computer, auf dem ein zu altes Programm läuft, das nicht mit den modernen Anwendungen kompatibel ist und alle Abläufe stört, ist vielen älteren Kindern und Jugendlichen einleuchtend. Auch die Vorstellung, dass man den Computer nun umprogrammieren muss und so ein Programmierer lange Zeit und Geduld braucht, bis er am Ziel ist. Auch andere Analogien im Sinne von »Übung macht den Meister« helfen, die Notwendigkeit wiederholter Arbeit an den Übungsthemen zu verdeutlichen.

Die *Baumübung* (s. »Imagination ...« S. 49) kann man ins Gespräch bringen, wenn Patientinnen sich über einen Mangel beklagen, zu wenig hiervon, zu wenig davon zu bekommen. »Mir geht da durch den Kopf, dass Pflanzen, Bäume z. B., alles bekommen, was sie brauchen, ohne sich anzustrengen. Sie öffnen sich quasi der Nahrung, und im Allgemeinen bekommen sie von der Erde und von der Sonne die Nahrung, die sie brauchen. Kannst du mit diesem Gedanken etwas anfangen, hat der für dich irgendeine Bedeutung?... Angenommen, du würdest mit einem Baum eins werden, wie wäre das, ›einfach so‹ Nahrung zu bekommen?... Wenn du dich probeweise eine Weile lang verhalten würdest, als wärest du ein Baum, der sich nicht anstrengen muss, was würde das bedeuten? Wie würde sich das auf dich auswirken?...«

Mit Kindern ab dem Kindergartenalter bis zum Grundschulalter lässt man die Patienten einen Baum zeichnen, möglichst detailliert, mit Buntstiften oder anderen Materialien, um konzentrative Kräfte zu unterstützen. Die Kinder kommen dann ins Erzählen. Bilder können überhaupt gut eingesetzt werden: Gute Bilder, die mit schönen Erinnerungen verknüpft sind und die man sichtbar aufhängt, regen das Kind auch zu Hause an, die positiven Kognitionen zu wiederholen. Auch jugendlichen Patienten bieten wir an, die inneren Bilder, in der Stunde oder zu Hause, zu zeichnen. Sinclair in Hermann Hesses »Demian« überlebt im Zwiegespräch mit solchen gezeichneten positiven inneren Bildern in seiner Jugendzeit die schwierigsten Krisen dieser Jahre.

Die Übung »*Gepäck ablegen*« (»Imagination...« S. 50) kann ein Gespräch über mitgeschleppte Lasten von jugendlichen Patienten anregen. »Es kommt mir so vor, als würdest du ganz viel schweres Gepäck mit dir herumschleppen. Angenommen, du würdest dir vorstellen, dass du das einmal für eine Weile ablegst, wie würdest du dich dann fühlen? Könntest du dann spüren, dass du dich leichter fühlst?... Bei älteren Jugendlichen kann man hinzufügen: Wärest du dann vielleicht offener für Neues?... Und wenn du dich so für eine Weile leichter fühlen würdest, wäre es dir dann vielleicht möglich, dein Gepäck einmal zu sortieren und zu prüfen, was du davon noch brauchst und was nicht?...«

Die *Achtsamkeitsübung* wird von Kindern im späten Grundschulalter aufwärts und vornehmlich von jugendlichen Patienten gern aufgenommen. Die Übung wird zum einen zur Herstellung von Distanz zu belastenden Ereignissen geübt, zum anderen berichten die Patienten über eine vertiefte Selbstwirksamkeitserfahrung bei der Durchführung der Übung zu Hause. Wir laden den Patienten ein, eine Übung zu erlernen, die ihm hilft, die Distanz zu traumatischen Erlebnisinhalten zu erlangen sowie das für Intrusionen typische Verwechseln von früher und heute zu überwinden. »Ich nehme wahr, dass ich einen Körper habe, also bin ich mehr als nur mein Körper.« Den Sinn der dissoziativen Prozesse als Traumafolge können wir der Patientin hier noch einmal verdeutlichen und zu einer kontrollierten Form des »Getrennt-Wahrnehmens« einladen. »Haben deine Füße guten Kontakt zum Boden, sitzt du bequem auf deinem Stuhl? Dann kannst du jetzt die Augen schließen, oder du konzentrierst dich auf einen Punkt im Raum. Vielen Patienten ist es lieber, die Augen geöffnet zu halten, entscheide dich für das eine oder andere. Dann stelle dir jetzt deinen Scheitel vor, nimm die Kopfregion achtsam wahr. Was spürst du da? Fühlt es sich kalt oder warm an? Ist dort eigentlich nichts zu spüren? Lenke deine Aufmerksamkeit dann zu deinem Hinterkopf. Nimm ihn und was du da spürst wahr. Geh dann mit deiner Aufmerksamkeit zu den Ohren ... zur Stirn ... zu den Augen ... Nimm deine Wangen wahr ... die Nase ... den Mund ... und die Region zwischen Mund und Nase ... das Kinn ... dann nehme den Hals und den Nacken wahr ... Gehe dann mit deiner Aufmerksamkeit zu den Schultern ... zu den Oberarmen ... Unterarmen ... zu den Händen ... Nimm Arme und Hände noch einmal als Ganzes wahr, von der Schulter bis zu den Fingerspitzen. Und jetzt nimm den Rumpf wahr, zuerst den Rücken, vom Hals bis zum Sitzbein ... dann den vorderen Rumpf, zunächst den Brustbereich ... dann nimm den Bauchbereich wahr ... dann den Beckenbereich. Gehe dann mit deiner Aufmerksamkeit zu den Beinen, zuerst zu den Oberschenkeln ... dann nehme deine Knie achtsam wahr ... die Unterschenkel ... die Füße ... dann nimm noch einmal Füße und Beine als Ganzes wahr, vom Hüftgelenk bis zu den Zehenspitzen. Schließe die Übung ab, indem du dir vorstellst, dass du durch den Scheitel einatmest und dass der Atem den Körper durch die Füße verlässt. ... Komme dann mit deiner Aufmerksamkeit zurück in den Raum.«

Die Glücksübung (»Imagination ...« S. 53) führen wir gerne so ein: »Du hast viel Unglück/schlimme Dinge erlebt und schon aushalten müssen, hast du denn trotzdem Dinge erlebt oder sind da Dinge, die dir Glück bedeuten oder Freude machen und dich zufrieden machen?« Dann werden diese Momente zusammengetragen. Sagt ein Patient, er kenne Glück gar nicht, sollte man es mit Zufriedenheit oder Freude versuchen. »Wäre es dir recht, wenn du dich jetzt noch einmal an diesen Glücksmoment erinnerst? ... Kannst du spüren, dass er dadurch wieder lebendig wird? ... Und kannst du dir vorstellen, dass du dieses Gefühl von Glück in die Zeit vor und nach dem Glücksmoment hinein ausdehnen könntest?« Danach erklären wir den Unterschied von Glücksempfinden und Glücksfähigkeit. Kindern bis zum Alter der Pubertät kann man vorschlagen, eine »Schatzkiste« zu bauen, entweder in der Stunde oder zu Hause. Da können dann alle guten Dinge, Erinnerungen an gute Dinge oder Symbole für die guten Erfahrungen hineingelegt werden. Die Kinder werden eingeladen, diese Kiste ab und zu zu öffnen und sich der guten Dinge gewahr zu werden, wenn es ihnen nicht gut geht. Jugendlichen kann man die Geschichte von der Fortunata erzählen (»PITT-Manual ...« S. 160 ff.).

Die Übung »*Frieden schließen mit sich selbst*« (»Imagination ...« S. 55) könnte ein Ausgangspunkt für ein Gespräch über Akzeptanz verschiedener Seiten des Patienten sein. »Es kommt mir so vor, als gäbe es in dir verschiedene Teile, einen, der recht gelassen und akzeptierend im Umgang mit sich selbst ist, und einen, der dauernd gegen sich selbst kämpft. Kannst du damit etwas anfangen? ... Wie wäre es, wenn du dir vorstellst, dass diese beiden Seiten eine Gestalt haben, dass du dir die mal konkret vorstellst ... könnten die einander begegnen und miteinander ein freundliches Gespräch führen?« Mit kleineren Kindern kann man die angesprochenen Ich-Anteile oder Ego-States des annehmenden und sich nicht annehmenden Teils auch in einer Szene spielen: mit Puppen, Figuren oder rollenspielartig.

Dies sollen einige Beispiele sein, wie man die Bilder der Übungen verwenden kann.

Jede der beschriebenen Übungen kann auf diese Art genutzt werden. Man kann sie dann auch sehr genau auf die Bedürfnisse der Kinder abstimmen oder anpassen, während die Übung an sich eher allgemein gehalten und nicht unbedingt passgenau ist. Erlauben Sie sich, mit den Übungen kreativ umzugehen!

Einige weitere Bilder möchten wir ergänzend zur Verfügung stellen:

Arbeit am Selbstbild
Über das Selbstbild der PatientInnen kann man gut anhand der Geschichte vom Adler, der ein Huhn sein sollte, sprechen. Ein kleineres

Kind sollte man fragen, welches Tier es für besonders stark und welches für besonders ängstlich und schwach hält. Sieht der Patient seine »Adler-Natur«, sieht er sich als ein Wesen, das »zur Sonne fliegen kann«, oder ist der Teil, der ihn ein Huhn, das im Staub nach Würmern sucht, sein lassen will, stärker? Wie fühlt es sich an, sich vorzustellen, sich der Sonne zuzuwenden? Kleinere Kinder stellen ihr Selbstbild nicht selten im Spiel szenisch dar und fordern uns geradezu auf, dazu Stellung zu beziehen oder nachzufragen.

Bilder für Schutz
Unsere PatientInnen wünschen sich oft Bilder, die Schutz implizieren. So z. B. die Imagination einer eiförmigen Lichthülle (»Das Ei aus Licht«), in dessen Mitte man sich befindet, und dieses Licht schützt vor schädigenden Einflüssen. Wer mit dieser Imagination arbeiten mag, fühlt sich schon allein deshalb besser, weil er sich auf geschützt sein fokussiert, genauso wie bei einer anderen Imagination, der des Schutzmantels. In vielen Madonnendarstellungen, vor allem des Mittelalters, gibt es ja den blauen Schutzmantel. So ein Mantel kann ebenfalls imaginiert werden, um sich besser geschützt zu fühlen. Es sollten dann die Farbe – welches Blau? –, der Stoff und die Form des Mantels genau ausgemalt werden. Auf diese Bilder sprechen eher weibliche Patienten an. Für Jungen und männliche Jugendliche sind andere Bilder hilfreich: Der goldene Schutzpanzer eines starken Ritters z. B.

Bei Kindern mit Ein- und Durchschlafstörungen haben sich die bekannten Traumfänger bewährt, die die bösen Träume auffangen. Entweder die Eltern kaufen mit dem Kind nach den Wünschen des Kindes so einen Traumfänger, oder er wird selbst gebastelt. Manchmal ist es auch hilfreich, wenn die Therapeutin oder Vater/Mutter mit dem Kind ein Bild für Schutz nach seinen Vorstellungen malt oder zeichnet, welches das Kind dann über seinem Bett aufhängt.

Bilder für Reinigung
Reinigung, die auch häufig gewünscht wird, kann durch ein Bad im Meer, eine Reinigung in einem Wasserfall, aber auch durch ein Bad aus Licht imaginiert werden. Auch die Vorstellung, dass alles, was man nicht mehr braucht, einen mithilfe des Atems wieder verlässt, kann helfen. Manchen hilft es auch, sich vorzustellen, dass sie über Urin und

Kot »ihren Dreck« loswerden. Kleine Kinder lieben mitunter diese Vorstellung! Lassen Sie Ihre Patienten das zu ihnen Passende finden!

Selbstverständlich ist auch zu empfehlen, eigene Bilder der Patienten so oft wie möglich zu verwenden. Positive, indem man sie verstärkt, negative, indem man zu Gegenbildern und zu innerem Pendeln anregt. Dabei scheint es auch wichtig zu sein, dass sich TherapeutInnen nicht ganz und gar von den schlechten Bildern ihrer PatientInnen beeindrucken lassen. Dann besteht die Tendenz, diesen nachzugehen, was sehr häufig zu mehr statt zu weniger Belastung führt.

Die innere Bewegung zwischen dem belastenden und einem beruhigenden Bild ist vermutlich eine der einfachsten und wirksamsten Möglichkeiten, aus innerer Ohnmacht herauszufinden.

Diesen Zwiespalt kann man mit vorpubertären Kindern wiederum im Spiel aufgreifen und bildnerisch ausdrücken. Oft sind die »schlimmen Bilder« Ausdruck der verletzten inneren jüngeren Kinder. Hier gilt es dann wieder, Schutzräume zu erstellen, dazu ein Beispiel:

> Die 8-jährige Stefanie zeichnet im Squiggle-Dialog einen Haifisch, der einen kleinen Fisch zu verschlingen droht. Die Anmutung des Bildes, der ängstliche Ausdruck des Kindes beim Zeichnen lässt die Vermutung zu, dass sich in diesem Moment Erinnerungen an belastende Ereignisse aus der Vergangenheit des Mädchens einstellen. Der Therapeut benennt die Bedrohung, die aus dem Bild deutlich wird, und entwirft ein schutzbietendes Gegenbild: Der Haifisch kommt in einen Käfig. Stefanie muss sagen, wie dick die Gitterstäbe sein müssen, damit der kleine Fisch wieder absolut sicher ist.

Mit dieser Vignette möchten wir verdeutlichen, dass »Gegenbilder« manchmal keine »strahlenden« und schönen Bilder sind. Vielmehr geht es um die Unterschiede, die einen Unterschied machen. Die Patientin gewinnt mit der veränderten Vorstellung ein wenig mehr inneren Raum, ein wenig mehr Handlungsspielraum.

Übungen, die mit jüngeren Ichs arbeiten
Mit Kindern und Jugendlichen hat sich die Arbeit mit dem inneren Team in abgewandelter Form bewährt. Wir laden die Kinder ein, einen »Runden Tisch« der jüngeren Ichs anzufertigen. Diese Darstellung

kann immer wieder im Verlaufe der Therapie genutzt und bearbeitet und vervollständigt werden. Das Kind oder auch jugendliche Patienten werden dazu eingeladen, eine königliche »Tafelrunde« auf einem Blatt Papier zu vervollständigen. Die Therapeutin gibt lediglich vor, dass an der Spitze der Tafel das Ich von heute sitzen möge. Es hat eine Krone auf und hält das Zepter für die Tagesgeschäfte in der Hand. Man kann die Patienten nun dazu anregen, zwei Tafelrunden zu gestalten: eine mit den verletzten inneren jüngeren Kindern, eine mit den ressourcenvollen inneren Kindern. Den Kreisen, denen Ego-States zugeordnet werden, werden stichwortartig Ereignisse und ungefähres Alter beigeordnet. Für eine etwaige Konfrontation sind diese Zeichnungen dann auch für den Therapeuten eine Hilfe, die verletzten inneren Kinder auch alle bei der Versorgung am sicheren Ort bedacht zu haben. Man kann verletzte und ressourcenvolle Kinder auch bei Tisch »mischen« oder die eine die andere Runde einladen lassen. So sind kognitive Separationen möglich. Das Gezeichnete kann im Kopf auch im Gespräch weiter differenziert werden. Helferwesen können ebenso eingeladen werden, um die verletzten jüngeren Ich-Anteile an den sicheren Ort zu begleiten, wie auch das innere Team verletzten Anteilen helfen kann. Wir sollten den Kindern und Jugendlichen die verschiedenen Vorstellungen anbieten und mit ihnen gemeinsam Vor- und Nachteile erörtern.

Die Mitgefühlsübung (»Imagination …« S. 56) oder das »Innere Team« (»Imagination …« S. 47) eignen sich vornehmlich für die Arbeit mit jugendlichen Patienten. Es empfiehlt sich am Anfang, wenn noch wenig Vertrauen in diese Übungen besteht und wenn sich Therapeut und Patient noch nicht gut kennen, anzuregen, dass der Patient sich mit jüngeren Ichs verbindet, die sich wohlfühlen. Wir sagen: »Bitte erinnere dich an einen Moment in deiner früheren Zeit, in der du dich wohlgefühlt hast.« Auch die alte Person sollte als weise und kraftvoll imaginiert werden. Wir haben gelernt, dass es günstig ist, dies als Vorschlag einzubringen (Reddemann, 2004).

Besonderheiten beim »sicheren Ort«
Wenn Patienten mit Menschen, die Sicherheit spenden sollten, genau das Gegenteil erlebt haben, kann allein das ein Grund sein, dass ihnen mit der Metapher des »sicheren Ortes« ein Trigger geliefert wird. Es

wäre dann geschickter, von einem Ort zum Wohlfühlen zu sprechen. Es gibt viele Patienten, die gerade die Übung des »sicheren Ortes« nicht verwenden können. Dafür gibt es zwei wichtige Hindernisse:

1. ist äußere Sicherheit eine Voraussetzung für die Möglichkeit, sich innere Sicherheit vorzustellen. Wer außen bedroht ist, keinerlei Sicherheit hat, kann sich im Allgemeinen auch innen nichts Sicheres vorstellen.
2. können Täterintrojekte so mächtig sein, dass sie diese Imagination immer wieder untergraben. Und da hilft es auch nicht viel, wenn man empfiehlt, sich einen anderen Ort vorzustellen. Es sollte in diesem Fall erst mit den Täterintrojekten gearbeitet werden (s. u.).

Das heißt: Nicht auf einer bestimmten Übung bestehen, sondern diejenige herausfiltern, die vorstellbar ist und – etwas – Erleichterung bringt.

Tonträger

Patientinnen und Patienten haben uns immer wieder darum gebeten, Aufnahmen in den Therapiesitzungen zu machen. Mittlerweile stehen Aufnahmen der Übungen (Luise Reddemann) zur Verfügung, die Sie auch Ihren jugendlichen PatientInnen empfehlen können. Es kann aber auch sinnvoll sein, wenn Sie selbst einen Tonträger besprechen.

Missverständnisse

Manche KollegInnen setzen die Übungen allzu mechanisch ein. Man kann damit aber nicht die Arbeit an einer tragfähigen therapeutischen (Arbeits-)Beziehung umgehen bzw. ersetzen.

Insbesondere ist es unbedingt erforderlich zu erklären, warum man diese oder jene Übung vorschlägt, und die Patientin um ihre Zustimmung dazu zu bitten. Bei jugendlichen Patienten machen Sie es sich leichter, wenn Sie die PatientInnen dazu anregen, alle Übungen, die Sie vorschlagen möchten, erst einmal selbst zu lesen und eine Auswahl zu treffen. Damit übernimmt die Patientin selbst einen Teil der Verantwortung für diese Arbeit.

4.4 Häufig gestellte Fragen zu angeleitet übenden Behandlungsformen

Im Folgenden möchten wir einige Fragen beantworten, die uns von Kolleginnen und Kollegen häufig im Zusammenhang mit den Imaginationsübungen gestellt werden.

■ **Frage: Was tun, wenn sich Bilder und Intrusionen nur für kurze Zeit in den Tresor verpacken lassen und nach kurzer Zeit wieder auftauchen?**

Versuchen Sie, ob die Arbeit mit jüngeren inneren Kindern erfolgreicher gelingt. Setzen Sie weitere Distanzierungstechniken ein.

■ **Frage: Wie geht man damit um, wenn Patienten sowohl gute als auch belastende Kognitionen an einem Ort »ablegen« wollen (Tresor-Übung, Tagebuch)**

Es ist sinnvoller, gute und belastende Dinge zu trennen, z. B. zusätzlich zum Tagebuch ein »Freude-Tagebuch« zu führen. Dieses können kleinere Kinder auch gemeinsam mit den Eltern führen.

■ **Frage: Ist körperbezogene Arbeit (z. B. die Achtsamkeitsübung) bei Kindern und Jugendlichen sinnvoll, die körperliche Misshandlungen erlitten haben?**

Die Vorhersehbarkeit von therapeutischen Interventionen und möglichen Reaktionen ist gerade für diese Patienten wichtig. Eine Vertrauensbasis muss gegeben sein. Bei der Achtsamkeitsübung sollte man beispielsweise darauf hinweisen, dass es im Verlauf der konzentrierten Aufmerksamkeit auf Körperregionen zu Schmerzempfindungen kommen kann und der Körper sich erinnert. Der Patientin wird dann angeraten, alle Wahrnehmungen einfach zuzulassen und nicht zu bewerten. Sie können danach mit der Therapeutin besprochen werden.

■ **Frage: Wie gelingt es, Imaginationen stabil zu installieren, wenn Anteile der Persönlichkeit noch nicht einverstanden sind?**

Arbeiten Sie direkt mit den Anteilen, d. h., schlagen Sie der Patientin Ego-State-Therapie vor. Helfen Sie der Patientin, sich für die Gründe zu interessieren, die den Teil zögern lassen. Nehmen Sie sie ernst und ermutigen Sie auch die Patientin, sie ernst zu nehmen. Schlagen Sie vor, dass nur die Teile imaginieren, die Freude daran haben, lassen Sie die Patientin die anderen bitten, das zu beobachten.

■ **Frage: Jugendliche sind noch schwerer zu motivieren als Erwachsene, warum? Gibt es spezielle Übungen?**

Ja, Jugendliche sind altersgemäß an Autonomie interessiert und weniger an Psychotherapie, sie müssen sehr in Not sein, dass sie sich einlassen. Es ist »normal«, dass sie nicht wollen. Drängen Sie auf keinen Fall, ermutigen ist besser.

Erkundigen Sie sich nach ihren Vorlieben, ihrer Musik, ihren Lieblingsfilmen, ihren Lieblingsbüchern. Das gibt oft Aufschluss über mögliche Ressourcen und eventuell auch Übungen. Die modernen Märchen wie »Harry Potter« sprechen Jugendliche oft eher an. Oder auch die Science-Fiction-Filme, in denen es genau wie in traditionellen Märchen um den Kampf zwischen Gut und Böse geht. Gespräche über bestimmte imaginative Inhalte sind günstiger als Übungen.

■ **Frage: Was kann man tun, wenn der Patient sich nicht auf die Vorstellung, dass es z. B. innere Helfer geben könnte, einlassen kann?**

Es ist das Recht eines Patienten, sich auf bestimmte Vorstellungen nicht einlassen zu wollen. Man kann eine andere Übung, die »realistischer« erscheint, vorschlagen. Manchmal ist es auch wichtig, den Unterschied zwischen innerer und äußerer Wirklichkeit zu erklären. Die Haltungen der Eltern sind bei jüngeren Patienten auch mit zu berücksichtigen. Die Klärung des Vorgehens und das Einverständnis der Eltern zu Beginn der Behandlung sind deshalb so wichtig.

■ **Frage: Was ist zu tun, wenn die Patientin die Therapeutin als innere Helferin wählt?**

Würdigen Sie das zunächst. Dann könnten Sie fragen, was an Ihnen hilfreich ist, und die Patientin bitten, für diese Eigenschaften eine Helferin zu kreieren. Erklären Sie auch, dass Sie kein idealer Mensch sind und dass es ideale Menschen auch gar nicht gibt. Dass die Patientin aber ein ideales Wesen braucht, das immer für sie da ist. In der Regel leuchtet diese Erklärung den PatientInnen ein. Wenn die Patientin sich enttäuscht fühlt, geht es gerade bei kleineren Kindern darum, die Arbeitsbeziehung und deren Begrenzungen noch einmal zu klären und die Rolle der Eltern zu unterstreichen. Positive, idealisierende Übertragungen sind auf der einen Seite bei traumatisierten Kindern nicht selten, da sie sich mit ihrem Innenleben besonders allein und überfordert fühlen und die Therapeutin sie aus dieser Isolation befreien kann. Auf der anderen Seite können sich aber auch Übertragungen inszenieren, die auf die Notwendigkeit einer intensiveren Elternarbeit hinweisen, wenn diese beispielsweise das Kind mit ihrem Verhalten zu oft überfordern. Bei älteren Jugendlichen kann es notwendig sein, einen jüngeren Teil zu erkennen, der benannt werden und dessen Leiden verstanden werden sollte (s. Arbeit mit dem inneren jüngeren Kind).

- **Frage: Wie kann der »spirituelle Touch« mancher Übungen wie z. B. bei den inneren Helferinnen (»Wesen«) herausgenommen werden, da manche eher einfach strukturierte, bodenständige Jugendliche solche Vorstellungen es manchmal seltsam finden?**

Statt vom »Helfer« können Sie z. B. vom »Coach« oder dem »Trainer« oder »Beraterin« oder »guter Freundin« sprechen. Fragen Sie, was dem Kind, der/dem Jugendlichen hilft und früher geholfen hat. Erklären Sie, dass wir gute innere Bilder brauchen, fragen Sie nach Filmen, die er/sie gerne sieht, oder nach Büchern, vielleicht gibt es da Anknüpfungspunkte. Verwenden Sie die Sprache der Patienten. Alle Übungen sind nur Vorschläge, wie ein bunter Strauß, aus dem man sich das Passende wählen kann. Erarbeiten Sie auch hier die Unterschiede zwischen innerer und äußerer Realität.

- **Frage: Wie geht man mit Zweifeln, vor allem von Kindern in der Latenzphase und jugendlicher Patienten, an der imaginativen Arbeit um?**

Zweifeln ist das Normale. Würdigen Sie diese Zweifel. Zweifeln ist gesund, erst recht, wenn man viele schlechte Erfahrungen gemacht hat. Allzu große Begeisterung könnte sich außerdem früher oder später auch als Widerstand erweisen, es sei denn, die Patientin bringt bereits Imaginationen aus eigener Erfahrung mit. Machen Sie den Zweifel zum Verbündeten. Er hat immer gute Gründe. Die meisten Menschen wollen und wollen gleichzeitig nicht, d. h., sie sind ambivalent. Der beste

Motivator ist nach unserer Erfahrung: Freude. Humor und Selbstkritik und eine Einladung zum kritischen Dialog sind weiterhin hilfreich, dem Patienten eine Tür zu diesen Erfahrungswelten zu öffnen. Ein rigider Pragmatismus wird einen Jugendlichen eher vertreiben. Manchmal helfen auch knappe Erläuterungen wissenschaftlicher Erkenntnisse über den Sinn unserer Arbeit.

■ **Frage: Wie erreicht man Kontinuität der häuslichen Übung?**

– Helfen Sie der Patientin, die für sie passenden Bilder zu finden.

– Klären Sie (Übertragungs-)Widerstände, sie haben immer einen Sinn. Bedenken Sie dabei, dass auch die Eltern die Behandlung sinnvoll finden sollen und das häusliche Umfeld tragend genug für die Behandlung sein muss. Manchmal stellen sich im Verlauf Schwierigkeiten im Umfeld dar, die als kindlicher Widerstand fehlgedeutet werden könnten.

– Erarbeiten Sie Symbole und Erinnerungshilfen (Reminders), über die wir weiter oben bereits gesprochen haben. Auch Gegenstände wie Steine oder Ketten können an die Helferwesen erinnern.

– Empfehlen Sie der Patientin und den Eltern, es sich leicht zu machen, nur fünf Minuten täglich zu üben; es reicht auch, sich eine Kassette anzuhören, sich Übungen laut vorzulesen oder vorlesen zu lassen. Wichtig ist die Integration in den Alltag, z. B. Achtsamkeit bei Alltäglichem. Freudige Momente achtsam wahrnehmen und in einem Freudetagebuch festhalten. Eltern müssen kleinere Kinder täglich unterstützen.

– Vermitteln Sie, dass alles leichter geht, wenn man Freude daran hat. Helfen Sie daher der Patientin, das zu finden, was ihr Freude macht, das geht besonders gut mit einem Freudetagebuch!

■ **Frage: Was tun, wenn fast keine Bilder oder hilfreiche Spielszenen auftauchen?**

»Bilder« im Sinn von inneren Dias sind nicht erforderlich. Bildhafte Vorstellungen und Gedanken genügen. Ein Kind, das nicht mit der Therapeutin spricht, kann überfordert sein.

■ **Frage: Was mache ich, wenn nur die schöne Variante eines unsicheren Ortes aus der früheren Zeit auftaucht?**

Zunächst ist es ja schon eine kreative Leistung, wenn ein Kind oder Jugendlicher einen ehemals unsicheren Ort verwandeln kann. Das sollte also gewürdigt werden. Anschließend kann man mit dem Patienten besprechen, wie er diesen Ort noch mehr zu seinem ganz eigenen werden lassen könnte und dass es dazu wichtig ist, dass er nicht nur ein Abbild eines konkreten äußeren Ortes ist, weil er dann nicht ganz sein eigener sein kann.

■ **Frage: Was ist zu tun, wenn jugendliche Patienten »schön brav« imaginieren, der Therapeut aber das Gefühl hat, das sei »nicht echt«?**

Ein solches Gefühl sollte ernst genommen und auf seine Implikationen hin untersucht werden. Es könnte sich

1. um einen (Übertragungs-)Widerstand handeln oder das Umfeld boykottiert die Behandlung,
2. man könnte die Ambivalenz i. S. verschiedener Ego-States verstehen und damit arbeiten. (In diesem Fall würden wir vermuten, dass es beim Jugendlichen einen jüngeren State gibt, der gefallen will, und es wäre zu klären, wo die kritische Person von heute bleibt.)

Nicht empfehlen würden wir eine Intervention, in der man der Patientin lediglich sagt, man habe ein unbehagliches Gefühl dabei, dass die Patientin »so brav« mitmache, denn die Patientin könnte das als Vorwurf verstehen. Eine Intervention, die ihr ermöglicht, sich Widerspruch zu erlauben, sollte in Betracht gezogen werden.

■ **Frage: Was ist zu tun, wenn der innere sichere Ort (imaginiert oder gespielt) nie sicher wird?**

Es könnte helfen, nicht »nie« zu denken, sondern »zurzeit«. Es kann sich immer noch etwas ändern.

1. Ziehen Sie andere Übungen in Betracht.
2. Klären Sie die äußere Sicherheit, insbesondere Täterkontakt. Letzterer verhindert, dass der »sichere Ort« sicher werden kann.
3. Fragen Sie sich, ob sich die Patientin mit Ihnen sicher fühlt.

4.5 Zusammenfassung: Vorgehen bei der Anwendung von angeleitet übenden Behandlungsformen

1. Beziehen Sie in das therapeutische Vorgehen möglichst alle Elternpersonen, gelegentlich auch (jugendliche) Geschwister mit ein und regen Sie diese zur Unterstützung an.

2. Stellen Sie sicher, dass die Patientin stabil und die Arbeitsbeziehung zu Kind und Umfeld tragfähig genug für Imaginationen ist. Bei dissoziativen PatientInnen zunächst »grounding« etc. üben.

3. Erklären Sie allen in entsprechender Sprache, was (gespielte) Imagination bewirken kann. Bei kleineren Kindern informieren Sie am besten die Eltern und bitten Sie, alles ihrem Kind in Ihrer Anwesenheit zu erklären.

4. Erläutern Sie den Sinn stabilisierender Übungen oder auch Vorstellungen.

5. Klären Sie, ob dies der Patientin, den Eltern einleuchtet.

6. Stellen Sie älteren Kindern möglichst alle Übungen vor, z.B. als Text, oder benennen Sie alle kurz. Wählen Sie bei jüngeren Patienten vielleicht gemeinsam mit Kind und Eltern aus, verlassen Sie sich auch auf die guten Gefühle der Eltern für ihr Kind und nutzen Sie dies als Ressource.

7. Die Patientin entscheidet, welche Übung sie ausprobieren will.

8. Klären Sie, in welcher Form die Patientin die Übung durchführen will: Möchte sie eine Anleitung für zu Hause, vielleicht durch die Mutter, möchte sie darüber sprechen, darüber nachdenken, beim nächsten Mal von ihren Erfahrungen berichten etc. Eventuell können Sie die Übung auf eine Kassette sprechen oder auf die CD (Luise Reddemann) verweisen (für viele Patienten ist dies eine Art Übergangsobjekt).

9. Erläutern Sie den Sinn von wiederholter Beschäftigung mit den Bildern.

10. Gewinnen Sie die Patientin dafür, dies selbstständig zu tun, und kleinere Kinder, sich die gespielten Hilfen in Gedanken wieder herzuholen.

11. Helfen Sie, damit zusammenhängende Probleme zu klären und zu beseitigen.

12. Interessieren Sie sich in den folgenden Sitzungen für die – häusliche – Arbeit mit den Imaginationen. Das ist sehr wichtig. Wenn Sie nicht nachfragen, kann die Patientin das Gefühl haben, dass ihre Arbeit nicht von Bedeutung ist. Fragen Sie auch die Eltern in einer Elternstunde oder wenn sie in der Therapiestunde mit dem Kind vereinbarterweise anwesend sind.

13. Wenn Imaginationen abgelehnt werden oder aus anderen Gründen z. Zt. nicht indiziert erscheinen:
    - Arbeiten Sie mit kognitiver Umstrukturierung.
    - Achten Sie auf Sprachbilder, gerade bei kleineren Kindern. Bringen Sie Spielsituationen auch aktiv in die Stunde, so werden die Dinge kognitiv beim Kind besser verankert.
    - Ziehen Sie gelegentlich in Betracht, dass eine Weigerung der Patientin etwas mit Ihrer Beziehung zueinander zu tun haben könnte, und klären Sie diesen Widerstand. Vielleicht haben Sie eine Angst nicht bemerkt, vielleicht wehrt sich etwas in der Patientin, allzu gefügig zu sein. Unser z. T. direktives Vorgehen verleitet manche Patienten zu so einer Haltung.

Manchmal ist es am günstigsten, mit Ego-State-Arbeit zu beginnen, da viele verschiedene Teile mit widersprüchlichen Interessen dominant sind und ein arbeitsfähiges Ich nicht identifiziert werden kann (s. Absatz »Arbeit mit dem inneren jüngeren Kind als Ego-State-Therapie«, S. 173 ff.).

14. Denken Sie daran, dass Freude der beste Motivator ist. Ermöglichen Sie gemeinsames Lachen und fördern Sie es.

15. Verwenden Sie zu Beginn der Behandlung so oft wie möglich eigene Bilder der Patientin. Wenn die Patientin weiß, dass sie ohnehin mit ihrer Vorstellungskraft arbeitet, dass es gar nicht anders geht, wird es ihr leichter fallen, die eine oder andere »Übung« in ihr Repertoire mit aufzunehmen.

1. Vernachlässigen Sie nicht, bei Kindern bis zur Pubertät die Eltern und das Umfeld in die Behandlung mit einzubeziehen. Die Erwachsenen sollen wissen, was das Kind warum tut und lässt und wo und wie sie helfen können und sollen.

2. Lassen Sie sich nicht dazu verführen, Traumakonfrontation zu machen, weil stabilisierende Arbeit schwierig erscheint. Dies ist der ungünstigste Weg und führt häufig zu kaum auflösbaren Schwierigkeiten.

3. Günstiger ist es, kleinere Schritte zu machen, noch mehr Sorgfalt für das Auffinden von Ressourcen oder das Ausfantasieren von Ressourcen für die Zukunft zu verwenden und an einem tragfähigen Arbeitsbündnis zu arbeiten.

4. Wenn stabilisierende Arbeit nicht gelingen will, obwohl ein gutes Arbeitsbündnis besteht, ist das in aller Regel ein Hinweis auf äußere Instabilität, meist Täterkontakt in irgendeiner Form oder familiäre Entwicklungen, die Sie aufklären müssen (Krankheiten, Todesfälle, Schwierigkeiten mit Geschwisterkindern, ungeklärte Sorgerechtsfragen, Kontakt(zeit)regelungen etc.).

5. Lassen Sie sich nicht verführen, die Übungen zu überschätzen bzw. sie allein als Technik anzuwenden. Die Übungen gehören eingebettet in ein therapeutisches Gesamtkonzept, bei PITT-KID in ein psychodynamisch-systemisches Gesamtkonzept.

4.6 Die Arbeit mit dem »jüngeren inneren Kind«

Wenn man mit dem Konzept »inneres jüngeres Kind« arbeiten will, setzt dies unbedingt ein ausreichend stabiles heutiges Ich voraus, eines, das nicht dauernd vor sich selbst davonrennt.

Dieser Ratschlag beinhaltet, dass man oft genug erst einmal mit dem Kind oder Jugendlichen daran arbeiten sollte, dass sie ein Empfinden entwickeln für sich als Mensch auf einem bestimmten Entwicklungsniveau mit entsprechenden Kompetenzen und dass sich ihre altersgemäßen Kompetenzen entfalten. Selbst wenn man imaginativ die Fürsorge für das innere jüngere Kind inneren »idealen Fürsorgern« oder Helfern überlässt, sollte der Patient von heute bereit und fähig sein, sich als solchen zu sehen. Dies ist nicht immer selbstverständlich. Arbeitet man in solchen Fällen direkt mit dem »inneren jüngeren Kind«, verstärkt man häufig ungünstige regressive Prozesse. Bei Kindern, die die Schulreife noch nicht erreicht haben, sind weiterhin kognitive Funktionen in der Regel nicht so weit gereift, dass Ego-States (immer) klar voneinander differenziert werden können, was regressive Tendenzen im Zuge einer Arbeit mit jüngeren States weiter fördern kann. Es kann z. B. vorkommen, dass bereits die Beschäftigung mit dem inneren jüngeren Kind so viel traumatisches Material aktiviert, dass die Patienten praktisch kindergarten- oder schulunfähig werden. In diesem Fall ist es sehr wichtig, zunächst an Alltagssituationen zu arbeiten, die immer auch gute Gelegenheiten darstellen, Schwierigkeiten zu klären und das heutige Ich zu stärken. In Schule und Kindergarten können über die zuständigen Behörden in Kooperation mit der Therapeutin stützende Begleitpersonen eingeführt werden. Dies ist gerade dann sinnvoll, wenn das Kind durch Verhaltensweisen eine soziale Isolation erfährt. Im häuslichen Umfeld kann z. B. eine Familienhilfe von den Eltern beim Jugendamt beantragt werden, um Konfliktsituationen dort zu vermindern und Kind, Jugendlichen und die übrige Familie zu stärken. Das Erlernen oder Vertiefen basaler sozialer und schulischer Fertigkeiten kann so die Gesamtpersönlichkeit des Kindes stärken, bevor man sich in der Therapie belasteten Ego-States mit dem Kind gemeinsam annähert. Auch eine Arbeit im Sinn des Skill-Trainings nach Linehan (1996) kann hilfreich sein.

4.6.1 Arbeit mit dem inneren jüngeren Kind als Ego-State-Therapie

Die Arbeit mit dem »inneren jüngeren Kind« lässt sich sehr gut als Ego-State-Arbeit konzeptualisieren. Merke: Ego-States sind konzeptuell zu verstehen, selbstverständlich leben in der Patientin nicht verschiedene Menschen. Sie ist auch nicht schizophren, wenn sie sich vorstellt, dass es in ihr verschiedene Teile gibt, sondern sie versucht damit, etwas in sich zu benennen, das man genauso anders bezeichnen kann. Der Wert des Konzeptes liegt in seiner klinischen Stimmigkeit, Handhabbarkeit und Einfachheit, der sich gerade in der Behandlung von Kindern und Jugendlichen bewährt hat. Viele Kinder stellen im Spiel von sich aus einen Kontakt zu jüngeren Ego-States her, was geradezu als Evidenzphänomen für die methodische Vorgehensweise zu sprechen scheint.

Das innere Kind ist die Beschreibung eines energetischen Zustandes, der nicht dem Freud'schen Es entspricht, wie man zunächst meinen könnte.

Jeder State hat bzw. hatte eine adaptive Funktion. Die States sind in unterschiedlicher Weise voneinander getrennt. Die Dissoziation mag schwächer oder stärker sein. Manche Autoren sprechen auch von einer »Membran« zwischen den States, die ganz durchlässig bis völlig undurchlässig sein kann, dann könnte man auch von einer Mauer sprechen.

C. G. Jung sah die Persönlichkeit ebenfalls als etwas Vielfältiges an mit verschiedenen Teilen (Archetypen, Komplexe), die sowohl bewusst wie unbewusst sein können, so gibt es das Konzept des ewigen Jünglings, des göttlichen Kindes usw. Auf diese kann man, wenn man die Innere-Kind-Arbeit einer Patientin näherbringen will, ebenfalls gut zurückgreifen.

Symptome wie Angst, Panik, PTSD u. v. a. m. lassen sich häufig als Ausdruck verschiedener Ego-States und deren Probleme verstehen. Oft handelt es sich um frühere States, die in die Zeit der Traumatisierung/ Verletzung wie eingefroren sind.

Wenn man die verschiedenen States willkommen heißen und nutzen kann, hat man einen großen Reichtum zur Verfügung, der anders oft gar nicht zum Tragen kommt.

Bei Kindern und Jugendlichen hat sich gezeigt, dass zunächst die Arbeit an glücklichen, kompetenten Ego-States im Sinne des o.g. »runden Tisches« hilfreich ist. Die Patienten haben in der Regel Freude an dem Vorgehen, auch der gestalterische Prozess unterstützt die Motivation. Im weiteren Verlauf sollte dann die Arbeit am zweiten Tisch begonnen werden: Die Berührung mit den verletzten Teilen kostet in der Regel Kraft, auch wenn wir es bisher nicht erlebt haben, dass eine Patientin bei der Arbeit dissoziiert ist. Das sollte von der Therapeutin auch verhindert werden, indem die Patientin gut auf die Arbeit vorbereitet wurde und die »Stopp-Regel« der Patientin ermöglicht, jederzeit die Arbeit zu beenden, wenn die Annäherung an Themen intrusives Erleben auslöst.

Die Kinder am ressourcenvollen Tisch können dann das Team bilden, welches über Unterstützungsmaßnahmen für verletzte Anteile »diskutiert« und konkrete Hilfen anbietet.

Bei traumatisierten Patienten lässt sich die Schutzfunktion der States oft besonders gut erkennen und benennen. Das gilt sogar, wenn das manifeste Verhalten eines States destruktiv erscheint oder dysfunktional (z. B. bei Täterintrojekten).

Wichtigstes Ziel der Ego-State-Therapie ist, dass verschiedene Teile der »inneren Ich-Familie« zu konstruktiver Kommunikation und Kooperation angeregt werden, im Fall der Arbeit mit den jüngeren inneren Kindern auch, dass der frühere und der heutige Teil lernen, miteinander zu sprechen oder nonverbal zu kommunizieren. Mit kleineren Kindern passiert dies auf der Spielebene, mit größeren in der Vorstellungswelt oder im Gespräch mit dem Therapeuten. Kinder bis zum Grundschulalter nehmen die inneren jüngeren Kinder in der Regel sehr »ernst«, und es entsteht ein intensiver dialogischer Kontakt im Sinne gewünschter separativer Funktionen. Jugendlichen fällt dieser Zugang manchmal schwer, und sie tun »etwas« für das innere jüngere Kind. Es ergeben sich für die Ego-State-Arbeit folgende Ziele:

1. Ego-State-orientierte Arbeit mit dem inneren jüngeren Kind zur Stabilisierung bzw. Ich-Stärkung und für mehr innere Sicherheit.
2. Arbeit mit Ego-States, die mit Symptomen belastet sind, bedeutet in der Phase der Stabilisierung ebenfalls vor allem, diesen States ein Gefühl von Sicherheit und Geborgenheit zu vermitteln, häufig kann dies mittels des »sicheren Ortes« und durch hilfreiche Wesen geschehen.
3. Lösung von Symptomen und Neubewertung von traumatischen Erfahrungen mit einzelnen Ego-States gehört im Allgemeinen der Traumakonfrontationsphase an und wird stets mit erneuter Stabilisierung verbunden (s. weiter unten).
4. Integration i. S. von mehr Ko-Bewusstheit der States.

Merke:
Da Ego-State-Therapie beziehungsorientierte Arbeit ist, sollte die Therapeutin, der Therapeut auf vier verschiedene Formen der Beziehung achten:

1. Zusammenarbeit zwischen der Therapeutin und dem (in Teilen) kompetenten Ich von heute steht an erster Stelle;
2. Zusammenarbeit zwischen dem Therapeuten und dem »inneren jüngeren Kind«, wenn möglich über das Ich von heute;
3. Zusammenarbeit der Patientin mit ihren States, etwas, das sich besonders bewährt und das heutige Ich in der Regel stärkt;
4. Zusammenarbeit aller States.

Indikationen für Ego-State-orientierte Arbeit mit jüngeren Ich-Zuständen:

1. Der Patient spricht von sich aus von verschiedenen Teilen und von einem jüngeren Kind.
2. Auffälliges widersprüchliches Verhalten, das auf »innere Kämpfe« hindeutet, sowie länger dauernde oder mehrere erfolglose Therapien laden geradezu dazu ein, das Konzept der Ego-States und des inneren jüngeren Kindes anzubieten.
3. Schwere oder komplexe PTSD und/oder dissoziative Symptome sind eine wichtige Domäne für Ego-State-Arbeit allgemein und für die Arbeit mit dem inneren jüngeren Kind.

Kontraindikationen

1. Eine ausreichende Stabilisierung von altersangemessenen lebenspraktischen Fertigkeiten ist nicht möglich.
2. Eine Kooperation mit den Elternpersonen ist nicht herzustellen.
3. Der Patient lehnt die angebotene Sichtweise ab.
4. Bei Patienten bis zum Alter der Pubertät: Die primären Bezugspersonen lehnen die angebotene Sichtweise ab.
5. Wenn die Ego-State-orientierte Arbeit mit dem inneren jüngeren Kind mehr Fragmentierung schafft als vorher bzw. mehr Ganzheitlichkeit nicht in Sicht zu sein scheint, sollte man auf Ego-State-Arbeit eher verzichten.

4.7 Vorgehensweise zur Arbeit mit dem »jüngeren inneren Kind«

1. Gewinnen Sie die Patienten für das Konzept »inneres jüngeres Kind« bzw. nutzen Sie ihre bereits vorhandenen Sichtweisen (viele jüngere Kinder, aber auch Jugendliche kommen mit entsprechenden Vorstellungen und Bildern von sich).

2. Stellen Sie sicher, dass das heutige Ich ausreichend stabil ist, um sich mit dem inneren jüngeren Kind zu beschäftigen, ansonsten Alltagsbewältigung mit dem sozialen Umfeld und der Patientin erarbeiten, das stärkt das heutige Ich.

3. Führen Sie, falls erforderlich, erst eine klare Trennung zwischen der Patientin heute und dem früheren Kind ein. Solange die Patientin völlig mit dem jüngeren Kind identifiziert ist, möglicherweise in dissoziierten Zuständen, ist sie nicht in der Lage, diese Arbeit zu machen. Bei schwer traumatisierten jungen Kindern ist dies nicht selten der Fall.

4. Erkunden Sie hilfreiche States (z. B. Helferwesen, ideale Fürsorger), die dem jüngeren Kind beistehen können.

5. Ermutigen Sie die Patientin, dem jüngeren Kind imaginativ zu geben, was es braucht, um damit »unterbrochene Handlungen« (Horowitz) zu vervollständigen und zur Heilung zu bringen.

6. Denken Sie daran, dass Humor Kindern besonders guttut, und helfen Sie der Patientin, humorvoll mit ihrem inneren jüngeren Kind umzugehen.

7. Der Schmerz des jüngeren Kindes sollte anerkannt, aber nicht vertieft werden, es sollte nicht »zurückgegangen werden«. Der Schmerz ist »nur ein wenig im Raum«.

8. Helfen Sie dem Patienten, das Hier und Jetzt vom Damals zu unterscheiden. (Der junge Patient heute stellt eine andere Zeit dar und ist die Zukunft des früheren Kindes.)

9. Vermitteln Sie, dass die Person von heute in einer anderen Zeit lebt und somit die Zukunft des früheren Kindes bereits eingetreten ist, und regen Sie den Patienten an, dies dem jüngeren Kind in altersentsprechender Form zu vermitteln.

10. Helfen Sie dem Patienten, Bilder zu finden, wie er das jüngere Kind aus der belastenden Szene herausnimmt.

11. Helfen Sie mit, dass das innere jüngere Kind anschließend an einen guten Ort gebracht wird, der mit dem jüngeren Kind gemeinsam so gestaltet wird, dass es sich dort wohlfühlen kann.

12. Regen Sie an, dass der Patient dem Kind hilfreiche Wesen beigesellt, damit es nicht mehr allein ist.

13. Regen Sie den Patienten an, dass er regelmäßige Besuche verabredet, und betonen Sie die Notwendigkeit, dass er dies verlässlich tut. Auch die Bezugspersonen jüngerer Patienten sollten in diese Rituale eingeführt werden, um zu Hause gegebenenfalls das Gespräch darüber anzuregen und die Heilung zu unterstützen.

14. Klären Sie abschließend, wie sich die Tatsache, dass das jüngere Kind nun gut versorgt ist, auf das ältere auswirkt. Lassen Sie es imaginieren, wie es sich künftig verhalten wird, wenn es weiß, dass sein jüngeres Ich versorgt ist.

Und noch einmal sei betont, wie wichtig es ist, vor Beginn der Arbeit mit dem inneren jüngeren Kind ein stabiles heutiges Ich zu fördern.

Fallvignette

Die 16-jährige Nicole mit neu aufgetretenem selbstverletzendem Verhalten hat sich erneut »geritzt« und erzählt erstmalig in der Therapie davon.

Pat.: Ich weiß auch nicht, wie das passiert ist.

Th.: Wann ist es das erste Mal passiert?

Pat.: Als Peter und ich das erste Mal zärtlich miteinander geworden sind (Anm.: Peter ist der erste Freund nach einem sexuellen Missbrauch vor drei Jahren durch einen Unbekannten).

Th.: Was war das Problem, als ihr euch näher gekommen seid?

Pat.: Ich hatte auf einmal Angst.

Th.: Glaubst du denn, dass du vor Peter Angst haben solltest?

Pat.: Nein, natürlich nicht!

Th.: D. h., dass es eigentlich nicht zur Wirklichkeit passt, dein Gefühl gegenüber Peter?

(Der Therapeut lädt also das heutige Ich zur Realitätskontrolle ein.)

Pat.: Ja, und das lässt mich verzweifeln und ich war innerlich total unter Druck, deshalb habe ich mich neulich das erste Mal geritzt, ich kam mir so bescheuert vor, ich konnte es Peter doch nicht erzählen.

Th.: Das wäre vielleicht auch zum jetzigen Zeitpunkt noch zu früh, da hast du dich in der Situation vor einer Überforderung geschützt. Und kann es sein, dass dir durch die Nähe die schlimme Situation damals wieder hochkam?

Pat.: Das kann gut sein.

Th.: Aber das ist nicht realistisch, denn Peter ist, wie du mir berichtetest, sehr liebevoll mit dir.

(Der Therapeut versucht, den Übertragungsaspekt ins Bewusstsein zu bringen.)

Pat.: Ja, und das quält mich ja gerade so, dass ich ihm Unrecht tue.

Th.: Trotzdem hat die Nähe mit Peter bei dir die Angst der Nicole von vor drei Jahren ausgelöst.

(Der Therapeut regt durch seine Art der Formulierung der Frage eine Trennung von heutigem Ich und früherem Ich an, um der Patientin zu helfen, sich von den für sie sehr schmerzlichen Gefühlen zu distanzieren.)

Th.: Was war für die jüngere Nicole am schlimmsten?

Pat.: Die Angst, dass sie vielleicht sterben muss.

Th.: Das ist das Schlimmste, was einem Menschen passieren kann.

(Der Therapeut lädt die Patientin zu Mitgefühl ein.)

Pat.: (nickt)

Th.: Weiß das kleine Mädchen in dir, dass es vorbei ist?

Pat.: Woher soll ich das wissen?

Th.: Du könntest es z. B. fragen.

Pat.: Wie, jetzt?

Th.: Ja, wenn du das willst. Kannst du sie dir vorstellen?

Pat.: (schließt die Augen, nickt) Ja, sie hat ihr blaues Kleid an. Sie weint und ist verzweifelt.

Th.: Das verstehe ich. Sie war in einer bedrohlichen Lage. Und sie fühlt sich immer noch bedroht. Kannst du jetzt versuchen, mit ihr zu sprechen? Kannst du ihr sagen, dass es vorbei ist?

(Die Patientin kommt mit ihrem Erleben nahe an die traumatische Situation heran. Sie ist aber mit der Ego-State-Idee und Distanzierungsübungen schon vertraut und insgesamt in einer stabilen Verfassung bis zur Begegnung mit ihrem Freund.)

179

Pat.: Ich will es versuchen. … sie mag es nicht glauben.

Th.: Das kann ich mir gut vorstellen, sie braucht Zeit, bis sie wieder vertrauen kann. Kannst du dir vorstellen, dass du sie nun jeden Tag triffst?

Pat.: (nickt)

(Es zeigt sich, dass die kleine Nicole nicht ganz vertrauen mag, was dann verständlich wird, wenn klar wird, dass sie seit Jahren keine Hilfe und keinen Schutz bekommen hat. Um ein Bewusstsein in so einer zentralen Therapiesituation zu verankern, hat es sich bewährt, Geschichten zu erzählen oder vorzulesen. Hier passt die Geschichte vom Fuchs und dem kleinen Prinz aus »Der kleine Prinz« von Saint-Exupéry, eine Geschichte, die die meisten PatientInnen kennen. Der Fuchs erklärt nämlich dem kleinen Prinzen, dass es notwendig sei, jeden Tag zur gleichen Zeit zu kommen und dann immer ein bisschen näher zu rücken, damit er sich mit ihm vertraut machen könne. Kleinen Kindern kann man die Geschichte in der Stunde auch vorlesen und den Sinn im Anschluss erspielen. Da zeigt sich dann, was das Kind verstanden hat, wir können im Detail weiter erklären und das Verständnis beim Kind vertiefen.)

Th.: Wann ist denn eine Zeit am Tag, an der du dir Zeit für die kleine Nicole nehmen möchtest?

Pat.: Abends, vor dem Zu-Bett-Gehen, vielleicht dann, wenn ich die anderen Übungen mache.

Th.: Es reichen schon ein paar Minuten, es ist aber wichtig, dass du regelmäßig Zeit für sie hast! Magst du ihr versprechen, dass du dich jetzt um sie kümmern wirst?

(Der Therapeut regt an, die imaginative Arbeit auf konkretes Verhalten im Alltag zu übertragen. Dies ist wichtig. Imaginative Arbeit dient der besseren Alltagsbewältigung.)

Pat.: Hoffentlich kriege ich das hin dranzudenken.

Th.: Das ist wichtig. Denn es ist mir wichtig, dass es dir und deinem inneren jüngeren Kind gut geht. Und das hilft dann auch irgendwann dir und Peter.

Der Therapeut macht hier noch einmal den Sinn der Arbeit an den Konflikten deutlich, die im Alltag aus der Situation resultierten. Das motiviert die Jugendliche zusätzlich.

Pat.: Was soll ich ihr denn sagen?

Th.: Frag sie doch noch einmal.

Pat.: Sie will, dass ich sie in den Arm nehme und aus der Situation heraushole und tröste.

Th.: Gut.

(Der Therapeut gibt jetzt eine Erklärung über die Wirkung von Vorstellungen, über die Tatsache, dass das, was jetzt wehtut, Erinnerungen sind, dass es nicht jetzt geschieht etc.)

Im Weiteren ist es wichtig, dass sich der Therapeut immer wieder von sich aus nach dem Wohlergehen des jüngeren Kindes/der Kinder erkundigt. So könnte eine Standardfrage sein: Wie geht es deinem kleinen Mädchen? Im Verlauf gelang es der Patientin tatsächlich besser, Nähe zu ihrem Freund zuzulassen. Sie berichtete ihm von ihrer traumatischen Erfahrung. Sie nutzte das Angebot des Therapeuten, den Freund eine Stunde in die Therapiestunde einzuladen. So konnten die Folgen der Traumatisierung dem Freund aufgezeigt und ein Dialog über den Umgang mit diesen zwischen den beiden in Gang gebracht werden. Belastende Reaktionen des Freundes auf ihre Symptomatik konnten so reduziert werden.

Häufig erleben TherapeutInnen, dass sie sich um dieses Kind kümmern sollten, sei es, dass die PatientInnen den Wunsch aktiv an sie herantragen, sei es, dass sich dies als Gegenübertragung vermittelt. Es ist eine Frage des Taktes, des Feingefühls und des therapeutischen Wissens und der Erfahrung, dies – gelegentlich – zu tun oder auch nicht. Für uns gilt die Empfehlung, der Patientin so viel Autonomie wie möglich zu lassen, sie aber auch nicht hängen zu lassen. Vielleicht hilft hier das Bild großelterlicher Fürsorge. Gute Großeltern sind für ihre Kinder, die Eltern, da und machen ihnen Mut, wissend, dass diese tun, was sie können. Aber sie dürfen sich auch gelegentlich um die Enkelkinder kümmern und dann auch Dinge tun, die die Eltern so nicht täten.

TherapeutInnen sind sowohl AnwältInnen der heutigen Patienten als auch des jüngeren Kindes und vermitteln zwischen beiden.

Wenn PatientInnen sich mit dieser Arbeit vertraut machen können, führt das zu einem erheblichen Zuwachs an Selbstberuhigungskompetenz. Kinder, mit denen wir in den Therapiestunden spielen, verinnerlichen die tragenden Überzeugungen intuitiv und reflektieren ihre Wirkung im wiederholten »guten Spiel«.

Merke: Selbsttröstende Maßnahmen, wie sie die Arbeit mit dem »inneren Kind« beinhalten, sind sehr häufig zu machen. »1000 Mal« ist vermutlich eine gute Metapher. Hirnforscher sprechen davon, dass man etwas 1000 Mal tun muss, damit man es verinnerlicht hat. Freude, Humor und Lachen sind dabei sehr hilfreich.

Es kann vorkommen, dass bei der Arbeit mit dem inneren Kind eine starke Erregung, Panik oder ein Freezing etc. auftreten. Auch bei Nicole hätte dies passieren können, wenn sie nicht bereits gute Distanzierungskompetenzen entwickelt hätte. Die genannten Symptome weisen darauf hin, dass es eine Affektbrücke zu einer traumatischen Situation gibt bzw. dass die angedeutete Situation traumatischen Charakter hat. Dann sind distanzierende Techniken erforderlich, z. B.: »Stelle dir vor, dass du die Szene von weitem betrachtest.« Auch das Wahrnehmen des Hier und Jetzt und Grounding sind dann notwendig. »Du bist jetzt hier in meinem Therapiezimmer, heute ist der …, du bist hier sicher, kannst du das wahrnehmen?«

Modifikation der Arbeit mit dem inneren jüngeren Kind bei stärker dissoziativen PatientInnen
Bei hoch dissoziativen PatientInnen geht es zunächst darum, dass die jüngeren Ichs sozusagen lernen, dass sie heute in Sicherheit sind. Das weiß zwar die heutige Person – und Patienten sagen dann »im Kopf weiß ich das«, aber die jüngeren Ichs wissen eben nicht, dass sie in Sicherheit sind, denn es handelt sich ja um traumatisierte Ichs, die im Trauma wie eingefroren sind. Es hat sich bewährt, wenn Patienten sich konsequent darin üben, ihren jüngeren Ichs zu erklären, dass sie jetzt an einem anderen Ort, in einer anderen Zeit und in einer anderen Situation sind. Manche jugendliche Patienten finden diese Idee etwas seltsam. Kleinere Kinder, die mit dem Distanzierungsprinzip vertraut sind, produzieren im Spiel von sich aus, quasi als heilsame Erfindung gegen das traumatische Reinszenieren, wiederholt heilsame Spielsequenzen. Auch sie sind in der Regel zu einer versorgenden, bemutternden Funktion in der Lage. Gegebenenfalls hilft die Therapeutin zunächst, den »Einstieg« zu finden.

Fallbeispiel:

Der 5-jährige Paul wurde von seinem getrennt lebenden Vater wiederholt bestraft, indem er bei Abwesenheit der Mutter nach »Fehlverhalten« in eine dunkle Kammer gesperrt wurde und dort Todesängste ausgestanden hat. Bei Dunkelheit oder Trennungen von der Mutter reagiert Paul oft mit Panik, wirkt dann um vieles jünger auf die Mutter. Es hat mehrere Stunden gebraucht, bis Paul allein mit dem Therapeuten im Spielzimmer sein mochte. Auf dem Boden ist im Verlauf folgende Spielszene entstanden, die sich dann über mehrere Stunden wiederholte: Der Teddy war böse und wurde von Paul zur Strafe in die Holzkiste gestopft.

Th.: Warum muss Teddy in die Kiste?

Pat.: Teddy war frech, hat Saft ausgekippt. Dann kommt er in die Kiste, so ist das.

Th.: Das ist aber ganz schön streng!

Pat.: Ja, und jetzt hat er Angst und weint und will raus, aber er kommt nicht raus.

Th.: Aber es ist doch ganz dunkel darin, er ist doch klein!

Pat.: Ja, aber das ist die Strafe.

Th.: Hat Teddy das denn absichtlich gemacht?

Pat.: Nein, aber Strafe muss sein.

(Der Patient ist in seinem Spiel mit dem bedrohlichen Vater identifiziert. Gleichzeitig könnte er das Thema aber auch einbringen, um es einer Realitätskontrolle und Neubewertung durch den Therapeuten vorzustellen, zu dem Paul ein Vertrauensverhältnis aufgebaut hat. Der Therapeut wird auch noch einmal mit seiner Reaktion geprüft, ob er auch ein Erwachsener ist, der so gefährlich werden könnte. Die Täteridentifikation als »Notlösung« i. S. der Traumakompensation wird hier nicht mit dem Patienten besprochen, eher eine Neuorientierung im Sinne der Arbeit mit dem verletzten inneren jüngeren Ich.)

Th.: Wollen wir ihn nicht herauslassen, den armen Teddy, ich glaube, ich tu das jetzt.

(Der Therapeut wirbt für Mitgefühl mit dem vermeintlichen jüngeren Kind.)

Pat.: Na gut (öffnet den Deckel der Kiste).

Th.: Willst du ihn herausnehmen?

Pat.: Nein, mach du.

(Der Therapeut wird als helfendes Wesen vom Kind eingeführt.)

Th.: O. k. (nimmt Teddy auf den Arm). Was fällt dir denn ein, was er jetzt braucht? Magst du ihn fragen?

Pat.: Mach du.

(Paul nutzt den Therapeuten wieder als »realen erwachsenen Helfer im Spiel« und korrigiert gleichsam die traumatische Beziehungserfahrung an einem »guten Beispiel«, dem Therapeuten. Hier wird deutlich, dass Kinder eben weniger nur auf imaginierte Helfer ihre Heilung aufbauen (können), sondern ihrem emotionalen Entwicklungsstand entsprechend ihr Bedürfnis nach real Entwicklung fördernden und Schutz bietenden Bezugspersonen einfordern.)

Th.: O. k., Teddy, das war bestimmt ganz schlimm, da im Dunkeln, was können wir, der Paul und ich, denn jetzt für dich tun?

Pat: (mit Baby-Stimme) Ich möchte jetzt eine Fanta.

Th.: (zu Paul) Hast du eine Fanta für Teddy?

Pat.: Ja, hier und auch noch eine Decke, in der Kiste war es nämlich kalt.

(Der Therapeut versucht, den Patienten selbst als helfendes Ich von heute in die Arbeit mit einzubeziehen, was Paul aufgreift.)

Th.: Jetzt geht es Teddy schon besser, magst du ihn mal nehmen?

Pat.: (nimmt Teddy, liebkost ihn)

Th.: Dem Teddy ist es eben vielleicht so ergangen wie dem kleinen Paul, als er in die dunkle Kammer gesteckt wurde? Erinnerst du dich an die Tafelrunde mit den kleinen Pauls am Tisch? Der Teddy könnte doch für gerade den Paul stehen, und das ist vielleicht doch auch der, der immer solche Angst hat, allein zu sein, auch wenn die Mama da ist oder?

Pat.: (nickt und wickelt den Teddy noch fester in die Decke)

(Der Therapeut weist auf den Übertragungsaspekt bei der Spielszene und in der Realität hin und regt zu einem Erkennen der unterschiedlich wirksamen Ego-States im Alltag an.)

Th.: Ich glaube, Teddy braucht bei der Angst, die er immer noch hat, noch ganz viel Fanta und Decke, damit er endlich wieder beruhigt ist. Ich schlage vor, dass du jetzt immer wieder an ihn denkst und auf den Arm nimmst und beruhigst? Ich werde mich mit dir kümmern, dass es nicht vergessen wird, o. k.?

(Der Therapeut regt an, die gespielte imaginative Arbeit auf konkretes Verhalten im Alltag zu übertragen. Dies ist auch bei kleinen Kindern wichtig.)

Pat.: O. k., und Mama kann ihm ja auch Fanta geben?

Th.: Ja, wenn ich die Mama nächstes Mal sehe, sage ich ihr das, vielleicht könnt ihr ihn ja zusammen pflegen, ich leihe dir den Teddy aus, o. k.? Vielleicht hat er bei dir zu Hause ja einen Bruder, den du dann für ihn pflegen kannst, wenn Teddy wieder bei mir ist …

(Die Mutter wird aktiv als hilfreiches Objekt in die Pflegemaßnahmen mit einbezogen.)

Im Verlauf bessern sich die Ängste von Paul vor Dunkelheit und Alleinsein. Die Mutter hat so mehr Raum für eigene Aktivitäten, und eine ungünstige Abhängigkeit von Mutter und Kind mit unterschiedlichen psychodynamischen Aspekten kann so in eine größere Autonomie beider überführt werden.

Vorgehen:

1. Erläutern Sie der Patientin altersangepasst das Konzept verschiedener Ich-Zustände.

2. Beziehen Sie vor allem bei Kindern bis zum Alter vor der Pubertät die Eltern mit in die Arbeit ein und leiten Sie diese gegebenenfalls zum Wiederholen und Üben zu Hause gemeinsam mit dem Kind an.

3. Fragen Sie immer wieder nach, ob alle das Vorgehen verstanden haben und wie die Umsetzung der Ideen klappt; so können Sie gemeinsam mit Kind und Eltern Nachbesserungen an der Arbeit vorschlagen.

4. Klären Sie, ob sie diesem Konzept intellektuell zustimmen kann. Die Erfahrung zeigt, dass Kinder Konzepte intuitiv, quasi »aus dem Bauch heraus« evaluieren. Greifen sie die Ideen auf, ist das meist ein Zeichen für eine Akzeptanz.

5. Nehmen Sie sich bei kleineren Kindern ausreichend Zeit für die Einführung Ihrer Vorstellungen. Eventuell braucht es mehrere Spiele- oder Zeichensequenzen, bis das Kind alles annehmen kann und will.

6. Bitten Sie die Patientin, dass sie als Ich von heute ihrem inneren jüngeren Kind, oder genauer ihren inneren jüngeren Kindern, immer wieder erklärt, dass sie jetzt in einer anderen Zeit, an einem anderen Ort und in einer anderen Situation sind als damals.

7. Machen Sie deutlich, dass diese Arbeit Geduld, Langmut und Ausdauer braucht.
8. Fragen Sie immer wieder danach, wie die Patientin und die Eltern mit dieser Art des Umgangs mit sich selbst zurechtkommen.
9. Sehen Sie mit der Patientin (gegebenenfalls gemeinsam mit den Eltern) Entwicklungen sowie Erfolge anhand der Behandlungskurve an. Die Bewusstmachung von Erfolgen wirkt wiederum als hilfreich für den weiteren Verlauf, stagnierende Entwicklungen können so gemeinsam hinterfragt werden.

4.8 Häufig gestellte Fragen zur Arbeit mit dem »jüngeren inneren Kind«

■ **Frage: Wie beginnt man die Arbeit mit dem inneren jüngeren Kind bzw. wie führt man sie ein, wenn in der Zeit des Therapiebeginns das Konzept Eltern und Kind bereits vorgestellt und kindgerecht erläutert wurde?**

Es gibt verschiedene Möglichkeiten:

1. Die Patientin benimmt sich dem Alter unangemessen. Dann können Sie fragen, ob sich das Kind oder die jugendliche Patientin vorstellen kann, dass quasi zwei da sind: eine heutige Patientin und ein jüngeres Kind. Anschließend können Sie diese Arbeit ausführlich erklären. Bei kleineren Kindern ist der Weg oft eher ein anderer: Die Mutter berichtet erneut von aggressiven Impulsdurchbrüchen in der Grundschule: »Julius ist wieder ausgerastet, als wäre er vier Jahre alt, war wie außer sich, wie die Lehrer meinten.« Oder das Kind bringt eine Spielszene ein, über die sich dann eine Verbindung zu verletzten jüngeren inneren Kindern herstellen lässt.
2. Die Patientin berichtet von Situationen, die ihr Probleme machen, aus denen man schließen kann, dass dann frühere Ego-States präsent sind. Fragen Sie sie dann ebenfalls, ob sie es für möglich hält, dass das Problem mit einem jüngeren kindlichen Teil in ihr zusammenhängt.

■ **Frage: Wie oft beziehe ich die Eltern in die Arbeit mit ein?**

Die Eltern sollen vor Beginn der eigentlichen Therapie über die Konzeption unserer Arbeit informiert worden sein. Die ersten, mehr psychoedukativen Therapiestunden dienen Kind und Eltern dazu, mit dem Konzept vertraut zu werden. Die »Tafelrunden« der inneren jüngeren Kinder werden auch mit Kind und Eltern gemeinsam erarbeitet, wenn die Kinder nicht bereits in der Pubertät sind. Im Jugendlichenalter werden Eltern eher »informiert«, und die Beziehung zu der Therapeutin hat für die Patientin eher den »exklusiven« Charakter wie bei erwachsenen Patienten. Die Eltern sollten sich aber nach Absprache mit dem Patienten nach Möglichkeit »bereithalten« für intensivere Kooperationen, z. B. auch in der Zeit der Konfrontationsphase. Ergibt es sich zum ersten Mal, dass die konkrete Arbeit am inneren jüngeren Kind sinnvoll erscheint, so werden die Eltern z. B. in der Folgestunde dazu gebeten oder ein extra Termin für ein Elterngespräch anberaumt. Oftmals reicht es aber auch, das Thema in den in der Regel in einer Frequenz von 1:4 stattfindenden begleitenden Elterngesprächen anzusprechen und gegebenenfalls einen Teil der Stunde mit Eltern und Kind für das Thema zu nutzen. Wichtig ist es, dass alle Parteien immer auch exklusive Gespräche mit der Therapeutin führen können.

■ **Frage: Ist die therapeutische Arbeit mit dem inneren jüngeren Kind sinnvoll bei Kindern und Jugendlichen, die noch Täterkontakt haben bzw. in belastenden familiären Strukturen leben?**

Äußere Sicherheit hat immer Vorrang vor innerer Arbeit, das gilt auch für die Arbeit mit dem inneren jüngeren Kind. Daher sollten Sie sehr genau abwägen, was geht und was nicht. Möglicherweise hilft das Erkennen bedürftiger jüngerer kindlicher Teile des Kindes/Jugendlichen im Hier und Jetzt, mehr Abstand zu halten. Wir empfehlen Jugendlichen dann die Imagination des sicheren Ortes für das jüngere Kind, wenn schwierige Situationen zu bewältigen sind, mit dem Hinweis, dass die zu bewältigende Aufgabe eine für die heutige Patientin ist und nicht für das jüngere Kind. Dies kann dazu führen, dass die Patientin anfängt, die Dinge klarer zu sehen. Es kann aber auch sein, dass das innere jüngere Kind so stark getriggert wird, dass man nicht weiterkommt, solange die Patientin keinen Abstand halten kann.

■ **Frage: Was ist, wenn eine Patientin keinen Zugang hat zum inneren jüngeren Kind bzw. wenn sie sagt, sie kenne keine frühere Situation, die mit dieser aktuellen Auslösesituation in Verbindung steht?**

Wenn eine Patientin mit einer Frage der Therapeutin nichts anfangen kann, so ist das zu respektieren. Der Ausdruck »aktuelle Auslösesituation« müsste dann wohl durch »aktueller Konflikt« ersetzt werden. Für viele PatientInnen ist es wichtig, dass die TherapeutInnen sich erst einmal für deren aktuellen Konflikt interessieren und Lösungen dafür erarbeitet werden. Dies stärkt auch das Ich von heute, und gerade dadurch wird es möglich, später dann auch Kontakt zu inneren Selbstanteilen aufzunehmen.

■ **Frage: Was tun, wenn Patienten keinerlei Mitgefühl oder Würdigung für das, was das innere jüngere Kind geleistet bzw. erlitten hat, aufbringen?**

Fast immer haben die Patienten dann noch Täterkontakt oder die häusliche Umgebung unterstützt die therapeutische Arbeit nicht ausreichend. Ein Gespräch mit den Eltern kann dann Klarheit bringen. Es gibt aber noch einen weiteren Grund: Wenn eine Patientin sich ihrem inneren jüngeren verletzten Kind zuwendet, spürt sie dessen Schmerz. Manche fürchten sich (unbewusst) davor. Das ist immer ein Zeichen für eine partielle Ich-Schwäche, das heißt, das Ich von heute verfügt nicht über genügend Stabilität im Umgang mit schmerzhaften Gefühlen. Und die Patientin hat sich daran gewöhnt, diesen schmerzlichen Gefühlen auszuweichen. So muss zunächst ein wenig Schmerztoleranz erarbeitet werden. Meist geht es über den Umweg, sich ein äußeres geliebtes Kind vorzustellen oder die beste Freundin der Kindheit. Bei kleineren Kindern kann dies auch in der Spielszene erarbeitet werden. Die Freundin kann spielerisch eingeführt werden, indem die Therapeutin diesen Brückenschlag vorschlägt. Hilfreich ist es auch, sich immer wieder in einer eher beobachtenden Haltung zu üben, sodass es nicht zu einer Gefühlsüberflutung kommen kann. Patienten brauchen nach unserem Verständnis erst einmal die Sicherheit, dass Gefühle einen nicht überwältigen müssen, bevor sie sich ihnen annähern. Die Idee, dass man aushalten muss, dass es eben ganz schrecklich war und man sich deshalb dem Schmerz »stellen muss«, ist für diese Patienten nicht hilfreich. Häufig brechen sie die Therapie ab. Und damit haben sie recht. Es ist der Fehler des Therapeuten, wenn er nicht dabei hilft, Gefühle aushalten zu können.

▪ Frage: Wie lange soll man in der alten belastenden Szene bleiben?

So kurz wie möglich und so lang wie nötig. Grundsätzlich gilt, dass insbesondere während der Stabilisierungsphase das jüngere Kind nicht in der alten belastenden Szene belassen werden sollte und es auch nicht sehr hilfreich ist, dort länger zu verweilen. Stellen Sie sich ein Kind in Not vor. Was tun Sie mit ihm? Nehmen Sie es nicht so schnell wie möglich aus der Bedrohung heraus? Das Gleiche gilt für das innere jüngere Kind. Aber auch hier gibt es gelegentlich Ausnahmen.

Manchmal kann das jüngere Kind die Szene nicht verlassen, weil es sich für andere, z. B. für jüngere Geschwister, verantwortlich fühlt. Dann kann es hilfreich sein, dem jüngeren Kind zu erklären, dass die anderen auch längst älter sind und von daher Hilfe bekommen, wenn sie wollen.

▪ Frage: Darf der sichere Ort – für das jüngere Kind – aus der Zeit stammen, in der das Trauma passiert ist?

Es ist ratsam, die Patientin dafür zu gewinnen, dass sie einen anderen Ort findet, und ihr plausibel zu machen, dass es sonst leicht zu einem »Kippen« kommen und das jüngere Kind nicht in Sicherheit bleiben kann.

▪ Frage: Was ist, wenn der heutige sichere Ort dem jüngeren Kind unbekannt bzw. unsicher ist?

Sie sollten die Patientin ermutigen, den Ort mit dem jüngeren Kind so zu gestalten, dass es sich dort wohlfühlt. Das braucht manchmal etwas Geduld und Fantasie. Erinnern Sie daran, dass unsere Vorstellungskraft eine Art Zauberkraft ist, wobei kleinere Kinder den Schlüssel zu ihr in der Regel viel schneller finden.

Fallen

> 1. Die Arbeit mit dem inneren jüngeren Kind ist kein Ersatz für ein konzentriertes, professionelles und liebevolles Engagement des Therapeuten und vor allem der Elternpersonen sowie anderer Erwachsener im sozialen Umfeld des »heutigen« Kindes.
> 2. Lassen Sie sich andererseits nicht verführen, dem heutigen Kind oder Jugendlichen etwas abzunehmen, das die Patientin selbst kann oder erlernen kann, selbst zu tun.

4.9 Arbeit mit Täterintrojekten

Was ist ein Täterintrojekt?

Zunächst ist es wichtig zu verstehen, dass Introjektion ein normaler psychischer Vorgang ist. Die deutsche Übersetzung ist Verinnerlichung. Gefühle, Gedanken, Verhalten einer anderen Person werden ins Selbst hineingenommen. Normalerweise erfolgt eine Assimilation, sodass aus Introjekten Selbstanteile werden, die nicht als fremd erlebt werden.

Neuerdings wird vonseiten der Hirnforscher darauf hingewiesen, dass Menschen aufgrund der Ausstattung mit Spiegelneuronen gar nicht anders können, als das, was ein anderer vormacht und vorlebt, ebenfalls zu tun und zu Ende zu bringen (dazu Bauer, 2005). Für ein Kind, das noch keine ausreichenden Steuerungsmöglichkeiten hat, um Spiegelphänomene zu kontrollieren, ist es daher also auch aus biologischen Gründen nicht zu umgehen, dass es handelt, fühlt und denkt wie der Täter.

Täterintrojektion kann als ein Schutzvorgang verstanden werden, der während traumatischer Situationen hilft, sich vor überwältigender Ohnmacht zu schützen. Lebt der Täter im Selbst, ist die Tat richtig, und damit gibt es quasi keine Ohnmacht. Täterintrojektion im Kindesalter schützt das Kind außerdem vor Objektverlust.

Identifikation ist in der psychoanalytischen Neurosenlehre eine reifere Abwehrform. Wenn man sich mit jemandem identifiziert, verhält man sich so wie der andere. Auch Identifikation gehört zur normalen Entwicklung. Täteridentifikation ist ebenfalls ein Schutz, nämlich vor allem vor schmerzlichen Gefühlen. Täteridentifizierte Teile verhalten sich also wie die Täter, während Täterintrojekte dazu führen, dass man denkt oder fühlt wie der Täter, wobei das eine mit dem anderen kombiniert auftreten kann.

Den Begriff Täterintrojekt sollte man nur verwenden, wenn eine Tat bekannt ist. Andernfalls sollte man von malignen Introjekten sprechen oder auch nur von malignen Teilen.

Indikation für Täterintrojektarbeit:

Man sollte an oder mit Täterintrojekten nur arbeiten, wenn sie sich störend bemerkbar machen.

Während die Arbeit mit guten Bildern als Gegengewicht sowie die Arbeit mit jüngeren Ichs stets früher oder später eingeführt werden sollte, gilt dies für die Arbeit mit Täterintrojekten so nicht. Solange sie nicht stören und die Arbeit gut vorankommt, ist es nicht sinnvoll, Täterintrojektarbeit zu machen.

In der PITT haben sich zwei imaginative Wege der Arbeit mit Täterintrojekten oder malignen Introjekten bewährt:

1. Das »Drachentötermodell« und der »Innere Störenfried«
2. Die Ego-State-orientierte Arbeit

4.10 Arbeit mit dem »Drachentötermodell« und dem »inneren Störenfried«

In »Imagination als heilsame Kraft« wird die Arbeit mit einem Modell, das »Drachentötermodell« genannt wird, ausführlich dargestellt. Dabei geht es darum, dass das Ich von heute sich von diesem »inneren Drachen«, von diesem »inneren Feind« imaginativ befreit. Das Modell dazu sind Märchen und Mythen, in denen ein ganz und gar böses Wesen getötet wird (s. dazu Reddemann, 1998, dort finden Sie auch ausführliche Falldarstellungen, »PITT-Manual …« S. 135).

Es scheint so zu sein, dass es in uns Schichten gibt, da denken wir »primitiv«, teilen die Welt ein in ganz gut und ganz böse und suchen diese Dichotomie in Film und Literatur. Für PatientInnen mit einer Trauma-Folgestörung vom Typ einer (Borderline-)Persönlichkeitsentwicklung scheint es eine Hilfe zu sein, wenn sie sich die Vorstellung erlauben, diese Einteilung der Welt vorzunehmen.

Unser Vorschlag mag manchen allzu pragmatisch erscheinen. Unsere Erfahrung ist, dass es für manche Patienten sehr hilfreich ist, sich imaginativ auf das Drachentöten oder ähnliche Bilder einzulassen. Sie fühlen sich anschließend wie befreit. Kindern kann man die Geschichte von Jim Knopf und Lukas dem Lokomotivführer von Michael Ende erzählen, die den bösen Drachen Frau Malzahn quasi verwandeln, unschädlich machen und das Böse zu Gutem transformieren. Wobei wir betonen möchten, dass das Finden des Schatzes des »Drachen« und der Umgang damit, d. h. der Transfer in den Alltag, sicher mindestens ebenso wichtig ist, möglicherweise sogar wichtiger (s. »Imagination…« S. 81 – 88). Vor allem Kinder nehmen das Bild vom Kampf mit dem Drachen gerne auf. Ihnen entspricht diese Vorstellung auch aufgrund ihres psychischen Entwicklungsstandes. Dieser erlaubt ein differenziertes, integratives Weltverständnis erst dann, wenn ein naives »Schwarz-Weiß-Malen« durchlaufen wurde und eine ambivalente Wahrnehmung von wichtigen Bezugspersonen und -punkten im Leben durch die Entwicklung eigener Stärke und Autonomie erträglich wird. Ein voller »Vorratsschrank guter Erfahrung« z. B. auch im Sinne von vorwiegend guten Objektrepräsentanzen macht das Ertragen von enttäuschendem und »Bösem« an der Seite des Guten erst möglich.

4.11 Zusammenfassung: Vorgehen bei der Täterintrojektarbeit

Täterintrojekte können zu jedem Zeitpunkt der Begegnung mit dem Kind oder Jugendlichen in Erscheinung treten. Es ist nicht selten der Fall, dass gerade in der ersten Phase diese Anteile mobilisiert werden, wenn es darum geht, sich der Therapeutin anzuvertrauen. Auch sagen diese inneren Anteile ja nicht selten, dass es dem Kind nicht gut gehen darf. Die Therapie kann dies ja gerade zum gemeinsamen Ziel von Eltern und Kind machen. Hier empfiehlt es sich, mögliche Anteile zu benennen, aber nicht gleich umwandeln oder unschädlich machen zu wollen, sondern auf einen späteren Zeitpunkt zu verweisen. Zunächst müssen ausreichend hilfreiche, versorgende Helferwesen in der Vorstellungswelt aufgebaut werden, um es sich »leisten« zu können, auf die Täterintrojekte zu »verzichten«.

Die folgenden Empfehlungen beziehen sich auf Imaginationen genauso wie auf eine szenisch gespielte Arbeit mit Täterintrojekten. Neben dem »Drachen« ist der »innere Störenfried« eine Begrifflichkeit, die empfehlenswert für die Täterintrojektarbeit ist. Kinder ziehen natürlicherweise die Sprache der Märchenwelt vor und assoziieren auf Begriffe oft spontan und engagiert.

Bezogen auf das Bild der Tafelrunde der unterschiedlichen Ego-States entsprechen diese Störenfriede unerkannten Geschöpfen oder Drachen, welche unter dem Tisch ihr Unwesen zu treiben pflegen. Sie zwicken und stören den König/die Königin, das Ich von heute, beim guten Regieren im Alltag und auch andere Kinder am runden Tisch: Sie wirken nicht selten unerkannt, indem sie z. B. pieksen und Fallen stellen und leise von irgendwoher alte Zaubersprüche flüstern, die einmal zum Überleben geholfen haben. Sie sind den verletzten Kindern bei ihren Kämpfen früher einmal Gehilfen gewesen, wilde Gesellen von einer anderen Macht oder Drachen, die nach dem Kampf nicht von der Seite des Kindes gewichen und an der Tafelrunde untergeschlüpft sind. Vor allem haben sie nicht verstanden, dass der Kampf jetzt vorbei ist und sie ihr Schwert einstecken und ihr früher hilfreiches Geflüster beenden können. Sie haben in einem Rucksack einen Schatz verborgen, der ihnen die Kraft verleiht, die dem jüngeren Kind an der Seite früher einmal hilfreich war und den kann man versuchen, dem Drachen abzuluchsen.

1. Bei kleineren Kindern ist es äußerst wichtig, dass sie zum (neuen) familiären Umfeld ein Mindestmaß an Vertrauen aufgebaut haben. Das Ausmaß der (Beziehungs-)Traumatisierungen und schlechten Erfahrungen mit Erwachsenen hat einen erheblichen Einfluss auf die Beziehungsgestaltung danach: Erwachsene im privaten wie im professionellen Umfeld der Jugendhilfe sind hier von großer Bedeutung, wenn es für das Kind darum geht, neuerlich Vertrauen in die Welt und in menschliche Beziehung zu gewinnen, wo schon einmal alles verloren war und die primären Bezugspersonen z. B. missbräuchlich waren.

2. Benennen Sie das Introjekt, z. B.: Kannst du dir vorstellen, dass es einen Teil/ein Wesen gibt, der dem jüngeren Kind in dir dauernd die Schuld gibt?

3. Schlagen Sie vor, diesem Teil eine Gestalt zu geben, wenn Sie nicht den Drachen von vornherein einführen wollen.

4. Achten Sie darauf, dass die Gestalt auf gar keinen Fall die der Eltern ist. Mit oben beschriebenem Bild ist das meist gewährleistet. Eine Distanz zu realen Personen im Umfeld wurde bildlich bereits hergestellt. Korrigieren Sie gegebenenfalls Äußerungen wie: »Das ist mein Vater.« Ein inneres Objekt/ein innerer Teil ist nicht ein äußeres Wesen, allenfalls handelt es sich um ein (früheres) Abbild der äußeren Person.

5. Erklären Sie, warum es wichtig ist, eine symbolische Gestalt zu finden. Bei Kindern ergibt sich dieser Punkt, wenn wir im konkreten Spiel ohnehin im Außen sind, also distanziert die Dinge betrachten. Trotzdem sollten wir gegenüber dem Kind erklären, wie wichtig es ist, dass die Dinge im Außen verhandelt werden.

6. Klären Sie, ob genügend »gute« Wesen auf der inneren Bühne oder am sicheren Ort sind. Sie sind unerlässlich. Einmal benannt, sollte das Wesen vom runden Tisch, den verletzten jüngeren Kindern, getrennt werden. Die Helferwesen können diese Aufgabe übernehmen. Eine gute (gespielte oder imaginierte) »Sicherung« ist wichtig. Spielerisch kann eine Gefangennahme inszeniert werden – mit Respekt vor den guten Taten des Drachen.

7. Wenn die böse Gestalt in Zusammenhang mit den Eltern oder nahen Bezugspersonen der Kindheit steht, lassen Sie die Patientin zuvor unbedingt ein oder mehrere gute, liebevolle Wesen finden, gegebenenfalls »ideale Versorger« oder Wesen mit guten elterlichen Eigenschaften.

8. Klären Sie, ob und welche Helfer das Kind oder die Jugendliche in der Auseinandersetzung mit »dem Drachen« noch braucht.

9. Helfen Sie dem Kind oder Jugendlichen dabei, einen Weg zu finden, »den Drachen« (oder was auch immer) unschädlich zu machen. Das kann auch verbannen, zu Stein werden lassen oder in einen Helfer verwandeln bedeuten.

10. Wenn das Wesen unschädlich gemacht ist, schlagen Sie der Patientin vor, seinen Schatzrucksack zu öffnen.

11. Lassen Sie sich diesen Schatz genau beschreiben, es sei denn, die Patientin will ihn für sich behalten.

12. Regen Sie die Patientin an, sich die Auswirkung des Schatzes auf ihr Leben so genau wie möglich auszumalen, z. B. in Bezug auf Alltagsproblemsituationen. Kleinere Kinder brauchen hier mehr Unterstützung. Machen Sie Vorschläge, die sich aus dem Wissen um die Anamnese und der bisherigen Arbeit mit Kind und Eltern ergeben. Wo kann das Kind die Kraft am meisten gebrauchen?

13. Laden Sie die Patientin ein, sich bis zum nächsten Treffen täglich mit dem Schatz zu befassen. Jüngere Kinder in der Behandlung profitieren wieder davon, sich ein »Bild zu machen« von dem Schatz, zu zeichnen und den zu Hause sichtbar aufzuhängen.

14. Sprechen Sie in der nächsten Sitzung über die Auswirkungen des Schatzes.

15. Besprechen Sie mit allen Patienten, wie sie sich selbst helfen können, sich an ihren Schatz zu erinnern, lassen Sie den Patienten »Reminder« erfinden, z. B. mithilfe von symbolischen Gegenständen wie Ketten, Hölzchen oder Steinen, die sie mit sich tragen können. Man kann die Eltern auch anregen, ein kleines Beutelchen für den Schatz zu fertigen, wie ein »Medizinbeutelchen« – auch Medizin ist manchmal erst bitter und hilft dann.

4.12 Häufig gestellte Fragen zur Täterintrojektarbeit

▪ **Frage: Wie arbeitet man mit Täterintrojekten, die während der Ressourcenarbeit auftauchen?**

Prinzipiell spielt es keine Rolle, wann die Introjekte auftauchen. Es ist relativ häufig, dass Ressourcenarbeit bestimmte Introjekte auf den Plan ruft, z. B. solche, die vertreten, dass es dem Patienten nicht gut gehen darf, dass es gefährlich ist, wenn es einem gut geht etc.

▪ **Frage: Woran erkennt man den Unterschied zwischen Täterintrojekten und täteridentifizierten Teilen?**

Täterintrojekte äußern sich im Fühlen und Denken, also als »Kopfbewohner« (Goulding, 2000), Täteridentifikation äußert sich im Verhalten, Identifikationen könnten also als »Körperbewohner« bezeichnet werden.

Achtung: Dies sind Konzepte! Im »richtigen Leben« äußern sich Introjekte und Identifikationen deshalb manchmal gemischt. Es lohnt sich aber für die therapeutische Arbeit eine Trennung, wenn möglich, da die Probleme dann leichter handhabbar werden.

- **Frage: Was tun, wenn das negative Introjekt auf der inneren Bühne/dem sicheren inneren Ort oder im Spiel nach der Zerstörung wieder auftaucht?**

Ziehen Sie folgende Möglichkeiten in Betracht, indem Sie diese mit dem Kind oder Jugendlichen besprechen:

1. Gab es noch irgendetwas Gutes in dem Drachen? Dann dient die Wiederauferstehung dem Schutz und Erhalt dieses Guten.
2. In vielen Märchen muss der Held/die Heldin mit mehr als einem Bösewicht kämpfen. Ebenso kann es verschiedenste Täterintrojekte geben.

- **Frage: Was tun, wenn die Patientin bereits Angst bekommt, wenn man einen Täterteil benennt?**

1. Es empfiehlt sich zu klären, wer Angst hat, die heutige Person oder das jüngere Kind. Oft ist es das jüngere Kind, das sich fürchtet. Dann sollten Sie mit der Patientin besprechen, dass sie zunächst das jüngere Kind in Sicherheit bringt.
2. Es kann aber auch sein, dass die Patientin noch Täterkontakt hat, dann ist es meist zu gefährlich, sich mit den Introjekten zu beschäftigen.

- **Frage: Wann ist Täterintrojektarbeit angezeigt, wann Arbeit mit dem »inneren jüngeren Kind«?**

Bei der Arbeit mit dem inneren jüngeren Kind geht es um die direkte Auseinandersetzung mit Angst und anderen schmerzlichen Gefühlen. Z. B. verhält sich die Patientin ängstlich, schamvoll etc., und es ist erkennbar, dass dies situativ nicht angemessen ist. Das »innere jüngere Kind« ist also die direkte Äußerung der Übertragung einer früheren kindlichen Erfahrung in die Gegenwart. Die Patientin verhält sich, als ob sie ein jüngeres Kind wäre.

Täterintrojekte sind zum Schutz – z. B. des jüngeren Kindes – entstanden, sie »benehmen« sich wie die Täter, also scheinbar unangreif-
bar, stark. Der jüngere kindliche Teil hat Angst vor dem Introjekt, das
Introjekt kennt keine Angst, d. h., die Auseinandersetzung mit Angst,
die letztlich auch hier die Quelle der Existenz des Introjektes darstellt,
kann nicht direkt erfolgen.

4.13 Vorsicht: Fallen

Da diese Arbeit manchmal sehr rasch wirkt, mag sie dann verführen,
allzu technisch auf das Protokoll fixiert zu sein.

Führen Sie dieses Protokoll nur durch, wenn Sie

1. selbst damit gut vertraut sind und Ihnen das Vorgehen einleuchtet;
2. wenn die Patientin das Vorgehen intellektuell nachvollziehen kann.
   Grundsätzlich gilt, dass jegliche imaginative Arbeit letztlich nur
   weiterhilft, wenn sie zunächst und zuerst intellektuell nachvollziehbar ist. Kleinere Kinder zeigen ihr Verständnis, indem sie im Spiel
   auf unsere konzeptuellen »Angebote« »psycho-logisch« antworten:
   Im Spiel wird »verifiziert und falsifiziert« – das Kind macht mit
   oder lenkt vom Spielthema weg. Hier ist es wichtig, Widerstand und
   Nicht-Verstehen des Kindes voneinander zu unterscheiden. Die erfahrene Therapeutin wird diesen Unterschied in der Übertragungs-
   situation schnell ausloten. Oft braucht es viele (Spiel-)Stunden der
   Vorbereitung, ehe ein Verständnis gewachsen ist.

**Es wäre ein Irrtum zu glauben, dass das »Drachentöten« das Wich-
tigste ist. Das Wichtigste sind der Schatz und dessen Auswirkung
auf das alltägliche Leben!**

4.14 Ego-State-orientierte Arbeit mit Täterintrojekten

Immer mehr haben wir in den letzten Jahren entdeckt, dass an Ego-State-Therapie orientierte Auseinandersetzung mit malignen inneren Objekten vielen Patienten sehr gut entspricht.

Nach unserem Verständnis sollte man mit jugendlichen Patienten gemeinsam klären, welche Art der Arbeit für sie zu einem gegebenen Zeitpunkt – weil sich das ändern kann – die geeignete ist. Patienten wissen sehr genau, was für sie stimmig ist, man muss sie aber danach fragen, sie sagen es einem in der Regel nicht spontan! Empfehlen Sie Grundschulkindern und jugendlichen PatientInnen immer wieder, die »innere Weisheit« zu Rate zu ziehen. Auch bei kleineren Kindern kann man spielerisch versuchen, zu solchen Anteilen Kontakt herzustellen. In der Regel nehmen sie dieses Bild gerne auf. Es entspricht den Bildern aus vielen Filmen und Literatur, die die Jugendkultur maßgeblich prägen (Herr der Ringe, Harry Potter, Star Trek, weise Gestalten etc.).

Jüngeren Patienten kann und sollte man aber ein Modell vortragen. Die Vielfalt würde sie überfordern.

Wir möchten nun das Protokoll für die Ego-State-orientierte Arbeit mit Täterintrojekten vorstellen.

4.15 Protokoll: Ego-State-orientierte Arbeit mit Täterintrojekten

Auch hier gilt wieder, dass alle Aspekte auf der kognitiven Ebene erarbeitet oder mit Kindern im Als-ob-Raum gespielt oder anders kreativ verarbeitet werden können. Besonderheiten werden wiederum erläutert.

1. Den Teil im Dialog oder im spieltherapeutischen Prozess benennen. Beim jugendlichen Patienten etwa: Fühlt es sich so an, als gäbe es in deinem Inneren verschiedene Teile? Diese innere Stimme, von der du berichtest, ist das wie ein anderer Teil? Oder auf der Spielebene: Es scheint so, als ob der Teddy einen Teil in sich hat, der immer an allem schuld sein muss?

2. Mit dem Teil Kontakt aufnehmen. Wenn möglich sollte das das Ich tun, das in Therapie kommt. Etwa: Kannst du dir vorstellen, dass du ein wenig nach innen schaust und diesen Teil wahrnimmst, der dich für schuldig erklärt? Kannst du ihn fragen, warum er das macht? Im spieltherapeutischen Prozess kann man in der Symbolebene bleiben: »Wollen wir den Teddy mal fragen, warum er immer schuld sein muss?« Im Verlauf des Spiels kann man den Bezug zum Alltagsleben und Ego-States herstellen: » Es scheint bei dem Teddy fast so zu sein wie bei dir, du hast mal gesagt, dass du auch immer denkst, du bist an allem schuld?« Oft bleibt es da bei einem Benennen durch die Therapeutin, ohne dass kleinere Kinder antworteten. Das ist in Ordnung – wenn das Kind nicht widerspricht. Der Unterschied zwischen Spiel und Realität bei derart emotional bedeutsamen Themen ist uns Erwachsenen da oftmals wohl wichtiger, als es der psychischen Realität des Kindes angemessen wäre: Im Spiel ist oft alles gesagt und braucht keine Übersetzung mehr. Dennoch hilft der aktive Transfer vom Spiel zur Realität durch den Therapeuten, beim Kind eine Bewertung des eigenen Verständnisses einzuholen: Wehrt es sich gegen unsere Deutung, so liegen wir möglicherweise mit unseren Hypothesen doch falsch und können mit dem Kind zusammen andere »Spuren« verfolgen, die der psychischen Realität des Kindes mehr entsprechen.

3. Wenn mit dem Teil kein Kontakt aufzunehmen ist, sollte es die Therapeutin direkt tun. Etwa: Ich würde gerne einmal mit dem Teil sprechen, der immer sagt, dass X/Teddy schuld an allem ist.

4. Der Teil sollte genauso willkommen sein wie jeder andere auch, auch wenn er sich »böse« verhält.

5. Erklärungen anbieten, warum der Teil ist, wie er ist. Etwa: Es hatte sicher einmal einen guten Sinn, dass der Teil zu der Ansicht gelangt ist, dass du/Teddy schuld bist/ist. Kannst du ihn fragen, womit das zusammenhängt?

6. Immer wieder innere Kommunikation und Kooperation anregen. Siehe dazu die Übung »Inneres Team/Runder Tisch«. Hier wird deutlich, dass verschiedene Teile verschiedene Ansichten haben und dass man sie alle würdigt.

7. Unterstützen Sie jeden Anflug von Humor in der inneren Kommunikation, das erleichtert vieles.
8. Gemeinsame Lösungen finden. Es ist wichtig, dass die Therapeutin eine Haltung vertritt, dass dies grundsätzlich möglich ist, vielleicht erst in der Zukunft. Solange keine gemeinsame Lösung gefunden ist, geht es um die Bereitschaft zu respektvoller Koexistenz.

Merke: Diese Arbeit erfordert Geduld und eine neutrale Haltung des Therapeuten. Dabei ist jeder Teil gleich wichtig und wertvoll.

Im Gegensatz dazu gibt es bei der Täterintrojektarbeit nach der »Drachentötermythosmethode« eine eindeutige Hierarchie und Wertigkeit. Das bedeutet, das heutige Ich entscheidet sich dafür, das maligne Introjekt zu vernichten.

Beide Wege haben ihre Indikationen und Kontraindikationen. Es gilt, gemeinsam mit der Patientin herauszufinden, welcher Weg zu einem gegebenen Zeitpunkt der günstigere ist. Ego-State-Therapeuten heben mahnend den Finger und meinen, man dürfe nie das maligne Introjekt vernichten. U. E. ist das genauso einseitig, wie immer auf der Vernichtung zu bestehen. Kinder gehen da ohnehin ihren Weg und missachten allzu dogmatische Auffassungen der Therapeutin. Und die Symptombesserung gibt ihnen dann recht.

Bei genauer Betrachtung geht es bei beiden Modellen um Ähnliches: Um eine Transformation der destruktiven Teile, die dem Ich oder Selbst in konstruktiver Weise dienen sollen.

4.16 Vorsicht: Fallen

Seien Sie nicht zu schnell damit, bei Jugendlichen mittels Trance auf Ego-States einzuwirken, günstiger ist es, wenn die Patientin das selbst tut. Aber zögern Sie auch nicht, diese Funktion zu übernehmen, wenn die Patientin dazu nicht in der Lage ist. Vergessen Sie nicht, die Patientin dazu um Erlaubnis zu bitten!

Bei kleineren Kindern ist die Grenze zwischen Realität und Vorstellungsraum fließender. Das macht die Arbeit zum einen leichter, zum anderen können wir dadurch aber immer wieder auch unkontrollierter mit intrusiven Erlebnisinhalten, auch bei der Täterintrojektarbeit, in Berührung kommen. Es ist die Aufgabe der Therapeutin, eine rechtzeitige Distanzierung von diesen Inhalten herzustellen, damit nicht zu viel Stress bei der Arbeit entsteht.

4.17 Täterintrojektarbeit und die Rolle von Eltern und Geschwistern

Die Arbeit mit Täterintrojekten ist bei Kindern bis zum Jugendalter umso schwieriger, je jünger sie sind und mit Eltern leben, die in früherer Zeit tatsächlich »Täter« im »leichteren« Sinne waren: Eltern, die ihr Kind in einer Phase extremer eigener Belastung, eigener psychischer Krankheit etc. durch Schlagen, Vernachlässigung o. Ä. traumatisiert haben. Es besteht somit Kontakt zu Menschen, die früher einmal, in begrenztem Ausmaß und in einer klar begrenzten Zeit quasi Täter *waren*. Vor einem Heilungsprozess ist ein Ritual vonnöten, welches mit den Eltern und Kind (getrennt) vorbereitet wird. Allen wird der Sinn des Rituals erläutert. Gerade ältere Geschwisterkinder, die offenkundig Täterintrojekte in sich tragen und ausagieren, könnten ebenfalls in die Situation mit einbezogen werden, um durch ihr Agieren die konstruktiven Äußerungen der Eltern durch ihre Identifikationen im Alltag nicht zu unterminieren. Hier ein Vorschlag für den Ablauf des Rituals:

1. Eine »öffentliche« Entschuldigung des eigenen Fehlverhaltens vor Kind und »Zeugen«, der Therapeutin und gegebenenfalls Geschwisterkindern. Das gemeinsame Gespräch soll nicht einer Herabwürdigung der Eltern dienen. Es entspricht einem fairen und respektvollen Umgang mit dem Leid des Kindes (und auch dem Schuldgefühl der Eltern). Daher kann es hilfreich sein, dem Kind gemeinsam zu erklären, wie es damals zu dem Verhalten der Eltern gekommen ist, ohne das Verhalten damit im Nachhinein zu billigen.
2. Authentische volle Anerkennung des Kindes und seines durch das Fehlverhalten ausgelösten Leides.

3. Wiederum öffentliches Versprechen vor dem Therapeuten/den Geschwistern, dass ein derartiges Verhalten nie wieder vorkommen wird.
4. Angebot der vollen Unterstützung der Eltern an das Kind, bei dem Heilungsprozess hilfreich sein zu wollen.

Die Therapeutin muss sich im Kontakt mit dem Kind im Verlauf immer wieder versichern, dass die Elternpersonen sich an das Gesagte halten. Nur so kann eine erfolgreiche Arbeit fortgesetzt werden. Das Ritual ist im Übrigen sinnvoll, auch wenn eine Täterintrojektarbeit noch gar nicht ansteht. Es ist mitunter eine grundsätzliche Voraussetzung für eine therapeutische Arbeit und muss ab dem Zeitpunkt vorbereitet werden, ab dem wir von den Eltern als Tätern wissen. Ist die erlittene Gewalt derart massiv, dass die Kinder schwerst chronisch traumatisiert wurden, müssen zunächst sorgerechtliche Fragen geklärt werden, bevor Therapie wirksam werden kann (s. Kap. 3.1).

Besondere Schwierigkeiten ergeben sich, wenn (ältere) Geschwisterkinder Täterintrojekte agieren und so das Therapiekind bedrohen. Hier ergeben sich gelegentlich Grenzen der Interventionsmöglichkeiten. Im besten Fall sollten auch diese Kinder einer Therapie zugeführt werden. Flankierende Jugendhilfemaßnahmen können helfen. Sicherheit und Schutz Ihrer Therapiekinder muss Ziel des weiteren Vorgehens sein, um die Behandlung erfolgreich fortzusetzen.

5. Die Traumakonfrontationsphase

5.1 Voraussetzungen

Das Entwicklungsalter des Kindes stellt einen Begrenzungsfaktor für eine gezielte Konfrontation dar. In der Regel ist erst bei Kindern mit einer kognitiven Reife vom fortgeschrittenen Grundschulalter aufwärts eine Begegnung mit traumatischen Erlebnisinhalten nach Protokoll möglich. Eine nicht weit genug gereifte Entwicklung von Zeitbegriff und Selbstkonzept, eine unzureichende Differenzierungsmöglichkeit von außen und innen, du und ich sind einige von den Aspekten, die eine Begrenzung für ein strukturiertes Protokoll darstellen. Gerade die Differenzierung von Objekt und Subjekt sowie verschiedenen Ego-States sowie vor allem deren kognitiver Nachvollzug sollten bei einer planmäßigen Traumakonfrontation möglich sein. Vorher wird das Kind durch ein Protokoll überfordert. Das heißt jedoch nicht, dass eine Rekonstruktion desintegrierter traumassoziierter Erlebnisanteile in anderer Form nicht auch möglich und sinnvoll sein kann (s. Kap. 5.7 ff.). Nur diese Begrenzungsaspekte allein sollten uns nicht aufhalten, auch und gerade für die jüngere Altersgruppe Konzepte für die Traumabearbeitung vorzuhalten. Deren Manualisierbarkeit gestaltet sich jedoch schwierig, weil der kindliche Verstand nicht immer den Vorstellungen der erwachsenen Therapeutin mit ihrem elaborierten und kohärenten Zeit-, Selbst- und räumlichen Konzept folgen kann. Dafür lernen wir gerade von den kleinsten Patienten viel über Trauma-Verarbeitungsstrategien, die im PITT Anwendung finden. Gerade das Wechselspiel von Probeidentifikation und Desidentifikation mit verschiedenen Ego-States bei kleinen Kindern im Spiel zeigt Möglichkeiten zur Traumaheilung auf, die auf die Konzeption von PITT hinweisen. Ihre natürlich gegebenen, entwicklungsbezogenen Heilswege sind auch für ältere Kinder und Erwachsene hilfreich (s. Kap. 2.5).

Eine Traumakonfrontation bedarf einer intensiven Vorbereitung. Der Patient sollte ein grundlegendes Verständnis für seine Erkrankung und den Sinn von Symptomen haben, ausreichend stabilisiert sein, d.h. über Selbstberuhigungstechniken und eine differenzierte, achtsame (Körper-)Wahrnehmung verfügen, eine Distanzierung von zu heftigen Gefühlen herstellen können, verletzte innere jüngere Kinder in einer inneren Landschaft mit Helferwesen immer wieder gut versorgt und ausreichend hilfreiche Imaginationen hergestellt haben. Gerade der letzte Punkt ist bei Kindern von großer Bedeutung.

Es sollte sich, im Umfeld von Kindern und Jugendlichen zum Zeitpunkt der Konfrontation, eine stabile soziale Situation darstellen, in der alle tragenden Bezugspersonen eingestimmt sind auf diese belastende Situation für die Patientin.

Die genannten Aspekte lassen sich in drei Fragen zusammenfassen, die wir positiv beantworten können sollen:

1. Ist die Patientin fähig, **belastende Gefühle auszuhalten,** ohne zu dissoziieren?
2. Ist die Patientin fähig, **sich selbst zu beruhigen** und sich selbst zu trösten?
3. Ist das **soziale Umfeld** tragend und stabil genug, um das Kind oder den Jugendlichen vor und nach der Konfrontation zu halten?
4. **Ausschluss von Täterkontakt**

Ein Patient (und das soziale Umfeld) ohne diese Fähigkeiten wird mit hoher Wahrscheinlichkeit von traumakonfrontativer Arbeit im günstigsten Fall nicht profitieren, im ungünstigsten Fall wird sich der Zustand der Patientin verschlechtern.

Ist bei Kindern im fortgeschrittenen Grundschulalter oder älteren Kindern eine Traumakonfrontation geplant, sollte vor und nach der Sitzung, für die dann z.B. bei der Bildschirm-Beobachtertechnik 1,5 – 2 Zeitstunden angesetzt werden sollten, jeweils eine dem klinischen Zustand des Patienten angemessene zusätzliche Behandlungsstunde angeboten werden.

Mit den primären Bezugspersonen und gegebenenfalls den (älteren) Geschwistern sollte zuvor ebenfalls ein Termin vereinbart werden, um auch diese auf die Situation vorzubereiten, die für unseren Patienten definitiv mit besonderem emotionalem Stress einhergehen wird. Auf mögliche Reaktionen des Patienten auf diese therapeutische Maßnahme sind vor allem die Eltern vorzubereiten. Geeignete unterstützende und »pflegende« Maßnahmen sind mit dem Patienten und der Familie zu planen.

Insbesondere nach einer Konfrontation hat sich bewährt, am Folgetag eine zusätzliche Sitzung anzubieten, um sich einen Aufschluss über die Verfassung des jungen Patienten zu machen und gegebenenfalls übende Verfahren zur Stabilisierung anzuregen oder die Bezugspersonen unterstützend mit einzubeziehen. Eine optionale Befreiung von Schule oder Ausbildung/Arbeit ist ebenfalls indiziert, wenn der Patient dies als hilfreich erlebt.

Viele TherapeutInnen überschätzen den Wert und den Nutzen von Traumakonfrontation. Wir haben seit Jahren beobachten können, dass Patienten, die gelernt haben, jedes jüngere innere Kind in Sicherheit zu bringen, und deren innere jüngere Kinder gelernt haben, dass sie jetzt in Sicherheit sind, häufig gar keine Traumakonfrontation mehr wollen oder brauchen. Hier spielt bei Kindern auch ein über die Sachzusammenhänge von Traumatisierungen aufgeklärtes, fürsorgliches und empathisches soziales Umfeld eine große Rolle, weshalb die Einbeziehung elterlicher und anderer Ressourcen im Umkreis des Kindes nicht hoch genug eingeschätzt werden kann. Absorptiven Kräften der Traumabewältigung scheint gerade bei kleineren Kindern eine besondere Bedeutung zuzukommen. Die Traumakonfrontation wird hinsichtlich ihres Nutzens vermutlich deshalb überschätzt, weil es einen aufgeklärten öffentlichen Diskurs nach dem Motto »es ist gut, darüber zu reden« gibt, der in der Tat häufig seine Berechtigung hat. Leider gilt dies für Menschen mit Posttraumatischen Belastungsstorungen – insbesondere komplexen Störungen – so nicht. Dies hat mit der Fragmentierung und Dissoziation traumatischer Erfahrungen zu tun. Man hebt in aller Regel Fragmentierung und Dissoziation nicht durch »Darüber-Reden« auf, sondern durch eine Auseinandersetzung, die die Empfehlungen des BASK-Modells berücksichtigt (s. u.). Lediglich bei Menschen mit einem Monotrauma und einer nicht komplexen Posttraumatischen Belastungsstörung gilt, dass die Betonung der Konfrontation mit dem traumatischen Ereignis sinnvoll sein kann. Aber selbst hier geht es nicht ohne ausreichende Stabilität und daher also meist auch Stabilisierungsphase, die bei jüngeren Kindern in den geschilderten Fällen oftmals ausreicht, um intrusives Erleben im Trauma-Kontext ganz aufzulösen. Dann macht eine kraftzehrende Konfrontation keinen Sinn mehr.

Bei komplex traumatisierten Kindern und Jugendlichen gilt, dass die Empfehlung »Aufarbeitung des Traumas mittels Traumakonfrontation ist die Methode der Wahl« nicht stimmt. Aufarbeitung der Traumafolgen ist häufig sehr viel wichtiger, z. B. die Aufarbeitung der zahlreichen Persönlichkeitsveränderungen. Dies alles sollte aber unter Berücksichtigung des Phasenmodells geschehen, also Stabilisierung und Stabilitätsaufbau hat immer Vorrang. Wichtig ist, dass die Patientin und ihr soziales Umfeld früh verstehen lernen, warum sie sich verhält, wie sie sich verhält, d. h., dass ihr möglicherweise bizarres Verhalten dort, wo es in Zusammenhang mit Traumatisierungen stehen könnte, auch entsprechend eingeordnet wird. Das reduziert meist schon viel Stress für alle. Den Zusammenhang zu traumatischen Erfahrungen herstellen heißt aber nicht Traumakonfrontation.

Früher dachten wir etwa so: Wenn ein Mensch sich aktuell schwertut, und das hängt mit traumatischen Erfahrungen zusammen, bearbeitet man am besten das Trauma, weil damit dann Kräfte frei werden zur Bewältigung der aktuellen Probleme.

Leider hat sich das als Irrtum herausgestellt. Denn wir machten die Rechnung »ohne den Wirt«, in diesem Fall dem traumatischen Stress. Der kann bei destabilisierten Menschen dann einfach nicht mehr reguliert werden, und damit haben wir keine sichere Grundlage für die traumakonfrontative Arbeit.

Noch einige Überlegungen zur Diagnostik: Notwendig ist zu wissen, dass zahlreiche Störungen bei Kindern und Jugendlichen ebenfalls traumareaktiv sein können: Depressive Störungen, Angststörungen, expansiv-dissoziale Verhaltensstörungen, Somatisierungsstörungen, Aufmerksamkeitsstörungen, Hyperaktivität, Sucht, dissoziative Störungen, körperliche Leiden infolge von traumareaktiven Symptombildungen.

Insgesamt ist die Komorbidität mit der Posttraumatischen Belastungsstörung hoch. In vielen Untersuchungen finden sich bei Erwachsenen Zahlen bis zu 80 Prozent. Ackerman et al. (1998, Zit. n. van der Kolk, 2005, ebd.) haben in Reihenfolge ihrer Häufigkeit in einer Studie mit 364 missbrauchten Kindern Patienten mit den Diagnosen Trennungsangst, oppositionelle Verhaltensstörung, phobische Störung, PTSD und ADHS behandelt. Das heißt, die »einfache« Posttraumatische Belastungsstörung ist eher die Ausnahme!

Auch unser Verständnis der Persönlichkeitsstörungen und deren Verständnis als Traumafolgeerkrankung hat sich verändert: Immer mehr Forscher können zeigen, dass es einen Zusammenhang zwischen Persönlichkeitsstörungen – bei Kindern und Jugendlichen: Persönlichkeitsfehlentwicklungen – und komplexer Posttraumatischer Belastungsstörung gibt, dass viele dieser PatientInnen eine Geschichte von Vernachlässigung, Gewalt und sexualisierter Gewalt aufweisen.

»Könnte es nicht sein, dass sich erst nach wiederholter oder extremer Trauma- und Belastungserfahrung so etwas wie die Veränderung persönlichkeitsnaher Merkmale eingestellt hat?«, fragt Fiedler (a. a. O., S. 66).

Des Weiteren gilt es zu bedenken, dass die Diagnostik der PTSD durch Prozessphänomene kompliziert sein kann, sodass eine traumareaktive Störung, z. B. gerade bei dissozialen Entwicklungen bei Jugendlichen, auch als ein zeitabhängiger Anpassungsprozess zu verstehen ist.

Dieser posttraumatische Anpassungsprozess kann durch eine Reihe von Risikofaktoren intrapsychischer und biografischer Art nachdrücklich und nachhaltig gestört sein.

Traumafolgestörungen kann man daher nicht ausschließlich aus dem Stressor des Traumaereignisses heraus verstehen, sondern verschiedene Einflussfaktoren wie z. B. die Erfahrung früherer Traumatisierung oder vorbestehende psychische Erkrankungen sowie das soziale Umfeld sind bedeutsam, und dies auch für die (Wahl der) Therapie!

Daraus ergibt sich zwingend:

»Indikationsentscheidungen, d. h. die Frage, welche Therapie oder Unterstützung ist im individuellen Fall und in welchem Umfang indiziert, bedürfen nicht nur einer Störungs-, sondern vielmehr einer ergänzenden *Prozessdiagnostik* (Hervorhebung d. Autoren).« (Flatten 2003)

Wenn die traumaspezifische Stabilisierung erfolgt ist, die wir zuvor ausführlich besprochen haben, gilt es weiterhin, die ergänzenden Faktoren im Auge zu behalten. Eine nur auf Traumakonfrontation ausgerichtete Behandlungsführung verkennt u. E. aber genau dies. Es wird dann so getan, als würde die Konfrontation mit dem Trauma genügen, um sämtliche Probleme zu bearbeiten oder gar zu beseitigen. Während dies bei einfachen Posttraumatischen Belastungsstörungen durchaus der Fall sein kann, gilt für komplexe Traumafolgestörungen insbesondere mit Komorbidität stets, dass gerade bei Kindern ein ganzes Bündel weiterer Faktoren zu berücksichtigen ist.

Merke: Wer zu schnell Traumakonfrontation macht, muss hinterher mehr Zeit investieren, damit es den Patienten nach der Konfrontation wieder besser geht, es sei denn, die Patientin wäre zuvor zu 100 Prozent stabil gewesen und hätte sehr günstige äußere Bedingungen.

Des Weiteren gilt die dringende Empfehlung (s. dazu die Leitlinien, Flatten et al., 2001), dass Traumabearbeitung nur durch entsprechend qualifizierte PsychotherapeutInnen erfolgen sollte.

Therapie der Wahl bei komplex traumatisierten Kindern und Jugendlichen ist eine umfassende, auf die Persönlichkeit und das soziale Umfeld zugeschnittene und die komorbiden Störungen mit berücksichtigende Behandlung, die Jugendhilfemaßnahmen mit einschließen kann und eine intensive Zusammenarbeit von Therapeut mit dem Umfeld umfasst.

Die Konfrontation mit dem Trauma ist eine Maßnahme unter anderen und hat in den seltensten Fällen Vorrang. Dennoch sollte die Behandlung traumaadaptiert sein!

Auch für die Behandlung von Kindern und Jugendlichen mit Persönlichkeitsfehlentwicklungen mit einer Traumafolgestörung gilt u. E.: »Es besteht weitgehend Konsens, bei dem Vorliegen von Traumastörungen diese als vorrangige Leitorientierung für die Entwicklung von Behandlungsmaßnahmen zu betrachten. Sollten sich die Traumastörungen erfolgreich behandeln lassen, könnte sich herausstellen, dass sich eine Behandlung von vermeintlichen Problemen der Persönlichkeit weitgehend erübrigt.« (Fiedler, 2003, S. 73) Das heißt aber nicht, mit all diesen Patienten vordringlich traumakonfrontativ zu arbeiten, sondern traumaadaptiert!

5.2 Kontraindikationen für gezielte Traumakonfrontation

- Täterkontakt
- Psychose
- Suizidalität
- Instabile psychosoziale/familiäre Situation
- Schwere körperliche Erkrankung des Patienten oder in der Regel auch der Elternpersonen
- Mangelnde Affekttoleranz
- Anhaltende schwere Dissoziationsneigung
- Unkontrolliertes (auto-)aggressives Verhalten (an Täterkontakt bzw. Beeinflussung denken!)
- Mangelnde Distanzierungsfähigkeit zu traumatischen Ereignissen.

In vielen dieser Fälle empfehlen sich weiterhin stabilisierende Maßnahmen, als da sind:

- Förderung einer sozialen Unterstützung, z. B. flankierende Jugendhilfemaßnahmen
- Schulische/berufliche Förderung/Reintegration
- Förderung der Nutzung von »Kulturwerkzeugen« (Musizieren, Werken, bildnerisches Tun, Theater, Schreiben, Tanz etc.)
- Intensivere Einbeziehung Angehöriger.

In seltenen Fällen ist es bei traumatisierten Kindern, z. B. mit erheblicher Übererregungssymptomatik, indiziert, (zeitweise) medikamentös zu behandeln. Ziel ist dann meist eine Stabilisierung der sozialen Situation in Familie, Kindergarten oder Schule mit dem Ziel, eine soziale Isolation des Kindes aufzuhalten.

Als obsolet kann gelten:

1. Die Anwendung nicht traumaadaptierter behavioraler oder psychodynamischer Verfahren
2. Alleinige Pharmakotherapie
3. Alleinige Traumakonfrontation ohne Einbettung in einen Gesamtbehandlungsplan
4. Katharsis als wichtigstes Prinzip.

Allgemeine Empfehlungen:

1. Äußere Sicherheit mit gesichertem subjektivem Nachvollzug durch das Kind ist hergestellt
2. Sicherheit innerhalb der Beziehungen: zu Eltern, Geschwistern und Therapeutin
3. Immer das Arbeitsbündnis klären – informed consent
4. Dem Kind/Jugendlichen so viel Autonomie und Kompetenz wie möglich lassen
5. Gender-spezifische Gesichtspunkte berücksichtigen
6. Stabilisieren, stabilisieren, stabilisieren! Es gilt also, diese Voraussetzungen zu beachten: innere Stabilität und daraus resultierende Sicherheit. Diesen Punkt können Sie mithilfe der o. g. Kriterien Affektkontrolle und Fähigkeit zur Selbstberuhigung überprüfen
7. Traumabearbeitung so schonend wie möglich durchführen
8. Eine gute Therapie von Traumafolgestörungen ist integrativ.

5.3   Das BASK-Modell

Dieses Modell gibt eine hilfreiche und einfache Orientierung für die Traumakonfrontation.

Ausgehend von dem Wissen um Dissoziation hat Braun (1988) vorgeschlagen, darauf zu achten, dass die folgenden Bereiche zusammengefügt werden, die durch traumatische Erfahrungen eine Dissoziation erfahren haben können:

1. Das Verhalten – B(ehavior)
2. Die Gefühle – A(ffect)
3. Das Körper-Erleben – S(ensation)
4. Die Gedanken – K(ognition)

Wenn es gelingt, diese Bereiche zu integrieren und die Dissoziation aufzuheben, ergeben sich daraus Erleichterung und das Gefühl, dass das Trauma vorbei ist (vorausgesetzt, es erfolgt auch noch eine Phase des inneren Trostes).

Sie haben damit auch ein Prüfungsinstrument zur Hand. Namentlich Peter Levine (2005) hat dazu beigetragen, die Körperlichkeit von seelischer Traumatisierung hervorzuheben und in die Behandlung zu integrieren. Auf die »Sensation« Acht zu geben macht bei kleineren Kindern besonderen Sinn. Gerade bei ihnen ist die »Körpersprache« oft bester Zugang zu einem verbindenden Moment zwischen Therapeut und der Patientin. Oft »spricht« bei Kindern zunächst nur der Körper und ist erster Anknüpfungspunkt für eine weitere Kommunikation mit dem Kind. Wenn ein Patient über eine traumatische Erfahrung berichtet, können Sie für sich klären, ob die vier Bereiche angesprochen wurden, wenn nicht, ist es so gut wie sicher, dass der Bericht nicht ausreicht für eine Integration, selbst wenn Sie inneren Trost anregen würden. Aktives Nachfragen ist hier notwendig.

Dieses einfache Modell erklärt auch, warum Traumaerzählungen oft nicht reichen, warum »in die Gefühle hineingehen« ebenso nicht reicht und auch nicht eine auf den Körper fokussierte Arbeit. Jeder Teil für sich ist bedeutsam, aber nur voll wirksam, wenn man alle Teile zusammenbringt und traumabedingte Desintegrationsprozesse wieder zusammenführt.

5.4 Grundlegende Voraussetzungen bei der Traumakonfrontation: Kind, Entwicklung und soziales Umfeld

1. Das Kind besitzt die Reife, emotional und kognitiv dem Vorgehen nach dem Protokoll folgen zu können. Andernfalls bieten sich Möglichkeiten der Rekonstruktion eines kohärenten Erinnerns und Erlebens im Spiel oder bildnerischen Handeln an.
2. Die Eltern und das nahe soziale Umfeld sind mit dem Vorgehen vertraut, einverstanden und können das Kind während der Tage um die Konfrontation herum begleiten.
3. Äußere Sicherheit: d. h. kein Täterkontakt.
   a) Es darf keine Übergriffe mehr geben.
   b) Passiver Täterkontakt: Es gibt keine Übergriffe mehr, aber es besteht gelegentlicher Kontakt zum Täter. Beispiel: Tochter, die Jahre Zeugin häuslicher Gewalttaten des Vaters gegen die Mutter geworden ist, sieht diesen gelegentlich unvermeidbar auf der Straße. Er behelligt sie und die Mutter seit Jahren nicht mehr,

dennoch fühlt sich die Patientin in seiner Gegenwart unwohl. Vor der Behandlung zeigten sich früher sogar dissoziative Zustände in seiner Gegenwart. Eine Möglichkeit ist, die Patientin zu fragen, ob sie sich vorstellen könne, »nur« als Jugendliche den Vater zu treffen und ihr inneres jüngeres Kind imaginativ in Sicherheit zu bringen. Gelingt ihr dies, kann man Konfrontationsarbeit in Betracht ziehen, aber die Patientin sollte dann insgesamt sehr stabil sein. Sonst raten wir auch hier ab.

4. Beziehungssicherheit:
Dies bedeutet ein gutes Arbeitsbündnis, das von einem gewissen Vertrauen getragen ist. Bei stark idealisierender oder negativer Übertragung raten wir, diese erst zu bearbeiten.
Traumakonfrontation setzt aber auch eine kompetente und in den angewandten Verfahren erfahrene oder gut supervidierte Therapeutin voraus! Auch dies ist Teil der Beziehungssicherheit.
Des Weiteren raten wir allen Kolleginnen und Kollegen, sich darüber klar zu werden, ob sie sich dazu bereit finden wollen und können, alle Scheußlichkeiten menschlicher Beziehungen zu begleiten. In relativer Sicherheit aufgewachsene TherapeutInnen können sich nicht immer vorstellen, welche Schreckensgeschichten auf sie zukommen können. Es ist sehr ungünstig, eine Traumakonfrontation zu beginnen und sie dann abzubrechen, weil man die Schreckensgeschichten nicht erträgt.
Um zu testen, ob Sie stark genug sind, können Sie literarische Darstellungen traumatischer Erfahrungen lesen oder sich entsprechende Filme anschauen. Sie müssen das nicht oft tun, aber einmal sollten Sie sich prüfen. Es ist keine Schande zu merken, dass man sich damit überfordert. Eine drastische Darstellung extremer und sexualisierter Gewalt findet sich z. B. in Agotha Kristofs Buch »Das große Heft«.

5. Innere Sicherheit:
Neben alldem, das wir schon ausführlich beschrieben haben, möchten wir diesen Punkt noch um einige Möglichkeiten ergänzen, die die innere Sicherheit im Rahmen von Traumakonfrontation erhöhen:
    a) Informieren Sie die Patientin ausführlich über die verschiedenen Möglichkeiten der Traumakonfrontation und entscheiden Sie gemeinsam über die Technik.

b) Machen Sie die Patientin mit der Technik mittels eines positiven Beispiels oder einer neutralen Erfahrung vertraut. Selbst wenn man nicht alle Elemente der Technik damit vermitteln kann, weil es spezifische, nur dem Schutz dienende Anteile darin gibt, ist das Vertrautmachen mit der Technik durch eine positive oder neutrale Erfahrung deshalb so wichtig, weil es dem Patienten hilft, ein Gefühl von Kontrolle zu haben.

c) Planen Sie genügend Zeit ein, das heißt insbesondere, wenn Sie noch am Anfang Ihrer Erfahrungen mit Traumakonfrontation sind, zwei Zeitstunden. Es ist sehr wichtig, dass Sie genügend Zeit haben, dem Patienten zu helfen, sich zu reorientieren und zu trösten. Ein Drittel der Gesamtzeit sollten Sie hierfür einplanen; auch die Arbeit an kleinen Ausschnitten der traumatischen Erfahrung – sozusagen kleine Portionen – sollte in Erwägung gezogen werden. Vor dem Behandlungszimmer sollte eine gut informierte, vertraute Person aus dem Umfeld das Kind/die Jugendliche in Empfang nehmen und für den Rest des Tages den Bedürfnissen des Patienten entsprechend versorgen.

d) Sollten sich erst während der Konfrontation Täterintrojekte bemerkbar machen, brauchen Sie gegebenenfalls auch etwas Zeit, um der Patientin zu helfen, mit diesen zu verhandeln und diese zum Stillhalten zu bewegen. Im Anschluss an die Traumakonfrontation ist dann auf jeden Fall weitere Arbeit mit den Introjekten erforderlich. Sollte sich herausstellen, dass die Introjekte die Konfrontation auf keinen Fall »wollen«, raten wir davon ab. Sie sollten dann erst einmal mit den Introjekten arbeiten.

e) Helfen Sie dem Patienten, das Ereignis, das erarbeitet werden soll, so genau wie möglich einzugrenzen, d. h. »womit beginnen wir die Arbeit« und »an welcher Stelle wird das Trauma zu Ende sein«. Selbst wenn sich das später ändert, ist es erst einmal wichtig, dass der Patient weiß, es gibt einen Anfang und ein Ende.

f) Besprechen Sie mit dem Patienten, dass er jederzeit unterbrechen kann, dies nicht rechtfertigen muss, und lassen Sie ihn eine Geste bestimmen, mit deren Hilfe er Ihnen seinen Stoppwunsch verdeutlicht.

5.5 Vorgehen bei der Bildschirm-Beobachtertechnik

Für die Arbeit mit älteren Kindern und Jugendlichen hat sich bei der Konfrontation eine Vorgehensweise bewährt, die einer Verbindung von Elementen vornehmlich der Beobachtertechnik (Reddemann, 2004) und der Bildschirmtechnik (wie beispielsweise im NLP) entspricht. Das Medium des Bildschirms ist sowohl Kindern als auch Jugendlichen sehr vertraut und erfordert nur ein kleines Maß an Abstraktionsvermögen von der Patientin. Die Vorstellung kann durch eine Stuhllehne als Bildschirm und einen Bauklotz oder eine selbst gebastelte Fernbedienung für die Patienten erleichtert werden, vor allem, wenn die Imagination Schwierigkeiten macht. Der Therapeutin muss nicht in die Augen geschaut werden, was einige Patienten als Erleichterung erleben. Durch den visuellen Kontakt können unerträgliche Gefühle getriggert werden. Das »Gerät« schafft Distanz. Bei der regelmäßigen Anwendung des Bildschirmverfahrens hat sich gezeigt, dass auch hier unbekannte Ereignisaspekte während der Konfrontation im »Film« auftreten können. Mit der Fernbedienung haben die Kinder und Jugendlichen etwas »in der Hand«, das vermittelt ein verstärktes Gefühl von Kontrolle. Einige Patienten wünschen nach der Konfrontation auch, die Fernbedienung mit nach Hause nehmen zu dürfen, um sie im Alltag zur Unterstützung von Distanzierungsprozessen anwenden zu können. Auch bei diesem modifizierten Verfahren der Beobachtertechnik werden alle verletzten inneren jüngeren Kinder zunächst in Sicherheit gebracht, und nur der beobachtende Teil von heute schaut gemeinsam mit dem Therapeuten einen alten Film an.

Zunächst wird der Umgang mit der Fernbedienung eine Stunde vor der geplanten Konfrontation an einem schönen Ereignis ausprobiert. Filmstopp, Aus-Knopf, Vor- und Zurückspulen, Pause, verkleinern, vergrößern, Ton verändern, Schwarz-Weiß-Modus, Slow-Motion, »Bild weg – Ton da«, alle Optionen werden gemeinsam erarbeitet, bzw. der Therapeut weist auf diese Möglichkeiten hin.

Im folgenden Fallbeispiel wollen wir die Arbeit verdeutlichen. (Zum Schutz des Patienten wurden sämtliche Daten, die auf ihn hinweisen könnten, verändert.) Um die Einbettung der Arbeit nachvollziehen zu können, werden Ausschnitte der gesamten Behandlung geschildert.

Der dritte Teil der Therapie, Integrations- und Trauerarbeit, wird unten nachzulesen sein. Die bedeutenden Behandlungsschritte sind in Klammern nummeriert und werden im Anschluss erläutert, um das Fallbeispiel nicht für zu viele Erklärungen zu unterbrechen. Und nun zur Fallgeschichte:

Mara, 15 Jahre:

Die Patientin wurde vor drei Jahren von einem Unbekannten im Ferienort der Familie einmalig sexuell missbraucht. Sie wurde erstmals vorgestellt, nachdem sie einen Selbstmordversuch durch Pulsaderschnitt in der elterlichen Wohnung unternommen hatte. Mara hatte nach dem Missbrauchsereignis eine Posttraumatische Belastungsstörung entwickelt, die zu einer erheblichen Beeinträchtigung ihres allgemeinen Wohlbefindens geführt hatte. Die Beziehung zu den Eltern war seit dem Vorfall erheblich beeinträchtigt, es kam zu vorher nicht gekannten heftigen Streitsituationen, in denen Mara »ausrastete« und vandalisierte. Die schulischen Leistungen waren infolge immer wiederkehrender intrusiver Erinnerungen im Unterrichtsraum (»immer wenn es still in der Klasse wird, kommen die Horrorbilder«) stark gesunken, eine Umschulung in einer Schule mit niedrigerem Leistungsniveau war bereits erfolgt. Mara litt weiterhin an intrusiven Schmerzzuständen, ohne dass hierzu immer auch visuelle Erinnerungen auftauchten. Die Körperintrusionen seien aber subjektiv die leidvollsten Erscheinungen, weswegen sie in Verzweiflung (»hört das denn nie auf?«) auch den Suizidversuch unternommen habe. Über dissoziative Abwesenheitszustände, ebenfalls in der Schule, nach Flashbacks und vor dem Zu-Bett-Gehen wurde berichtet. Mara hatte sich von alten Freunden abgekehrt und sich eher dissozialen Jugendlichen in der Stadt angeschlossen, was die Eltern nicht nachvollziehen konnten. Mara gab an, hier starke Partner und Halt zu finden. Zu männlichen Jugendlichen pflege Mara freundschaftliche Kontakte, intime Begegnungen habe die Patientin bisher immer vermieden.

Mara hat zum Zeitpunkt der Konfrontation viel fürsorgliche Arbeit im Sinne verletzter innerer jüngerer Kinder geleistet und Selbstberuhigungstechniken und Distanzierungsübungen sicher erlernt und praktiziert diese regelmäßig. Intrusive und dissoziative Symptome waren erheblich rückläufig, die Intrusionen jedoch nie ganz aufgehoben, sodass Patientin und Therapeut sich nach einer Therapiepause gemeinsam zu einer Konfrontation entschieden.

Mara hatte als Kraftquellen vor allem ihre eigene Kreativität, sie malte gut und verstand vor allem, mit Sprache ihrem Inneren einen Ausdruck zu verleihen. Die Texte waren z. T. unmittelbarer Ausdruck von transformativen Prozessen und haben den Therapeuten tief berührt. Ihre neuen Freundschaften waren neben dem Halt »unter Gleichen«, den sie ihr zunächst boten, auch zusätzlich durch verschiedene Problemfelder belastend, zwei der Freunde waren durch Suizid umgekommen. Der Therapeut hat die Idealisierungen dieser Menschen ohne Deutung zugelassen, da sie real für die Patientin einen Halt geboten haben zu einer Zeit, wo sie sonst niemand verstanden habe. Später konnte sie neue Kontakte knüpfen und alte wiederherstellen, die vor der Traumatisierung einmal tragend waren. Die inneren Veränderungen und die veränderte Sicht auf die Welt nach dem Trauma hatten dazu geführt, dass Mara sich im Kreise der alten Bekannten zunächst nicht mehr hatte wohlfühlen können. Das »Wiederfinden« alter, guter Beziehungen hatte im Heilungsprozess eine wichtige Funktion. Die Eltern, vor allem der Vater und sein Umgang mit eigener Traumatisierung, waren Thema in familientherapeutischen Sitzungen. Neben den kritischen Aspekten waren aber seine Kraft und der Überlebenswille und seine Kreativität eine bewusste Ressource der Patientin. Er war es für sie vor allem, der ihr durch seine eigene Denkweise die Fähigkeit eröffnete, die Belastungen, die ihr widerfahren waren, in einen sinnerfüllenden Zusammenhang zu stellen (s. a. Kohärenzbegriff bei Antonovsky, 1997). Alle Beziehungen, auch die zu den »Trouble-Kids« und zum Therapeuten, hatten etwas Konsistentes und Profundes. Maras soziale Kompetenz war eine weitere wichtige Ressource mit großer prognostischer Bedeutung. Ihr innerer sicherer Ort war höchst differenziert ausgestaltet und eine Quelle der Erholung und der Heilung für sie geworden.

Zu der guten Entwicklung hatte auch die Arbeit mit Introjekten beigetragen.

Täterintrojekte hatten zur Folge, dass sich Mara schnell selbst Vorwürfe machte und eine »Existenzberechtigung« aus sozialer Aktivität ableitete. Zwar war sie auch vor der Tat engagiert, aber nicht in derart selbstaufopferungsvoller Manier. Die gute Seite des Engagements wurde von der Belastung durch die Aktivitäten unterschieden, der »innere Störenfried« identifiziert (»Du bist ein Nichts, nichts wert«) und bearbeitet.

In Situationen, in denen Mara extrem belastet schien, z.B. nachdem sie von dem ersten Suizid im Freundeskreis gehört hatte, hat sie bereits mit der Fähigkeit zu beobachten gearbeitet, um sich zu beruhigen und eine bewusst wahrnehmende Haltung einzunehmen.

Aufgrund einer erheblichen Besserung aller Symptome hat die Patientin nach einem Jahr Behandlung in einer Prüfungssituation zunächst eine Pause gewünscht. Vor- und Nachteile dieser Entscheidung wurden erörtert und die Maßnahme im Einvernehmen mit dem Therapeuten unterbrochen, ein- bis zweimal monatliche Flashbacks wollte sie zunächst in Kauf nehmen. Die Möglichkeit einer Konfrontation war der Patientin zu jeder Zeit bewusst, und sie hatte entschieden, dass sie es zunächst so versuchen wolle.

Eine erste intime Beziehung hat dann wieder vermehrt zu Intrusionen geführt und die Beziehung zum Freund belastet. Es fanden auf Wunsch der Patientin zwei Gespräche mit ihr und dem Freund statt, die ausführlich mit Mara vorbereitet worden waren. Die vermehrten Flashbacks blieben bestehen. Die Patientin entschied sich nun, eine Konfrontation mit der Missbrauchssituation durchzuführen.

Die einzelnen Schritte werden der besseren Lesbarkeit halber mit Zahlen von 1–39 versehen und entsprechend am Ende des vollständigen Berichtes der Traumakonfrontationssitzung kommentiert.

Zunächst erklärt der Therapeut nochmals das gesamte Vorgehen der Bildschirmbeobachtungstechnik, nachdem es an einem guten Beispiel von der Patientin bereits in der Stunde zuvor ausprobiert worden war. Der Therapeut fragt die Patientin, ob sie sich vorstellen könne, so zu arbeiten. (1) Das erscheint der Patientin möglich.

Der Therapeut fragt die Patientin, ob sie sich im Anschluss an die Sitzung Ruhe gönnen könne und ob jemand für sie da sei, bzw. versichert sich, dass eine vertraute Person, z.B. die Mutter, vor der Tür wartet. (2)

Pat.: Mein Freund wartet draußen, wir haben uns für heute Abend vorgenommen, schön etwas essen zu gehen. Meine Eltern haben uns dazu eingeladen, wir haben da so einen Italiener in der Nähe. Vielleicht gehen wir danach noch auf eine Party.

Zuvor wurde verabredet, dass der Therapeut heute zwei Stunden Zeit zur Verfügung habe. Der zeitliche Rahmen wird nochmals festgelegt. (3)

Ist der sichere Ort verfügbar? – Dies ist bei der Patientin gegeben. (4)

Gibt es hilfreiche Wesen am sicheren Ort? – Auch dies ist gegeben. (5)

Ist die beobachtende Fähigkeit verfügbar? – Auch dies ist gegeben. (6)

Werden die Fernbedienung und ihre Funktionen beherrscht? (7)

Die Patientin wird noch einmal informiert, dass möglicherweise neues belastendes Material auftauchen könne, das dann in den Tresor gepackt werden solle. Auch dazu fühlt sie sich imstande. (8)

Anschließend wird die Szene eingegrenzt:

Pat.: Es ist passiert, als ich mit 12 gegen den wiederholten Rat meiner Eltern abends so um 22 Uhr im Sommer in den Park gegangen bin, um eine Abkürzung in die Ferienwohnung zu nehmen.

Th.: Wann war die Szene ganz zu Ende?

Pat.: Als ich so gegen 23 Uhr im Bett lag. (9)

Als Nächstes fragt der Therapeut, welche anderen Ichs von dieser Szene berührt sein könnten. (10)

Pat.: Da gibt es einige (die Patientin zählt sie auf und lässt sie durch ihr Helferwesen an den sicheren Ort bringen).

Der Therapeut bittet dann die Patientin darum, den fühlenden Teil der Zwölfjährigen zu den anderen an den sicheren Ort zu bringen und ihr zu sagen, dass sie in Sicherheit sei. Nur der beobachtende Teil bliebe gemeinsam mit dem Therapeuten bei dem Bildschirm. (11)

Th.: Wenn du an dieses Ereignis mit zwölf Jahren denkst, wie belastend ist es für dich auf einer Skala von 10–0? 10 ist extrem belastend, 0 überhaupt nicht. (12)

Pat.: 10.

Th.: Wenn du an dieses Ereignis denkst und einen Satz formulierst, der mit »Ich bin …« beginnt, was fällt dir dann ein? (13)

Pat.: Ich bin total hilflos und ohnmächtig. Ich habe Angst zu sterben.

Th.: Welcher Satz ist der schlimmere?

Pat.: Ich bin total ohnmächtig.

Th.: Wie würdest du gerne über dich denken? (14)

Pat.: Ich kann weg, keine Gefahr mehr.

Th.: Wenn du dich jetzt fragst, wie wahr ist dieser Satz »Ich kann weg, keine Gefahr mehr«? (15)

Pat.: Der stimmt nicht, wenn ich daran denke. Jetzt weiß ich es, aber damals wusste ich es nicht.

Th.: Wenn du die Stimmigkeit auf einer Skala einordnen würdest, 1 ist gar nicht stimmig und 7 ist total stimmig, wo wäre da die Stimmigkeit?

Pat.: So bei 2.

Th.: Wo im Körper spürst du etwas, wenn du an das Ereignis denkst? (16)

Pat.: Im Unterleib, der ist hart und brennt zugleich. Und im Rücken, der tut mir weh.

Th.: Sind alle Ichs, die irgendwie von dem Ereignis berührt sein könnten, vor allem auch der fühlende Teil der Zwölfjährigen, in Sicherheit? (17)

Pat.: Ja, die sind o. k.

Th.: Möchte die Zwölfjährige sich diese alte Geschichte auch noch einmal anschauen, oder machst du, die fünfzehnjährige Jugendliche, das für sie und für sich? (18)

Pat.: Das will sie nicht. Ich soll das machen.

Th.: Kannst du dir nun noch vorstellen, dass dein erlebender Teil auch in Sicherheit ist? (19)

Pat.: Ja.

Th.: Jetzt haben wir, glaube ich, alles gut vorbereitet, sodass der beobachtende Teil dir diese Geschichte zur Verfügung stellen und auf den Bildschirm projizieren kann. Ich habe dir ja erklärt, dass es wichtig ist, dass du die wie in Einzelteile zerlegten Teile der damaligen Wahrnehmung dieser schlimmen Erfahrung zusammentragen könntest. Dabei werde ich dir helfen. Auch werde ich darauf achten, falls du es vergisst, was vorkommen kann, dass deine erlebenden Teile gut in Sicherheit bleiben. (20)

Pat.: Ich habe ein bisschen Angst. Vor der Stunde schon und jetzt auch.

Th.: Wer hat Angst? Die 15-Jährige oder die Zwölfjährige? Beide können Gründe haben.

Pat.: Ah, jetzt merke ich, es ist doch die Zwölfjährige. Die hat doch durch einen Ritz auf den Bildschirm gelinst – und war neugierig. O.k., jetzt ist sie wieder am sicheren Ort und das Helferwesen passt auf sie auf.

Th.: Vielleicht beschreibst du erst einmal, was der Szene vorausgegangen ist?

Pat.: Es ist ein schöner Sommerabend. Ich war auf einer kleinen Feier mit Freunden. Es ist etwas zu spät geworden, ich sollte um 22 Uhr zu Hause sein, und es war schon fast so weit. Ich bin schnell gegangen.

Th.: Vielleicht versuchst du wieder, in der 3. Person von der Kleinen zu sprechen, dann können schwere Gefühle nicht so leicht überwältigend wirken. (21)

Pat.: O.k. Das zwölfjährige Mädchen war eigentlich gut drauf, es war eine schöne Party.

Th.: Möchtest du das eine Weile spüren, das gute Gefühl bei der Feier?

Pat.: Nein, ich möchte jetzt weitermachen. (22)

Th.: O.k., dann schauen dein beobachtendes Ich und ich auf den Bildschirm, du hast die Fernbedienung in der Hand. Was sieht dein beobachtendes Ich?

Pat.: Das zwölfjährige Mädchen schaut am Parkeingang auf die Uhr, es ist schon dunkel, aber es ist warm. Sie hat ihren blauen Rock an, sie hatte sich extra schick für die Feier gemacht, es waren auch Jungs da. Sie ist allein.

Th.: O.k., wie geht es dem Mädchen?

Pat.: Sie denkt noch an die Feier, aber auch, dass sie sich sputen muss, die Eltern sind immer böse, wenn sie zu spät kommt, und sie ist schon jetzt zu spät. Sie hat etwas Angst, aber sie geht dann doch die Abkürzung durch den Park. – Jetzt kommt sie an ein Wegstück, da ist es fast vollkommen dunkel.

Th.: (bemerkt, dass die Patientin leicht droht innerlich auszusteigen, sie dissoziiert aber noch nicht) Mara, du bist hier in meinem Therapiezimmer, nur dein beobachtender Teil sieht den Film. Sind alle Ichs in Sicherheit? (Pat. nickt) Was fühlt das zwölfjährige Mädchen jetzt?

Pat.: Sie hat plötzlich große Angst.

Th.: Spürt sie etwas in ihrem Körper?

Pat.: Ja, die Angst schnürt ihr die Brust etwas zu, sie atmet schneller.

Th.: Was denkt sie jetzt?

Pat.: Dass sie so ungeschützt ist.

Th.: Wenn es zu schwer wird, benutze die Fernbedienung. Was könntest du jetzt tun, damit das Bild erträglicher wird?

Pat.: Ich zoome das Bild etwas weiter weg.

Th.: Kannst du noch etwas tun, damit es leichter wird?

Pat.: Ich schalte auf s/w, mache den Ton leiser. (wirkt wieder ganz und gar anwesend)

Th.: Was passiert dann?

Pat.: Dann spürt sie, wie sie von einer Hand von hinten niedergerissen wird, sie liegt sofort auf dem Boden, trockener Kies, es ist Sommer. Sie erkennt den Mann nur schemenhaft, er ist etwas größer als sie, eher klein, dunkle Haare, er riecht ekelhaft aus dem Mund und reißt ihr an den Kleidern, den Schlüpfer und die Bluse runter, stöhnt dabei und zischt: »Sei still, du Luder, sonst passiert was.«

Th.: Kann dein beobachtendes Ich die Bilder ertragen? Kannst du an der Fernbedienung etwas tun, dass es einfacher wird?

Pat.: Es geht schon, ich zoome noch etwas kleiner … dann öffnet er seine Hose und zieht sie hastig runter, er hält dem Mädchen mit der anderen Hand beide Arme fest, er tut ihr weh, die Handgelenke schmerzen. Sie sieht seinen Penis. Sie versucht zu schreien, aber es geht nicht.

Th.: Was fühlt sie?

Pat.: Sie hat Angst, dass er in sie eindringt, es stinkt alles so, ihr wird übel, sie muss fast erbrechen. Er drückt so fest, sie wühlt mit ihrem Körper, um sich loszureißen, aber er ist zu stark. Sie hat keine Chance. Sie hat Angst, dass sie sterben muss. Oh Mann, ich muss weiter weg zoomen … (23) Dann spürt sie einen großen Schmerz in ihrem Unterleib, sie ist Jungfrau, hatte erst vor ein paar Wochen ihre erste Regel, er dringt mit heftigen Stößen in sie ein. Es tut so weh, sie spürt, wie dünnes Blut oder Sperma zwischen ihre Beine läuft.

Th.: Was fühlt das zwölfjährige Mädchen jetzt?

Pat.: Sie gibt nicht auf, sie will sich weiter losreißen, sie gräbt mit der rechten Hand in der Erde, er hat sie mittlerweile vom Weg irgendwo auf Erdboden gezerrt, sie spürt die feuchte Erde. Sie fasst einen kräftigen Stein, kann ihn aber nicht auf ihn schlagen, er hält weiter ihre Handgelenke, er zischt: »Du kleine Hure, dir werde ich es zeigen.« Und er stößt sie weiter.

Th.: Was fühlt sie jetzt?

Pat.: Sie wird ganz starr, bewegt sich nicht mehr, hält aber den Stein ganz fest in der Hand. Sie spürt, wie ein zweites Mal etwas zwischen ihren Beinen herunterläuft. Der Mann auf ihr wird plötzlich schlaff.

Th.: Was würde sie fühlen, wenn sie jetzt nicht erstarrt wäre?

Pat.: Die Angst zu sterben und die Ohnmacht, aber das hält sie nicht aus.

Th.: Also ist es gut, dass sie aus ihrem Körper herausgegangen ist. (24)

Pat.: Sie denkt nur: »Ich muss ihm jetzt den Stein auf den Kopf schlagen.« Sie fühlt weiter nichts. Spürt ihren Körper nicht mehr. Denkt nur noch an den Stein. (Die Pat. driftet etwas weg)

Th.: Mara, sind deine fühlenden und verletzten inneren jüngeren Kinder alle in Sicherheit? Nur dein beobachtendes Ich anwesend vor dem Bildschirm? (25) Es ist nur ein Film, ein alter Film, und du bist jetzt in Sicherheit! (26)

Pat.: (nickt, ist wieder mit ihrer Aufmerksamkeit im Raum, kurze Pause, Pat. holt tief Luft, hält sich an der Fernbedienung fest) Sie nimmt all ihre Kraft und reißt sich einen Moment von dem Kerl los, der denkt, sie sei bewusstlos, er fällt zur Seite, und sie schlägt zu. Sie weiß nicht, woher sie die Kraft nimmt. Sie spürt den dumpfen Treffer auf seinem Schädel. Er schreit auf. Sie schafft es blitzschnell, sich von ihm ganz loszureißen, als er schreit, und sie stolpert beim Aufstehen-Wollen.

Th: Was passiert dann?

Pat.: Er fasst nach ihr, kriegt sie aber nicht. Sie rennt los, nur noch mit Rock und aufgerissener Bluse an. Er brüllt noch: »Du Miststück, wenn ich dich kriege.«

Th.: Was fühlt sie?

Pat.: Sie hat Angst, dass er aufsteht und sie einfängt und tötet. Jetzt spürt sie wieder den Schmerz, an ihren Händen, im Unterleib, jetzt merkt sie auch, dass eine Brust wehtut.

Th.: Was passiert dann?

Pat.: Sie rennt aus dem Park, verhüllt ihren Leib mit den Stofffetzen. Sie trifft ein altes Ehepaar. Die gucken kurz, dann schauen sie weg.

Th.: Was fühlt sie?

Pat.: Sie schämt sich unendlich, und es kommen das erste Mal Schuldgefühle auf, dann wieder die Angst, er könnte sie weiter verfolgen. Sie geht durch kleine, dunkle Straßen, weil sie Angst hat und sich schämt. Endlich erreicht sie das Haus der Eltern, ein Mehrfamilienhaus.

Th.: Wie fühlt sie sich?

Pat.: Vollkommen elend. Ekelig, dreckig, voller Scham. Und Schuld. Sie will sich so ihren Eltern nicht zeigen, sie haben doch immer gesagt, sie solle abends nicht den Weg durch den Park nehmen. Sie denkt: Wo habe ich den verdammten Schlüssel? Im Park verloren? Auf der Party? Ihr blaues Kleid hat eine Reißverschlusstasche, da tut sie ihn immer rein. Erleichtert merkt sie, er ist da. Sie schleicht die Treppen rauf, schließt auf und hat wieder Angst, die Eltern könnten sie bemerken. Dann sieht sie, dass die Wohnung dunkel ist, und erinnert sich, dass die Eltern heute selbst auf einer Feier sind. Sie geht ins Klo, knipst das Licht an und kotzt ins Klo, ihre Beine sind jetzt ganz wackelig.

Th.: Was fühlt sie?

Pat.: Sie fühlt nur noch Ekel, sie hasst ihren dreckigen Körper, will nur noch duschen, presst ihre Kleider alle in den Mülleimer, schafft es auch in die Dusche und duscht ewig lange … und immer wieder die Bilder vom Park, das macht sie wahnsinnig. Sie fühlt das erste Mal einen Riesenhass auf den Kerl, der ihr das angetan hat, sie hat 'ne Riesenwut, der ist doch voll gestört, der Typ, voll krank!

Th.: Das vermute ich auch, ich kann ihre Wut gut verstehen. (27) – Was fühlt sie noch?

Pat.: Schmerzen, überall. Trotzdem wäscht sie sich überall stundenlang. Sie hat das Gefühl, der Dreck geht gar nicht weg.

Th.: Was passiert dann?

Pat.: Sie zieht sich ihren Schlafanzug an, der vom Morgen noch im Bad hängt, und geht ins Bett, sie schläft irgendwann völlig erschöpft ein. Sie wird niemandem etwas davon erzählen, denkt sie zuletzt.

Th.: Ist der Film jetzt zu Ende? (28)

Pat.: Ja, ich denke, er ist zu Ende (sie weint langsam immer mehr). – Ich habe das noch niemals jemandem erzählt, ich schäme mich dafür!

Der Therapeut ist mit voller Aufmerksamkeit und Mitgefühl bei der Patientin. Er erkundigt sich, ob sie glaube, dass sie diese Gefühle jetzt aushalten könne. (29)

Pat.: Ja, das kann ich, es tut mir gut. Ich habe noch nie so weinen können. Gut, dass Sie für mich da sind. Aber es ist auch peinlich (muss etwas lachen).

Th.: Du brauchst dich dafür nicht schämen, es ist gut, dass die Trauer jetzt kommt und du so viel Mut hattest, alles zu erzählen! Und die zwölfjährige Mara war ungeheuer stark und mutig, und es ist gut, dass du und ich das jetzt wissen.

Pat.: (fängt wieder an zu weinen, ist wütend dabei und schlägt auf ihre Handtasche, die sie auf dem Schoß trägt, weint dann wieder)

Th.: Auch die Wut gehört dazu, den »alten Film« endlich abzuschließen. Das ist gut so.

Pat.: (fängt sich wieder, schaut den Therapeuten jetzt direkt an) Ich danke Ihnen, dass Sie für mich da sind und das ausgehalten haben mit mir. Ich bin so erleichtert, es geschafft zu haben.

Th.: Ich weiß, dass es sich für dich gelohnt hat, und ich freue mich, wenn es dir jetzt besser geht. Lass uns doch noch einmal überlegen, was die zwölfjährige Mara gebraucht hätte. (30)

Pat.: Dass danach jemand für sie da ist, dem sie sich getraut hätte mitzuteilen, und der sie in den Arm nimmt.

Th.: Aber dann kann die Mara von heute der Zwölfjährigen doch ihre Hilfe anbieten? Was magst du ihr geben?

Pat.: Ich möchte ihr sagen, dass sie sehr tapfer und stark und mutig war.

Th.: Magst du die junge Mara vielleicht fragen, was sie gebraucht hätte und heute womöglich immer noch braucht? (31)

Pat.: (fragt in sich hinein) Sie wünscht sich, dass ihr jemand sagt, dass sie nicht schuld ist an allem.

Th.: Kannst du ihr das sagen?

Pat.: Ja, sie ist jetzt ganz gerührt und froh, weint ein wenig (der Patientin rollen auch noch einmal Tränen herunter).

Th.: Braucht sie noch etwas?

Pat.: Nein, es ist jetzt gut. Ich möchte sie jetzt an den inneren sicheren Ort bringen, dass Jo (das Helferwesen) sie noch in den Armen hält, ihr etwas Gutes kocht.

Th.: Und wie geht es der Mara von heute jetzt? (32)

Pat.: Ich fühle mich von einer großen Last befreit. Das tut gut.

Th.: Erinnerst du dich noch an die Frage, wie belastend die Szene für dich vor Beginn der Arbeit war? (33)

Pat.: Ja, 10. Jetzt ist sie 2 oder 3.

Th.: Wir hatten ja schon darüber gesprochen, dass die Belastung in den nächsten Tagen noch weiter zurückgehen kann, Themen aber auch noch einmal auftauchen können. (34) Wie steht es jetzt mit dem Satz: »Ich kann weg, keine Gefahr mehr.«? (35)

Pat.: Das fühlt sich jetzt absolut passend an.

Th.: Und wie geht es deinem Körper jetzt? (36)

Pat.: Der fühlt sich super wohl, total befreit, das hätte ich vorher nicht erwartet!

Th.: Was wirst du jetzt für dich tun? Bleibt es bei deinen Vorhaben? (37)

Pat.: Ja, ich gehe mit Mike jetzt ins Lokal, da freue ich mich richtig drauf! Und dann schauen wir mal, werde auch meine Mutter anrufen und ihr erzählen, dass alles gut gelaufen ist. Die wusste, welchen Bammel ich davor hatte …

Th.: Ja, gut, dass du deine Mutter einbeziehst, so kann sie dir in den nächsten Tagen näher sein, wenn du es brauchen solltest. (38) Du kannst mich die Tage anrufen, wenn du noch einmal Hilfe brauchst. Morgen habe ich dir zwischen 11 und 12 Uhr eine Stunde für den Fall der Fälle freigehalten. Soll ich dir für die Schule morgen eine Entschuldigung schreiben?

Pat.: Ne, nicht nötig, glaube ich. (39)

Th.: Dann wünsche ich dir einen guten Abend und viel Kraft und Erholung, das war Schwerstarbeit!

Vorgehen bei Bildschirmbeobachtertechnik anhand der Fallgeschichte

1. Erklären Sie das Procedere der Technik, wenn möglich und falls erforderlich, am besten anhand einer positiven oder doch wenigstens neutralen Erinnerung.

2. Klären Sie frühzeitig, wie der Patient nach der Traumakonfrontationssitzung gut für sich sorgen kann. Bei jüngeren Patienten hat es sich als notwendig erwiesen, mit den Eltern und der Patientin ein Vorbereitungsgespräch zu führen und auch den Eltern in Gegenwart der Patientin den Ablauf und die Notwendigkeit von Erholung nach der Arbeit zu erläutern.

3. Legen Sie eine längere Sitzungszeit fest und erklären Sie, warum das notwendig ist.

4. Klären Sie, ob der sichere Ort verfügbar ist.

5. Klären Sie, ob hilfreiche Wesen verfügbar sind.

6. Vergewissern Sie sich, ob der Patient über die Fähigkeit, sich zu beobachten, sicher verfügt. Möchte er vom »inneren Beobachter« sprechen oder eher von der beobachtenden Fähigkeit?

7. Klären Sie, ob die Fernbedienung und ihre Funktionen beherrscht werden.

8. Ist die Fähigkeit, Schwieriges zu »verpacken« (Tresor), verfügbar?

9. Erarbeiten Sie den Anfang und das Ende der zu bearbeitenden Szene.

10. Klären Sie, ob andere Ichs von der Szene betroffen sein könnten, d. h. Ichs, die jünger sind als das traumatisierte oder auch älter. Man kann das gut anhand des Bildes eines Lebenspanoramas tun, das man mithilfe des beobachtenden Teils rasch durchsucht. Die meisten Patienten können dann recht gut angeben, in welchem Alter Verbindungen bestehen könnten. (Es kommt nicht darauf an, dass das perfekt gemacht wird.) Alle diese Ichs sollten in der Vorstellung an den sicheren Ort gebracht oder dorthin eingeladen werden.

11. Auch der fühlende Teil des traumatisierten Ichs sollte an den sicheren Ort gebracht werden.

12. Lassen Sie den Patienten den Grad der Belastung mithilfe der SUD-Skala (Subjective Units of Distress) festlegen. Es hat sich eine Skala von 0–10 bewährt, 10 ist der höchste Grad der Belastung, aber jede andere Skala ist ebenfalls möglich.

13. Laden Sie den Patienten ein, eine negative Kognition, bezogen auf das Ereignis, zu formulieren.

14. Lassen Sie ihn anschließend eine Wunschkognition formulieren.

15. Klären Sie dann, wie stimmig diese Wunschkognition jetzt, wenn er an das Ereignis denkt, ist. Verwenden Sie dazu die VoC-Skala (Validity of Cognition) von 1–7. 1 ist überhaupt nicht stimmig, 7 vollständig zutreffend. Bei jüngeren Kindern verwenden wir das Bild eines Glases, das mit der Wunschkognition gefüllt ist, bis zu dem Punkt, bis zu dem es für das Kind stimmig ist. Der Füllzustand verschiedener Gläser lässt sich dann vergleichen. Die Therapeutin bewahrt diese »Messgläser« auf und bringt sie bei Bedarf wieder in die Therapiestunden mit ein.

16. Laden Sie den Patienten ein, sich bewusst zu machen, wo im Körper er Belastungen spürt, der sogenannte Body-Check. Die Punkte 11 bis 15 sollen später der Überprüfung dienen. Wir kennen sie vom EMDR (Shapiro, 1995), sie stammen ursprünglich aus der Verhaltenstherapie.

17. Vergewissern Sie sich, dass alle Ichs in Sicherheit sind, die irgendwie von der Traumaarbeit belastet sein könnten.

18. Klären Sie, ob das Ich, an dessen Trauma gearbeitet wird, »von weitem« und aus der Sicherheit heraus mit dabei sein oder ob es diese Arbeit seinem Ich von heute überlassen will.

19. Laden Sie auch den erlebenden Teil des Ichs von heute ein, an den sicheren Ort zu gehen. (Patienten, insbesondere solche, die häufig dissoziieren, haben damit keine Schwierigkeiten.)

20. Bevor der Patient beginnt, das Trauma zu bearbeiten, erinnern Sie ihn noch einmal an die Art Ihrer Zusammenarbeit: Sie werden ihn immer wieder einladen, alle Bereiche des BASK wahrzunehmen (Sie sollten Ihrem Patienten das BASK-Modell vorher erklären), und Sie werden darauf achten, dass alle erlebenden Teile in Sicherheit sind, wenn er es vergisst. (Die hier vorgestellte Patientin kann das sehr gut selbst! Viele Patienten sind dazu in der Lage, wenn sie gut vorbereitet sind und, vor allem, wenn sie dann etwas Routine haben.)

21. Die Patientin sollte angehalten werden, in der dritten Person von dem verletzten jüngeren Ich zu sprechen. So ist auch sprachlich eine Distanz zu überwältigenden Eindrücken hergestellt.

22. Wann immer positive Erfahrungen oder Bilder auftauchen, sollten Sie den Patienten einladen, dort ein wenig zu verweilen. Sie verstärken damit noch einmal die Selbstheilungskräfte. Wenn er das nicht möchte, so sollten Sie seinem Impuls aber folgen.

23. Wenn der Patient in der Lage ist, sich selbst ausreichend zu distanzieren, sollten Sie nicht eingreifen, ausgenommen ist Ihre Unterstützung beim BASK-Modell. Die Entlastung entsteht vermutlich gerade dadurch, dass die Dinge genauestens wahrgenommen werden.

24. Wenn dissoziatives Verhalten während der traumatischen Situation erkennbar wird, ist es sehr wichtig zu klären, vor welchen Gefühlen und Körpererfahrungen die Dissoziation geschützt hat. Wird lediglich die Dissoziation wahrgenommen, kann keine Integration erfolgen. Helfen Sie Ihrem Patienten gegebenenfalls, zur Traumakonfrontation zurückzukehren, aber tun Sie dies mit einem Hinweis, dass er auch aufhören könne, falls er das will.

25. Helfen Sie dem Patienten, den Schmerz zu ertragen, indem Sie an die Distanzierung am sicheren Ort erinnern.

26. Weisen Sie zum andern immer wieder darauf hin, dass der Patient jetzt hier in Sicherheit und das Belastende bereits Vergangenes ist, »ein alter Film« ist eine gute Metapher.

27. Unterscheiden Sie traumaassoziierte Gefühle von traumaverarbeitenden. Wenn traumaverarbeitende Gefühle wie Trauer und Wut auftauchen, erfolgt automatisch eine Assoziation von erlebenden mit beobachtenden Teilen. Das sollte man nicht unterbrechen, es sei denn, dass auch diese Gefühle überflutend zu sein scheinen. Dann ist zu empfehlen, den Patienten einzuladen, ein wenig in die beobachtende Haltung zu gehen, damit er etwas Distanz hat. Traumaassoziierte Gefühle hingegen sind extrem belastend und sollten daher immer mithilfe des beobachtenden Teiles wahrgenommen werden, während die erlebenden Teile in Sicherheit sind.
Wenn der Patient im Hier und Jetzt und in Kontakt mit Ihnen ist, sollten Sie ihm durch entsprechende Interventionen deutlich machen, dass Sie auf seiner Seite sind.

28. Klären Sie explizit, indem Sie danach fragen, ob das traumatische Ereignis aus Sicht des Patienten zu Ende gebracht ist.

29. Ermutigen Sie, wenn der Traumabericht abgeschlossen ist, den Patienten dazu, die Gefühle von Trauer und Schmerz anzunehmen, aber achten Sie darauf, dass diese Gefühle nicht überwältigend sind. In diesem Fall sollten Sie ihn einladen, mehr zu beobachten.

30. Anschließend sollte dann geklärt werden, was das traumatisierte Ich damals gebraucht hätte, was es bis heute immer noch braucht. Damit wird nach unserem Verständnis die damals unterbrochene Handlung zu »einem guten Ende« gebracht. Und das ist für die Heilung wichtig.

31. Ermutigen Sie den Patienten, dialogisch mit seinem jüngeren Ich umzugehen, d. h. es wirklich daran zu beteiligen und nicht für es zu entscheiden, was es braucht.

32. Fragen Sie immer wieder nach dem Ergehen des Ichs von heute und des jüngeren Ichs.

33. Nachdem ausreichend Trost und Selbstberuhigung und eventuell auch noch einmal Reorientierung im Hier und Jetzt erfolgt sind, fragen Sie nach dem jetzt aktuellen Belastungsgrad.

34. Weisen Sie auf die Möglichkeit weiterer Verarbeitung in den nächsten Tagen hin.
35. Klären Sie den Wahrheitsgehalt der positiven Kognition erneut. Der Wert sollte jetzt höher sein.
36. Laden Sie erneut zum Body-Check ein. Die Punkte 37–39 machen dem Patienten deutlich, dass die geleistete Arbeit – Schwerstarbeit – einen Sinn hatte.
37. Denken Sie daran, auch zur Fürsorge für das Ich von heute aufzufordern.
38. Es ist gut, wenn die jüngeren Patienten die Eltern in die belastende Situation nach der Konfrontation mit einbeziehen. Der Impuls wird bei jüngeren Kindern vom Therapeuten ausgehen. Bei Jugendlichen bedarf es der Absprache mit dem Patienten.
39. Bieten Sie die Möglichkeit eines Kontaktes mit Ihnen auch vor der nächsten Sitzung an.
Eine Freistellung von Schule oder Ausbildung am Tag nach der Konfrontation sollte immer angeboten werden. Dies entspricht auch einer Würdigung der geleisteten Schwerstarbeit des Patienten.

Anm.: Viele Patienten schämen sich bestimmter Inhalte oder sorgen sich um den Therapeuten (s. der Abschnitt über Übertragung und Gegenübertragung). Während einer Traumakonfrontation ist es günstiger, diese Phänomene nicht zu deuten, sondern direkt zu klären. (Für Deutungen ist später Zeit und Raum.)

Eine so sorgsam und behutsam durchgeführte Traumakonfrontation stärkt auf jeden Fall das Ich von heute. Wenn die SUDs nicht sehr stark zurückgegangen sein sollten, gibt es folgende Möglichkeiten:

1. Klären Sie, ob es noch dissoziierte Teilerfahrungen gibt, und gehen Sie diese noch einmal sorgfältig mithilfe des beobachtenden Ichanteils von heute durch. Zeitlupenfunktion ist dafür eine gute Metapher.
2. Möglicherweise gehen die SUDs auch nicht weiter nach unten, weil bereits neues belastendes Material auftaucht, was bei komplex Traumatisierten die Regel ist.

Das hier gewählte Beispiel zeigt eine Patientin, die sehr eigenständig war und sehr gut für sich sorgen konnte. Hätte sie das nicht gekonnt, hätte der Therapeut entsprechend häufiger eingegriffen.

In der Bildschirm-Beobachtertechnik werden zwei Aspekte für die Therapie genutzt, die in anderen als wirksam beschriebenen Therapien, wie EMDR oder der prolongierten Exposition, wenig Bedeutung haben:

1. wird der Fähigkeit zur Distanzierung ein sehr hoher Wert beigemessen, d. h., es wird quasi das Dissoziieren verschrieben.
2. wird durch die Trennung von erlebenden und beobachtenden Teilen die Fähigkeit zur »Spaltung« genutzt.

Häufig stellt sich die Frage, wie viele Konfrontationssitzungen durchgeführt werden sollen.

Bei Traumata, die sich gleichen, reicht es oft, das erste, das schlimmste und das letzte Trauma zu bearbeiten (wenn möglich in dieser Reihenfolge, mit dem schlimmsten zu beginnen, empfiehlt sich nicht).

Bei Traumatisierungen verschiedener Art kann es notwendig sein, sehr viel mehr konfrontierende Arbeit zu machen.

Denken Sie an ausreichende Zeiten der Restabilisierung nach jeder Sitzung.

5.6 Konfrontation und Rekonstruktion mittels verschiedener Ausdrucksformen: Szenisch-bildnerische Gestaltung, Imagination

Wenn (jüngere) Patienten mit gestalterischen Mitteln oder szenischem Handeln chaotisch Konfrontationen mit traumatischem Erinnerungsmaterial herstellen, so bedeutet dies einige besondere Aspekte für den Umgang damit. Um den spielenden Umgang mit traumatisierten Erlebnisinhalten von traumatischen Reinszenierungen zu unterscheiden, ist es wichtig, dass wir hier einige Gedanken zum Begriff Spielen formulieren.

Gelingt ein *Spiel*, welches *spielerisch* daherkommt, also wirklich *Spiel im ursprünglichen Sinn des Wortes* ist, ist bereits eine Distanzierung von traumatischen Erlebnisinhalten hergestellt. Wir möchten hier die kritische Diskussion der Begrifflichkeit des *post-traumatischen Spieles* (Streeck-Fischer, 1997, 2000; Terr, 1990) anregen, weil sich hier in der Traumatologie eine nicht bewusste Verunglimpfung eines schützenswerten Begriffes eingeschlichen hat, nennen sich doch viele von uns Spieltherapeuten: Die urtümlichen Qualitäten des Spieles werden bei *traumatischen Reinszenierungen, die in dem Kontext angesprochen werden,* aufgegeben: Die Etymologie der Begriffe spielen und Spiel (Drodowsky et al., 1963; Köbler, 1995) ist eindeutig über Jahrhunderte verankert: spielen (mhd. spiln, ahd. Spilon, niederl. Spelen, aengl. Spilian) bedeutet über die Jahrhunderte »sich lebhaft bewegen, tanzen, sich vergnügen, kämpfen, sich tummeln, hüpfen, ausgelassen sein«; Spiel ist definiert als »Tätigkeit, die allein aus Freude an ihr selbst ohne praktische Zielsetzung geschieht«, Spiel, Tanz, Zeitvertreib, Scherz, Musik, Schauspiel.

Der Als-ob-Raum verschwindet im Zustand, den man bei Kindern beobachtet, die Szenen des Grauens im dissoziierten Zustand wiederholen. Die Erwachsenen haben das Phänomen des naiven kindlichen Spiels in das »böse Spiel« verwandelt, diese bösartige Inszenierung, z. B. in einer Missbrauchsszene, hat aber mit dem wahren Spiel noch so viel gemein wie eine streichelnde Hand mit einem Hammerschlag. Will ein Kind spielen, dann sehnt es sich nach dem befreienden Als-ob-Raum der Fantasie, in der das Gute, die Liebe und das Glück sowie die eigene Stärke und die der Guten letztlich siegen. Kindliches Spiel ist zugleich sehnsuchtsvolle Reise, Lösungsversuch, der Weg zum Welt- und Selbstverständnis sowie zur Welteroberung. Mit dem Ich, dem Du, dem Wir. Spielen-Können impliziert immer, dass das Kind an eine Lösung glauben kann. Wenn (Alltags-)Konflikte im Spiel verhandelt werden, kann es auch rauh zugehen, aber es ergeben sich spielerisch Auswege.

Das Vertrauen, dass die Welt irgendwo eine Lösung für die Not des Kindes parat hält, ist dem Kind im Angesicht von traumatischen Erlebnissen in der Regel abhanden gekommen. Stereotype Verhaltensrituale, die wir in zwanghaft wiederkehrenden Handlungssequenzen (s. a. P. Kernberg, 1995) von Kindern finden, entsprechen eher Notsignalen mit Bordmitteln der Kinderseele, bei denen das Kind mit dem geliebten Teddybären versucht, das brennende Kinderbett auszuschlagen. Wir schlagen vor, bei dem geläufigen Begriff der traumatischen Reinszenierung (Re-Enactment) aus der Erwachsenenpsychologie zu bleiben, auch wenn wir das Verhalten des Kindes im Rahmen dieses Handelns mit erwachsenem Verstand betrachtet »spielend« glauben. Das *Spielen* gehört den ungebrochenen Teilen oder der heilen, geheilten kindlichen Seele.

Extrem schwer traumatisierte Kinder haben gelegentlich geradezu verlernt zu spielen. Die im Kinderspiel oft provozierte große, böse Macht muss im Fantasieraum bleiben und dort beherrschbar und zerstörbar sein. War eine Bedrohung im Außen existenziell, kann sie drohen, die inneren Landschaften des Spiels zu zerstören. Urvertrauen wächst ja gerade im Angesicht der (begrenzten) Bedrohung und der rechtzeitigen Auflösung der bedrohlichen Situation im Halt und dem Trost durch Mutter/Vater oder ein anderes (primäres) Objekt. Kinder mit Hospitalismuszeichen und Marasmus sind extreme Beispiele für junge Menschen, die nicht Kind sein können und sich hinter den Zeichen der völligen seelischen Abstumpfung verbergen müssen, um zu überleben. Zum Glück ist die extreme Form der Beschädigung der kindlichen Psyche dank der öffentlichen Jugendhilfe in unseren Breiten selten geworden. Dorothea Weinberg beschreibt in ihrem Buch (2006), dass es in osteuropäischen Heimen immer noch Kinder gibt, die aufgrund mangelnder Kenntnis der Heimbetreuung diese verheerenden Zeichen kindlicher Seelennot aufweisen.

Hat das Kind genug Vertrauen zur Therapeutin aufgebaut, so können tatsächlich im *Spiel* Inhalte auftauchen, die traumaassoziiert zu verstehen sind. Diese Szenen im Therapiezimmer – gemalt oder gespielt – sind Momentaufnahmen, die durch die Darstellungsform im Außen Vorteile und eine Chance für das therapeutische Vorgehen bedeuten. Als Therapeut handeln wir wie der Fischer, der sich z. B. auf den Fang von Stinten spezialisiert hat: Er weiß, wo er die Angelrute auswerfen muss, hat ein Gefühl für »seinen« Fisch am Haken, der ihn von anderen Arten unterscheidet, und weiß auch, ihn an Land zu holen usw. Wir können bei traumatisierten Kindern auf Spielsequenzen dieser Art rechnen, vielleicht durch unsere Antworten »Köder« auswerfen, um dem Kind eine Tür zu öffnen, um rekonstruktive Spielsequenzen einzubringen, bei denen wir Begleiter sind. Und wir sollten dann bereits einen »Plan« haben, wie wir diese Chance mit dem Kind gemeinsam nutzen. Die vom Kind eingebrachten Spielinhalte entsprechen meist einem behutsamen Herantasten an die Inhalte. Distanz zum Erlebten entsteht durch das plastische Gestalten im Außen. Kontrolle entsteht hier spürbar durch das prozesshafte Schaffen. Die Zeit kann angehalten werden, rückwärts gedreht werden. Der Raum kann z.B. im Spiel oder auf dem Blatt Papier jede Form der Veränderung erfahren. Passiert all dies (bewusst) im Kopf, nennen wir es Imagination. Bei kleineren Kindern finden wir eher kurze Sequenzen im Spiel, die der Rekonstruktion traumatischer Erfahrungen dienen. Längere Szenen stellen sich meist erst bei Kindern ab dem mittleren Grundschulalter her. Vorher fehlen den Kindern möglicherweise die Konzentrationsfähigkeit und die emotionale Kapazität für ein derartiges Vorgehen.

Werden wir von Kindern in *(spielerische)* Handlungssequenzen einbezogen, die nicht einem dissoziierten Zustand entsprechen (s. a. Abschnitt »ungeplante Begegnungen …«), lassen wir das Kind gewähren und folgen seinen Bewegungen in der Szene behutsam, begrenzen Tendenzen, in denen es droht, mit intrusivem Erlebnismaterial zu dicht in Berührung zu kommen und überwältigt zu werden. Wir bieten uns als schützende Begleiter beim Integrationsprozess im Spiel an. Hier kommt dann auch das BASK-Modell zur Anwendung.

Wir beziehen es jedoch auf die »Darsteller« in der gestalteten Szene. Die kindliche Neigung zu einer Identifikation mit Wesen im Umfeld bedeutet ein Hin und Her von intensiver Identifikation und symbolisierendem Umgang mit der Welt. Für das kleinere Kind ist es u. U. eins, ob der Teddy gewissermaßen einen Stein im Bauch hat oder es selbst. Fürsorgemaßnahmen von der Therapeutin und dem Kind am Teddybären sind ebenso hilfreich wie Maßnahmen für das Kind direkt. Gerade da liegt die Kraft der Kinder: in ihrer Spielfertigkeit, die sich viele erwachsene Patienten erst wieder erarbeiten müssen. Aber wir kennen das »Spiel« mit den Vorstellungen: Eine mit Liebe geschenkte getrocknete Rose vom Liebsten oder eine geschenkte Feder vom Kind kann manchesmal mehr wiegen als ein Klumpen Gold.

Bei der Arbeit mit sehr jungen Kindern kommen noch andere Besonderheiten hinzu: Das innere jüngere Kind ist in kein chronologisches Zeit- und Raumschema einzuordnen, welches wir uns im Laufe unserer Entwicklung konstruieren. Die Therapeutin muss aber achtgeben, dass

das Kind im Hier und Jetzt nicht in traumaassoziierte Erstarrungs-
zustände gerät, wenn eine Überidentifikation aus einer Spielszene heraus stattfinden sollte.

5.7 Vorgehen bei der ungeplanten Begegnung mit traumaassoziiertem Erlebnismaterial durch (jüngere) Patienten: Differenzierung zwischen traumatischer Reinszenierung und Rekonstruktionsbemühungen

Die obigen Ausführungen über die Bildschirm-Beobachtertechnik richten sich an die Arbeit mit älteren Kindern, die hinsichtlich ihrer Entwicklung in der Lage sind, das Protokoll einer Traumakonfrontation
emotional und intellektuell nachzuvollziehen. Bei kleineren Kindern
werden wir im szenischen Spiel oder im bildnerischen Prozess oftmals
unvermittelt mit traumatischen Erlebnissen konfrontiert. Wir wollen
hier verschiedene Formen der Reinszenierung aufzeigen, die ein besonderes klinisches Verständnis erfordern.

Es stellen sich gelegentlich in der Therapiesituation spontan Reinszenierungen traumatischer Erfahrungen her. Wie sind diese jeweils
einzuordnen? Das Kind weiß sehr genau, worum es in der Therapie
geht. Gemeinsame Ziele wurden formuliert, und Heilungsprozesse werden erwartet und/oder wurden induziert. Diese *Heilserwartung* spielt
in der Wirksamkeit von Psychotherapie, ja auch bei der Wirkung von
Placebos eine bedeutende Rolle. Die tiefenpsychologischen Therapieschulen gehen davon aus, dass szenische Informationen im Therapie-
kontext nie »zufällig« passieren, was in der intensiven Beschäftigung
mit der »initialen Szene« der therapeutischen Beziehung seinen Ausdruck findet (s. a. Kapitel 3.1). Unsere Hypothese ist also, dass eine
traumaassoziierte Inszenierung in der Therapiesituation immer auch
eine besondere Bedeutung im *Heilungs*prozess darstellt.

Eine abschließende Beurteilung, ob es sich hier jeweils um eine
retraumatisierende Erinnerungssequenz oder um einen integrativ wir-
kenden Konfrontationsprozess im Sinne des Wunsches nach Rekonstruktion dissoziierter Erlebnisinhalte handelt, lässt sich nicht immer
ganz sicher sagen.

5.7.1 Traumaassoziierte Spielszenen im fortgeschrittenen Therapieverlauf als Aufruf zur Hilfe beim Rekonstruktionsprozess

Nach der klinischen Erfahrung lassen sich jedoch Therapieszenen beschreiben, die offenbar einer im Therapieprozess unbewusst gewachsenen Aufforderung an den Therapeuten gleichkommen, das Kind bei integrativen Prozessen zu unterstützen. Hier wäre eine Unterbindung (und negativ bewertende) Funktion der Szene durch die Therapeutin u.E. nicht hilfreich, es empfiehlt sich hier ein konstruktives Geleit des Kindes i.S. des Rekonstruktionsprozesses. Diese Szenen stellen sich häufig erst dann ein, wenn eine gewisse Stabilisierung bereits stattgefunden hat (sich das Kind die rekonstruktive Arbeit emotional »leisten« kann).

Nach akuten traumatischen Einzelereignissen (Monotrauma) ist es ebenfalls möglich, dass Kinder recht früh in der Therapie die erlebte Szene in Teilen spielen/»ver-handeln«, ohne zu dissoziieren. Hier ist es in der Regel ebenso geboten, dem Kind den Raum zu lassen, wenn keine Dissoziation vermutet werden muss. Der durch das Trauma unterbrochene Lebensprozess wird im Spiel fortgesetzt, oft zunächst in Verbindung mit viel Destruktivität der traumatischen Szene, später mit immer mehr Lösungsanteilen. Hier kann die Therapeutin im Spiel den rekonstruktiven Integrationsprozess unterstützend begleiten.

Konfrontative Verfahren können bei kleineren Kindern nicht geplant zum Einsatz kommen. Es scheint ein ubiquitäres Rekonstruktionsbedürfnis bei Menschen aller Altersstufen nach traumatischen Erfahrungen zu geben, das sich auch bei kleinen Kindern zeigt. Und es ist gut, dass wir jetzt auch für diese Altersgruppe therapeutisches Werkzeug zur Verfügung haben. Auch Kindergartenkinder bringen traumatische Erlebnisinhalte von sich aus in die Stunden ein: als traumatische Reinszenierungen wie auch als rekonstruktive Spielsequenz, das müssen wir sicher unterscheiden. Beide Ausdrucksformen sind eine therapeutische Standardsituation, auf die man sich einzustellen hat. Ist man hinsichtlich der Interventionstechnik nicht vertraut oder erkennt traumatische Reinszenierungen nicht, so werden sie über projektive und identifikatorische Prozesse schnell zu retraumatisierenden Ereignissen, die auch zu einem Therapieabbruch führen können.

Die Therapeutin hat bei rekonstruktiven Spielsequenzen mehr als sonst die Rolle der »Regisseurin« des therapeutischen Prozesses, die sich das Kind in der Regel auch *wünscht*. Der Ausweg wird vom Kind ja gerade hilflos gesucht, und da braucht es das Angebot der Therapeutin.

5.7.2 Vorgehen bei der Konfrontation im spielerisch-bildnerischen Tun

Von den geschilderten Beispielen zu unterscheiden ist ein Auftreten traumatischer Spielinhalte nach längerer, stabilisierender Behandlung. Hier folgen Kinder manchmal intuitiv einem Phasenverlauf der Therapie und präsentieren Inhalte, wenn sie es sich emotional »leisten« können und in der Arbeitsbeziehung zur Therapeutin sicher fühlen. Ein natürliches Bedürfnis nach Integration traumatischer Erlebnisse wird dann deutlich. Wir nehmen als Therapeuten im Unterschied zur traumatischen Reinszenierung in der »Darstellung« der Patientin wahr, dass das Kind jetzt zu jedem Zeitpunkt »anwesend« wirkt und wir »angesprochen« werden. Alles wirkt jetzt wie unter Kontrolle. Oft wiederholen die Kinder solche Sequenzen rituell. Oft kommt es parallel zu Beginn auch zu einer Symptomverschlechterung im Alltagsleben. Wir sollten mit dem Umfeld diese Phase der Therapie mit Eltern und weiterem Umfeld besprechen und gegebenenfalls auch Familiensitzungen einführen, in denen wir den Eltern in Anwesenheit des Kindes erzählen, dass die Patientin sich z. Zt. vermehrt mit schlimmen Dingen aus der früheren Zeit beschäftigt, ohne in Anwesenheit des Kindes konkret Szenen zu benennen, um es nicht durch so getriggerte überwältigende Bilder zu belasten. Die Rekonstruktion kann nun im Puppen-Spiel, beim Squiggeln, beim freien Zeichnen oder – wie im geschilderten Fall – mit Materialien des Sceno-Kastens erfolgen:

Die 5-jährige Susanne kommt seit einem Jahr in die Behandlung. Sie war Opfer wiederholter tätlicher Angriffe durch den Partner der Mutter, während diese außer Haus war. Die Mutter ist seit zwei Jahren vom Partner getrennt.
Auf dem Spielbrett des Sceno-Kastens stellt sich folgende Szene dar: Zunächst ist da das kleine Mädchen, welches Susanne Klara nennt (eine

Freundin von ihr heißt so). Sie wird vom Krokodil angegriffen, was zunächst mit ihr spielen wollte. Der Therapeut sollte das Mädchen spielen. Susanne weist den Therapeuten an, wie er zu spielen habe: Er muss dem Krokodil glauben, welches von Susanne gespielt wird und immerzu beteuert, dass es nicht beißt. Dann schleicht es sich hinter Klara und will zubeißen.

Th.: Wie geht es Klara jetzt? Hat sie Angst?

Pat.: (nickt) Ja, ganz, ganz doll!

Th.: Ich finde, wir sollten Klara jetzt in Sicherheit bringen, oder?

Pat.: Ja, o.k.

Th.: Vielleicht an den schönen sicheren inneren Ort, den du dir ausgedacht hast?

Pat.: (nickt)

Th.: Komm, lass ihn uns hier aufbauen, wie wir das schon ein paar Mal gemacht haben, ja?

(Pat. und Th. bauen einen schönen Garten mit vielen zahmen Tieren drin, auch das Helferwesen, der Engel aus dem Kasten, ist da. Klara sitzt zum Schluss mit Decken versorgt, Obst und Getränk an der Seite, mit Helferwesen da.)

Th.: Es fehlt noch ein guter Schutz, was hattest du letztes Mal noch mal als Schutz eingebaut?

Pat.: Ganz viele Blumen, die eine unsichtbare Wand um alles machen!

Th.: Ach ja!

(Pat. baut Wall aus Blumen und Bäumen.)

Th.: Ist Klara jetzt ganz gut versorgt und sicher?

Pat.: Ja, das siehst du doch, da sind doch die ganzen Superblumen!

Th.: Ach so, ja. Wie geht es jetzt weiter, das Krokodil ist ja noch da und hat Hunger?

Pat.: Das Krokodil kann Klara jetzt nicht mehr fressen!

Th.: Genau! Und das ist gut!

(Pat. holt die Ente aus dem Kasten und reicht sie dem Th.)

Pat.: Du spielst jetzt die Ente! (Th. nimmt die Figur, das Krokodil schleicht sich an die Ente heran, knurrt leise, dann springt es auf sie los, brüllt laut.)

Pat.: (zum Th.) Du darfst dich nicht wehren!

Th.: Du meinst, die Ente darf sich nicht wehren?

Pat.: Genau! (knurrt wieder für das Krokodil) – sonst wird das Krokodil noch böser! Das Krokodil beißt der Ente jetzt ins Bein, und die darf sich nicht rühren!

Th.: Oh Mann, wie geht es der Ente jetzt?

Pat.: Die hat totale Angst!

Th.: Und was denkt sie, die arme Ente?

Pat.: Ich komme hier nicht mehr weg! Das Krokodil frisst mich gleich auf, Hilfe – aber sie schreit nicht, weil das Krokodil dann noch wütender wird!

Th.: Und was würde sie jetzt gerne denken?

Pat.: Ich kann hier weg, ich kann fliegen und dann kann mich das Krokodil nicht fressen!

Th.: Und, geht das, mit dem Wunsch jetzt?

Pat.: Ne, das siehst du doch!

Th.: O. k. Und was merkt die Ente im Körper?

Pat.: Ihr ganzer Körper zittert und sie kriegt fast keine Luft mehr vor Angst.

Th.: Was macht sie denn?

Pat.: Gar nix, sie kommt nicht weg. Sie klebt fest!

Th.: Und wie geht es Klara jetzt eigentlich am sicheren Ort?

Pat.: Die macht sich Sorgen um die Ente, sie ist schon so lange nicht bei ihr gewesen! Klara ruft den Mann, der soll der Ente helfen!

Th.: Und was passiert dann?

Pat.: (holt den Arzt aus dem Kasten) Der Mann hilft Klara – ich meine: der Ente jetzt! Er packt das Krokodil und haut es (nimmt erregt den Teppichklopfer aus dem Kasten) und packt es in einen Käfig! – Du musst jetzt einen ganz großen bauen! (Th. beginnt mit dem Bau)

Pat.: Noch höher! So kommt das Krokodil doch noch raus! (Th. ist fertig, Pat. nickt zufrieden)

Th.: Und jetzt?

Pat.: Wir müssen jetzt doch der Ente helfen, die blutet! (Es folgt eine ausgedehnte Wundversorgung.)

(Der Th. erkundigt sich nun nach der Ente entlang dem BASK-Modell, es geht der Ente wieder gut, und jetzt hat sie keine Angst mehr und kann wieder fliegen, als die Wundversorgung beendet ist. Auch Klara ist beruhigt und die Wunschkognition ist realisiert, die Ente kann fliegen).

Pat.: Jetzt kommt der Zauberer (holt Mann aus dem Kasten) und verzaubert das Krokodil in einen Adler! Der kann dann der Ente immer helfen, wenn sie mal Angst hat!

Th.: Na, das ist ja Schwerstarbeit, die du da mit Klara und der Ente heute geleistet hast! Du bist wirklich mutig!

Pat.: Wieso ich? Die Ente hat doch alles gemacht!

Th.: Ja, stimmt, aber wir haben ja mitgespielt. Ich weiß nicht, wie es dir ging, aber ich habe richtig mit der Ente mitgefühlt…

Pat.: (stöhnt tief) Ich auch…

Th.: Na, da werde ich Mama gleich noch mal erzählen, was du heute geleistet hast, o.k.?

Pat.: (nickt)

Th.: Was möchtest du denn heute noch mit der Mama machen, was dir guttut?

Pat.: (überlegt) Au ja, ich frage Mama, ob wir ein Eis essen gehen!

Th.: Das ist ja eine feine Idee!

Für die Durchführung solcher rekonstruktiver Spielszenen gelten die Protokollpunkte der Beobachter-Bildschirmtechnik, die leicht abgewandelt auf die Spielszene übertragen werden können. Das BASK-Modell und andere Aspekte werden hier auf die Spielakteure übertragen. Besonders muss der Therapeut darauf achten, dass die Patientin nicht dissoziiert. Treten solche Sequenzen zu früh auf und die Patientin ist noch nicht stabilisiert genug, sollten wir die Versorgung des verletzten inneren jüngeren Kindes, durch die Patientin wiederholt durch die Figur Karla dargestellt, vorschlagen und den Aggressor gemeinsam mit der Patientin z. B. vertreiben oder nur einfach einsperren. Das entspricht einer willentlichen Übung zur emotionalen Distanzierung. In unserem Fallbeispiel treibt das Kind zu geeigneter Zeit das Spiel in Richtung auf eine konfrontativ-rekonstruktive Spielsituation, in der sie das Vertrauen zum Therapeuten nutzt, um sich der traumatischen Thematik gut vorbereitet anzunähern, ohne dabei zu dissoziieren. Wahrnehmungsaspekte werden »spielerisch« integriert. Auf der Spielbühne werden von den Kindern meist schon direkte Lösungen angeboten, die Wunsch-Kognitionen, Transmission von Täterintrojekten in hilfreiche Wesenheiten sowie der Trostarbeit im Wesentlichen entsprechen. Hierin unterstützen wir die Arbeit des Kindes. Bedeutungsebenen verschwimmen beim kleineren Kind unkontrolliert, Ego-States sind nicht so differenziert zu unterscheiden, SUD's nicht exakt zu quantifizieren etc. – aber das macht auch nichts, wenn man auf den unterschiedlichen Bezugsebenen die wichtigen Aspekte der konfrontativen Arbeit in der Funktion des »Regieassistenten« beim Spiel berücksichtigt und gegebenenfalls Fehlendes einführt. Hier werden einige besonders wichtige Punkte zusammengefasst:

1. Die konfrontative Arbeit setzt eine stabile Gesamtsituation voraus, (s. Kapitel 5.1) und Stabilisierungstechniken sind sicher etabliert. Wenn nicht, werden konfrontative Spielsequenzen spielerisch abgewendet.

2. Verletzbare Akteure werden hypothetisch als Protagonisten der verletzten jüngeren Ego-States angesehen.

3. Eine traumatische Spielsequenz wird vom Therapeuten als solche erkannt. Fragen nach dem BASK-Modell bestätigen im Verlauf dann traumatischen Bedrohungscharakter der Situation.

4. Diese werden bei existenzieller Bedrohung auf der Spielbühne an den sicheren inneren Ort verbracht. Helferwesen werden dazugerufen.

5. Verbleiben Sie bei guten Bildern, z. B. beim Ausschmücken des sicheren Ortes. Das fördert die Heilungskräfte.

6. Negative und gegebenenfalls Wunsch-Kognitionen werden benannt.

7. VoC's werden ebenfalls bei der Durchführung grob quantifizierend berücksichtigt. Bei einigen Kindern ist es hilfreich, die VoC's bildlich zu dokumentieren, um so den Erfolg des Vorgehens darzustellen.

8. Der traumatisierte Ego-State sollte versorgt werden. Ermutigen Sie den Patienten dazu, wenn er es nicht ohnehin intuitiv tut.

9. Würdigen Sie die Arbeit des Kindes und dass es mutig war, sich solche schlimmen Sachen »wie mit dem Krokodil« anzuschauen.

10. Sorgen Sie im Umfeld für eine Unterstützung in der Phase, in der das Kind sich Traumathemen intensiver annimmt, und sprechen Sie umgehend mit den Eltern, wenn das Kind in der Stunde mit traumatischen Inhalten gearbeitet hat.

11. Regen Sie auch Selbstfürsorgemechanismen im Kind an.

5.7.3 Traumatische Reinszenierungen: »Die Therapeutin auf dem Prüfstand«

Häufig am Anfang von Therapien sind traumatisch wirkende Reinszenierungen bei chronisch traumatisierten PatientInnen nicht selten, da die Nähe zum Therapeuten leicht Assoziationen zu traumatischen Beziehungserfahrungen bedeutet. Man könnte auch sagen, dass sich in diesen Situationen unversorgte, panische innere jüngere Kinder im Therapiegeschehen zeigen und (vielleicht in der Therapiesituation am rechten Ort) »um Hilfe rufen« und nach einem Sprachrohr in die Welt von heute suchen. Wir möchten die geschilderten Szenen in *therapeutischen* Situationen, wie oben erläutert, von denen im Alltagsgeschehen unterscheiden. Das Kind erwartet Heil in der Therapie – bewusst oder unbewusst. Der Therapeut wird also geprüft, ob er als Helfer »taugt«. Professionelle Begrenzungen regressiver Prozesse wirken ausufernden Äußerungen, die auch äußerste Belastungen für Kind (und TherapeutIn) bedeuten, entgegen; eine kooperative, ressourcenorientierte Arbeit als gemeinsame Auffassung gehört dazu. Bei allem Sinn, die solche Reinszenierungen zu Beginn haben, sollte Ziel eine definitive Reduktion dieser Ereignisse sein, weil sie immer auch retraumatisierende Wirkung haben. Sie drohen sich vielmehr sogar durch Fehlhaltungen des Therapeuten zu wiederholen, wenn die Erwartungen nach Verständnis vom Therapeuten jäh enttäuscht werden. Woran erkennen wir eine solche Situation?

Das Kind präsentiert sich in diesen Situationen meist wie stereotyp agierend, nicht selten in einem dissoziierten Zustand. Wir haben in der Gegenübertragung, der emotionalen Resonanz, das Gefühl, nun »nicht mehr gemeint« oder aus dem Spielgeschehen weitestgehend ausgeschlossen zu sein. Hier ein Beispiel einer Reinszenierung im stationären Alltag einer kinderpsychiatrischen Klinik:

Der 8-jährige Dominik hat massive tätliche Gewalterfahrungen gemacht und gerät immer wieder in Übererregungszustände, wenn er Konfliktsituationen mit Gleichaltrigen oder Erwachsenen austragen muss. Er gerät kurz nach seiner Aufnahme in die stationäre Behandlung in einen raptusartigen Ausnahmezustand, als er Regeln nicht annehmen mag und mit einem Erzieher zuletzt in eine handgreifliche

Auseinandersetzung gerät. Die Mitarbeiter sind an der Grenze ihrer pädagogischen Möglichkeiten, und die Aussicht auf eine friedliche Lösung des Konflikts scheint aussichtslos. Dominik reinszeniert eine Gewaltszene, in der er selbst schlägt, mit Gegenständen gefährlich auf Mitarbeiter wirft. Der Therapeut wird hinzugezogen. Die Mitarbeiter berichten später, aus der eigenen Bedrohung heraus tätlich aggressive Impulse dem Jungen gegenüber empfunden zu haben. Der Therapeut erlebt den Jungen als Kind, welches sich massiv bedroht zu fühlen scheint. Er muss Dominik ergreifen, da dieser sich und andere ernsthaft zu verletzen droht. Der Patient wehrt sich heftig in den Armen des Therapeuten, beschimpft ihn.

Pat.: Lass mich los, du Schwein!

Th.: Ich habe den Eindruck, du weißt gar nicht, wo du dich befindest, niemand will dir hier etwas tun, ich glaube, da ist ein kleinerer Dominik in dir, der fühlt sich jetzt bedroht und erlebt hier jetzt ganz schlimme Dinge von früher noch einmal.

Pat.: (immer wieder) Lass mich los, ich hasse dich (weitere Beschimpfungen).

Der Patient braucht etwas Zeit, um aus dem dissoziativen Zustand herauszukommen, ein Verständnis für das Missverständnis von Zeit und Ort herzustellen.

Th.: Aber wir sind jetzt hier in der Klinik, ich bin Dr. Krüger und du brauchst keine Angst zu haben.

Pat.: (wehrt sich zunehmend weniger, der Th. hält ihn sicher, Dominiks Muskulatur entspannt sich, er wird weich und beginnt zu weinen)

Th.: Es ist alles o. k., auch die Tränen sind o. k. (streicht dem Patienten leicht über den Kopf)

Pat.: (weint jetzt heftiger, wirkt beschämt, vergräbt sein Gesicht im Arm des Therapeuten)

Th.: Wir wissen hier alle, dass du nicht absichtlich andere verletzen wolltest, ein kleinerer Dominik in dir hatte richtige Angst und hat die Situation mit seinen Augen falsch verstanden, es ist alles vorbei, es ist o. k.

Pat.: (beruhigt sich wieder und »taucht« etwas aus dem Arm auf)

Th.: Wir müssen uns zusammen noch viel um den kleineren Dominik kümmern, der so viel schlimme Sachen erlebt hat, denke ich. Kannst du dir vorstellen, die Angst von eben jetzt in einen Tresor zu packen? Da kann sie dann bleiben, bis wir sie uns zusammen wieder anschauen wollen?

Pat.: (nickt)

Th.: Ist sie jetzt sicher verschlossen?

Pat.: (nickt)

Th.: Darf ich jetzt wieder gehen? Kann Maja (Erzieherin) sich jetzt weiter um dich kümmern?

Pat.: (nickt)

Die beschriebene Situation zeigt, wie Kinder ungesteuert Reinszenierungen herstellen. Hier hat die Szene ein beschreibbares Ende, als der Patient offenkundig nicht mehr dissoziiert war, welches vom Therapeuten herbeigeführt wurde (Weinen und eine in der Resonanz spürbare Trauer sind recht sichere Zeichen dafür, dass die Patienten wieder »hier« sind). Der Auslöser für den Raptus wird mit dem Patienten im Verlauf herausgearbeitet: Es lässt sich später mit ihm klären, dass die Gewaltausbrüche des Partners der Mutter immer wieder unberechenbar in Konfliktsituationen um Regeln eingebrochen waren, sich der jüngere Dominik niemals darauf verlassen konnte, dass er nicht geschlagen würde. Die Konfliktsituation um Stationsregeln hatte offenbar Hinweisreizcharakter und hat das beschriebene Wiedererleben und die dissoziationsartige Reaktion ausgelöst.

5.7.4 Vorgehen bei traumatischen Reinszenierungen

1. Aktuellen Täterkontakt vor der Behandlung ausgeschlossen haben
2. Sich definitiv nicht selbst tätlich verletzen lassen, wenn das Kind gewalttätig wird
3. Möglichen Angst- oder Verzweifelungsaffekt ansprechen. Das Kind darauf hinweisen, dass es hier sicher ist, keine Gefahr besteht und dass die Bedrohung, vor der ein jüngerer Teil im Kind nun Angst zu haben scheint, vorbei ist. Das Kind oder der/die Jugendliche also von möglichen inneren Geschehnissen ablenken
4. Die Szene als Ausdruck möglicher überwältigender Erfahrungen in der Vergangenheit benennen

5. Die potenziell retraumatisierend wirkende Spielsequenz zu einem »sicheren« Abschluss bringen, ängstigende Bilder z.B. im Tresor verwahren lassen

6. Wenn möglich, eine Assoziation zu (bekannten) traumatischen Erfahrungen des Kindes herstellen. Auf das Missverständnis des Hier und Heute im Sinne des Früher und Damals hinweisen

7. Einen möglichen Sinn des aktuellen Verhaltens in früherer Zeit würdigen

8. Sagen, dass einem das Kind jetzt leidtut, dass es Angst hat, ohne dass es einen Grund in der Realität gibt

9. Dem Kind weiter zugewandt monologisch in der Situation nach Hinweisreizen suchen, die eine flashbackartige Reinszenierung ausgelöst haben mögen. Diese können in der Therapiestunde oder auch außerhalb des Therapiezimmers gefunden werden

10. Reorientierung im Hier und Jetzt unterstützen

11. Dem Kind zunächst keine Kommentare abverlangen, das wäre eine totale Überforderung. Das Kind ist erschöpft. Die Zeit nach der Trostphase zum Gespräch nutzen, wenn es für das Kind o.k. ist

12. Den Wunsch nach »Lösung« in der Inszenierung im Therapieraum ansprechen und würdigen. Grundhaltung: »Alle Entäußerung hat ihren Sinn«

13. Trostphase, das innere jüngere Kind dabei thematisieren

14. Weitergabe von Informationen über den möglichen Sinn der Symptomatik, nach Absprache mit Kind und Eltern gegebenenfalls auch an das weitere soziale Umfeld

15. Nutzen der Erfahrung mit dem Kind, um mit Menschen im Umfeld ins Gespräch zu kommen und Kind sowie z.B. Elternpersonen zu einem neuen Umgang mit solchen Situationen, die in der Regel auch außerhalb der Therapiesituation entstehen, zu ermutigen. Diesbezüglich ein Protokoll erstellen lassen. Jeweils Hinweisreize suchen lassen und so eine Förderung von Lösungsstrategien im Kind und bei den Eltern bewirken

16. In den nächsten Stunden gemeinsam mit den Eltern das erstellte Protokoll besprechen.

Auf die geschilderte Art und Weise ermöglichen wir es dem Kind zum einen, den schädigenden Aspekt von traumatischen Inszenierungen zu erkennen, den Lösungsversuch des jüngeren Kindes in früherer Zeit zu würdigen, aber auch den Hilferuf des jüngeren Ichs anzusprechen, welches nach dieser Vorstellung gerade in der Therapiesituation eine neuerliche Chance wahrnimmt, Fürsorge und Heilung zu erfahren. Rekonstruktive Aspekte dürften auch bei so einer chaotischen Reinszenierung im Schutzraum von Therapie eine Bedeutung haben. Auch eine unkontrollierte Reinszenierung kann also beim Kind sinnvoll sein, wenn wir die Szene in all ihren Qualitäten verstehen lernen. Der Therapeut übernimmt hier quasi eine Hilfs-Ich-Funktion für das Kind und stellt in der Szene eine starke Distanzierung von den wie festgefrorenen Wahrnehmungs- und Reaktionsmustern des Kindes her. Eine so erlebte Szene kann vom Kind als auf verschiedenen Ebenen zusätzlich als korrigierende Beziehungserfahrung verstanden werden. Zum einen ist da der Erwachsene, der *versteht* und nicht urteilt oder gar verletzt oder selbst verletzt wird. Die erlebte Ohnmacht wird zum anderen durch die Realitätskontrollfunktion der Therapeutin relativiert. Durch das »Wegpacken« als autonome Handlungsoption wird dieser Effekt weiter verstärkt. Der Aspekt der angekündigten Fürsorge für das jüngere, verletzte Kind schafft Beruhigung einer oft bereits lang anhaltenden Sehnsucht nach Heilung.

Derartige Therapiesequenzen haben vor allem stabilisierende Funktionen, und gegebenenfalls treten traumaassoziierte Szenen später im *Spiel* wieder auf, wenn Stabilisierungsmaßnahmen die Patientin sicher genug gemacht haben, sich diesen Themen kontrolliert anzunähern. Oft bleibt es bei diesen Patienten aber bei einigen prägnanten Reinszenierungen im Therapieverlauf, und dann wirkt vor allem die Beziehung zu Therapeutin und Elternpersonen mit einer durch die Therapie hinzugewonnenen Fähigkeit zur empathischen Einfühlung ins Kind von heute und den inneren jüngeren Kindern als Korrektiv für frühere traumatische Erfahrungen in Beziehungen.

5.8 Die Kombination verschiedener Techniken

Grundsätzlich müssen wir uns im gegebenen Fall entscheiden, ob das Kind in der Lage ist, das Protokoll einer strukturierten Konfrontation zu vollziehen. Haben wir Zweifel, können wir das Vorgehen nur anhand einer schönen, freudvollen Situation mit dem Kind ausprobieren. Ist es überfordert, werden wir spielerisch wieder aus der Bildschirmszene herausfinden.

Welche Techniken und Vorgehensweisen können wir nun bei den Kindern einsetzen, die die Entwicklungsvoraussetzungen für eine gezielte Konfrontation nicht mitbringen?

Bei kleineren Kindern werden wir immer wieder verschiedene Materialien und Medien im Therapieverlauf zum Einsatz bringen. Dem Kind sollten möglichst zu Beginn der Behandlung verschiedene Ausdrucksmöglichkeiten aufgezeigt werden, sodass es dann seine Präferenzen entsprechend seinen Neigungen und Wünschen entwickeln kann. Wenn die Materialien für das Kind sichtbar sind, wird es eine Wahl treffen, und wir sollten es im Verlauf anregen oder auch begrenzen, nicht wahllos Materialien aufzugreifen. Es sollte sich die Chance ergeben, Rituale in Verbindung mit Lieblings-Material und Handlungssequenzen zu entwickeln: Mit einem Kind werden wir eher mit Puppen spielen, mit anderen mit Figuren. Wieder andere malen lieber oder nutzen Bausteine oder den Sceno-Kasten. Eine gute »Sprach-Routine« kann nur entstehen, wenn wir unsere »Sprachmittel« kennen, mit denen wir uns ausdrücken und kommunizieren wollen. Also: Wir sollten so viele Materialien und Kommunikationswege wie möglich und so wenig wie nötig bei einem Patienten zur Anwendung bringen. Eine gewisse Lenkung ist hier durch die Therapeutin notwendig wie in den uns bekannten Therapieschulen auch.

5.9 Häufige Fragen zur Trauma- konfrontationsarbeit mit Kindern und Jugendlichen

▦ **Frage: Das Kind hört mir bei einer spontanen Reinszenierung einer traumatischen Erfahrung im Spielzimmer nicht zu, es ist agitiert, ich komme mit meinem Reden überhaupt nicht an das Kind heran.**

Das Kind wird in solch einer Situation durch traumatischen Stress belastet. Folgen Sie in diesem Fall den Empfehlungen in Kapitel 5.7.4 (Vorgehen bei traumatischen Reinszenierungen).

▦ **Frage: Macht man die Konfrontation nur einmal oder mehrmals?**

Es erscheint uns nicht sinnvoll, immer wieder die gleichen Szenen durchzuarbeiten. Vielmehr haben wir die Erfahrung gemacht, dass man manche Details noch genauer wahrnehmen sollte und dies dann zu einer verbesserten Integration führt. Solange noch weitere Traumata zu bearbeiten sind, muss man sich oft damit zufriedengeben, dass die Belastung nur wenig zurückgeht. Das wird auch nicht besser, wenn man ein und dasselbe Trauma immer wieder bearbeitet.

▦ **Frage: Ist es sinnvoll, im Anschluss Innere-Kind-Arbeit zu machen?**

Während der Zeit des inneren Trostes am Ende der Traumakonfrontation macht man bei in der früheren Kindheit traumatisierten PatientInnen so etwas wie Arbeit mit dem inneren jüngeren Kind. Wir geben auch als Hausaufgabe mit, dass die PatientInnen immer wieder mit dem verletzten Kind in Kontakt gehen und es spüren lassen, dass es jetzt in Sicherheit ist. Bei jüngeren Kindern empfehlen wir auch den Eltern, das Kind zu dieser Arbeit nach einer Konfrontation anzuregen.

▦ **Frage: Warum ist es wichtig, Unrecht zu benennen?**

Das Anerkennen von Unrecht ist ein entscheidender Faktor für Heilung. Es besteht ja die Notwendigkeit, die schlechte Erfahrung zu einem

»guten Ende« zu bringen. Dazu gehört auch, dass das Unrecht anerkannt wird. Gerade Kinder benötigen eine korrigierte Rechts- und Unrechtsauffassung von einem Menschen ihres (neuen) Vertrauens.

- **Frage: Was ist, wenn die Patientin selbst (bei eklatantem Unrecht) das Erlittene nicht als Unrecht ansieht? Ist das dann ein Hinweis auf Täterintrojekte?**

Ja, davon kann man ausgehen. Man muss das aber natürlich klären. Insbesondere Jugendliche, die andauernd als jüngere Kinder traumatisiert wurden, haben oft die Vorstellung, dass das, was ihnen geschah, zu Recht geschah, weil sie »böse« waren.

- **Frage: Wenn das Trauma noch nicht so lange zurückliegt bzw. der Patientin von heute passiert ist, was ist dann zu tun?**

Traumakonfrontation ist gedacht für Menschen mit einer Posttraumatischen Belastungsstörung, die definitionsgemäß frühestens 8 Wochen nach dem traumatischen Ereignis diagnostiziert werden sollte. Wir raten, u. U. sogar bis zu einem halben Jahr zu warten, allerdings nicht, wenn die Patienten unter massiven Intrusionen leiden. Ansonsten gilt für als gerade Traumatisierte das Gleiche wie für in der früheren Kindheit Traumatisierte. Es geht um das »jüngere Ich«.

- **Frage: Ist es sinnvoll, verschiedene sichere Orte zu haben, und werden diese dann nach der Traumakonfrontation zu einem sicheren Ort?**

Es empfiehlt sich in aller Regel, vor der Traumakonfrontation einen – falls nötig sehr weiträumigen – sicheren Ort zu haben.

- **Frage: Was ist, wenn während der Traumakonfrontation Abreaktionen auftauchen? Haben die ihren Platz oder sollen sie auf jeden Fall nach der Konfrontation sein?**

Dinge geschehen nicht nach Lehrbuch, sondern so, wie sie wollen. Wichtig ist, der Patientin zu helfen, dass sie nicht überflutet wird. Wenn sie während der Stabilisierungsphase gelernt hat, »auf die Bremse zu treten«, kann man ihr dabei helfen, dass sie die Abreaktion eher beobachtend wahrnimmt, statt dass sie diese zu heftig erleidet.

■ **Frage: Was ist, wenn während der stationären Therapie bei einem Patienten erneut schwere Selbstverletzungen auftreten?**

Aus unserer Sicht unbedingt weiter stabilisieren.

■ **Frage: Darf dem Schmerz während der Konfrontation Raum gegeben werden?**

Unbedingt! Allerdings gilt auch hier wieder, dass keine Überflutung stattfinden sollte. Überflutung führt zu neuen Hilflosigkeitserfahrungen, diese sind ungünstig.

■ **Frage: Wie begleitet man, wenn die Patientin nicht über das Geschehene spricht?**

Vergewissern Sie sich, ob die Patientin die verschiedenen Teile des BASK-Modells wahrnimmt. Überzeugen Sie sich durch Nachfragen davon, dass alle erlebenden Teile in Sicherheit sind. So begleiten Sie, falls erforderlich, den ganzen Prozess. Es ist allerdings sehr unwahrscheinlich, dass die Patientin überhaupt nichts sagt. Meist werden nur schambesetzte Szenen nicht genau mitgeteilt.

■ **Frage: Soll man Trost spenden, während das Trauma durchgearbeitet wird? Oder soll das Trauma erst einmal durchgearbeitet werden?**

Nein. Es ist wichtig, dass man dem Patienten den Raum zur Verfügung stellt, das Trauma durchzuarbeiten. Fast immer ist es wichtig, dass der Schrecken, so wie er war, wahrgenommen und angenommen wird. Das kann fast eine Art Trost sein. (Es wird dem Patienten voll bewusst: Ich habe es überlebt.) Manchmal scheint es zu helfen, wenn der Patient sich vorstellt, dass seine hilfreichen Wesen bei seinem jüngeren Ich sind. Durch die Distanzierung, die die Bildschirm-Beobachtertechnik bietet, ist im Allgemeinen Trost während des Durcharbeitens nicht erforderlich, sondern erst hinterher. Nicht zu empfehlen ist jedenfalls, sich tröstend einzumischen. Wenn Patienten Trost brauchen, steigen sie aus der Szene aus. Dann mag Trost oder Beruhigung angezeigt sein.

U. E. ist die hilfreichste Unterstützung die, dass man *da* ist und die PatientInnen gut vorbereitet hat.

■ **Frage: Welches Trauma soll zuerst bearbeitet werden?**

Es gibt verschiedene Empfehlungen: zuerst eines, das nicht allzu belastend ist, später belastendere. Andere Autoren sagen, das früheste zuerst. Für uns hat sich bewährt, das mit der Patientin zu besprechen. Sie weiß meist recht gut, was für sie stimmig ist. Sie kann auch ihre innere Weisheit befragen. Kleinere Kinder neigen ohnehin dazu, im Spiel »Mischformen« erlittener Erfahrungen zu präsentieren. Die Darstellungen sind der kreativen Verarbeitung durch das Kind unterworfen und sie arbeiten unbewusst oft nach dem Prinzip des pars pro toto.

■ **Frage: Ist der Beobachter ein Hilfs-Ich?**

Man kann das so formulieren. Nach unserer Vorstellung ist er aber mehr. Ein Teil des Selbst, der von Anfang an da ist. Jedenfalls hilft er dem Ich von heute.

■ **Frage: Was ist, wenn der Patient in Depersonalisation sich selbst in der traumatischen Situation sieht?**

Das heißt nach unserem Verständnis, er macht spontan genau das, was wir ihm sonst empfehlen würden. Wir würden das also würdigen und ihn bitten, es bewusst zu machen.

■ **Frage: Was ist, wenn der Zeitaufwand der Traumabearbeitung den ambulanten Rahmen überschreitet?**

Eineinhalb bis zwei Stunden einzuplanen ist zu empfehlen. Wenn die auch nicht ausreichen, sollte man frühzeitig eine Pause verabreden, das restliche traumatische Material verpacken, für Reorientierung im Hier und Jetzt sorgen und beim nächsten Mal weitermachen. Diese Vorgehensweise hat sich bei uns bewährt. Man kann natürlich auch die anderen Patienten nach Hause schicken und so lange arbeiten, bis alles durchgearbeitet ist. Uns ist das zu »heroisch«, aber manche Kollegen arbeiten so. Nach einer Konfrontation kann man ja auch einrichten, Organisatorisches für sich zu regeln. So bleibt für den Ernstfall ein Zeitfenster zur Verfügung. Die Patientenpause ist auch für den Therapeuten erholsam, denn Konfrontationen strengen an.

■ **Frage: Wie arbeitet man mit dem BASK-Modell genau? Geht man das Trauma mit einem Element durch und anschließend mit den anderen oder berücksichtigt man alle?**

Man arbeitet eine Szene mit allen Elementen durch, die andere Vorgehensweise mag aber gelegentlich auch sinnvoll sein. Bei der »fraktionierten Abreaktion« werden alle einzelnen Elemente zusammengetragen und dann rasch hintereinander genannt.

■ **Frage: Was ist zu tun, wenn während der Traumaarbeit Täterintrojekte auftauchen?**

Das kann man nie ausschließen. Prüfen Sie, ob die Introjekte bereit sind »stillzuhalten«. Ansonsten bitten Sie die Patientin, dass Sie sich erst einmal mit den Introjekten beschäftigen, weil sie sonst nicht weiterkommt.

■ **Frage: Was ist zu tun, wenn das Trauma oder die Traumata nicht klar benannt werden können, weil die Patientin selbst nicht weiß, ob sie sie wirklich erlebt hat?**

Mittels der Bildschirm-Beobachtertechnik lässt sich dieser Punkt manchmal recht gut klären. Im Übrigen ist es wichtig, sich klarzumachen, dass diese Einstellung gerade bei häuslicher Gewalt sehr häufig ist und damit zum Trauma dazugehört. Klären Sie aber bitte sehr genau, ob die Patientin wirklich – zu diesem Zeitpunkt – Traumakonfrontation möchte. Sie sollte es nicht Ihnen zuliebe tun!

■ **Frage: Was tun, wenn sich eine junge Patientin nicht differenziert wahrnehmen kann?**

Das wäre für uns ein Hinweis, dass daran zu arbeiten ist und eine Traumakonfrontation nicht ansteht.

■ **Frage: Gibt es so etwas wie am Trauma festhalten?**

Manche Kinder und Jugendliche scheinen einen großen – sekundären – Gewinn daraus zu ziehen, dass sie Opfer sind, und können deshalb »am Trauma festhalten«. U. E. braucht es früher oder später den Willen der Patienten, sich von sich selbst als Opfer zu verabschieden, damit sie von Traumatherapie profitieren. Bei Kindern ist zu beachten, dass unausgesprochene Loyalitäten die eigene Anerkennung als Opfer verunmöglichen. Hierzu zählt natürlich auch ein Fortbestehen von Täterkontakt. Dann können wir auf gar keinen Fall konfrontative Arbeit machen.

■ **Frage: Was tun bei massiven Körperreaktionen?**

Wir arbeiten dann nach Peter Levine (a. a. O., 2005), es geht dabei vor allem um achtsames Wahrnehmen des Körpergeschehens und eine bewusste Beeinflussung der Körperreaktionen i. S. von Verlangsamung.

■ **Frage: Darf die jugendliche Patientin den Zeitpunkt der Traumakonfrontation bestimmen?**

Wir haben unseren Patienten nichts zu erlauben, denn sie sind in Teilen bereits mündige Menschen. Wenn wir Bedenken haben, teilen wir diese mit. Wir tun nichts, was wir fachlich und ethisch nicht vertreten können, selbst wenn es PatientInnen wollen.

■ **Frage: Was ist zu tun, wenn der Beobachter keine Gestalt hat?**

Es braucht keine Gestalt, das ist nur eine Möglichkeit.

■ **Frage: Welche Unterschiede bestehen zwischen dem Beobachter in der Bildschirm-Beobachtertechnik und dem beobachtenden Teil, der in der peritraumatischen Situation entsteht?**

Vermutlich keine.

■ **Frage: Wie kann man erkennen, welche jüngeren Ichs betroffen sind?**

Zum einen helfen entwicklungsgeschichtliches Wissen und klinische Erfahrung, zum anderen haben die PatientInnen meist eine recht gute Vorstellung davon.

■ **Frage: Für wen müssen die Kognitionen stimmen, für das Ich von heute oder für das jüngere Ich?**

Wenn man die Frage nach der Kognition stellt, sind die beiden in der Regel noch gar nicht getrennt.

■ **Frage: Muss die Therapeutin den Fokus beim Beobachten lenken?**

Die Therapeutin sollte sich als jemand verstehen, der gut begleitet. Ein Bergführer wird auch sehr unterschiedlich begleiten, je nachdem, wie viele Fähigkeiten der Bergsteiger mitbringt. Manchmal sollte man sehr aktiv eingreifen, manchmal kann man abwarten. Was man wann tut, hat mit Erfahrung und Fertigkeiten zu tun.

5.10   Restabilisierung

Wenn bei einer Patientin viele Traumatisierungen stattgefunden haben, könnte man auf den Gedanken kommen, möglichst viele traumakonfrontative Sitzungen durchzuführen.

Merke: Erst wenn die Patientin wieder ganz stabil ist, sollte eine nächste Traumakonfrontation stattfinden.

Warum ist das wichtig? Das Wichtigste ist, dass die Patientin sich im Hier und Jetzt sicher fühlt und dass sie ihren Lebensalltag in der Familie und im weiteren sozialen Umfeld bewältigt. Führt man zu viele traumakonfrontative Sitzungen ohne ausreichende Restabilisierung durch, halten sich die PatientInnen immer mehr in der Vergangenheit auf und verlieren den Kontakt zur Gegenwart. Das ist keinesfalls wünschenswert. Wir müssen bei Kindern die soziale Realität in Kindergarten, Schule und Ausbildung sowie Gleichaltrigengruppe sehr mit in die Betrachtung unserer Therapieplanung nehmen. Diese sozialen Umfelder werden von den PatientInnen hoch bedeutsam bewertet. Jugendliche PatientInnen haben gelegentlich den Wunsch, häufiger traumakonfrontativ zu arbeiten, weil sie sich nach einer entsprechenden Sitzung wegen des kathartischen Effekts erleichtert fühlen. Wenn sich dann neue Probleme, sei es im Alltag, sei es durch neu auftauchendes traumatisches Material, ergeben, ist es verständlich, dass die Patientin gerne wiederholen möchte, was sie schon einmal entlastet hat.

Wie zu Beginn der Behandlung ist nun erneut Aufklärung notwendig, insbesondere über die Notwendigkeit, nicht den Kontakt zum Alltag zu verlieren.

Die neu erworbenen Fähigkeiten, z. B. des Sich-öffnen-Könnens, sollten daher zunächst einmal im Alltag erprobt und ausgebaut werden.

Komplex traumatisierte Patienten haben in der Regel ein ganzes Geflecht an Traumakompensationsmechanismen und sekundären Symptomen, die meist die Beziehungsgestaltung im Angesicht der traumatischen Erfahrung betreffen. Dieses Geflecht löst sich nicht einfach durch Traumakonfrontation auf, sondern bedarf sorgfältigen Durcharbeitens. Auch erfahren neurotische Konfliktsituationen im Angesicht von traumatischen Erfahrungen Veränderungen. Als Beispiel sei hier die Geschichte einer Patientin erwähnt, deren offenkundiger ödipaler Konflikt mit dem getrennt lebenden Vater durch einen sexuellen Missbrauch durch einen Unbekannten eine erhebliche Verschärfung erfahren hatte.

Darüber hinaus brauchen Menschen nach einer Traumakonfrontation auch Zeit, diese Erfahrung ein wenig zu integrieren, bevor sie sich der nächsten zuwenden.

Integration heißt in diesem Fall Akzeptanz, dass einem Schreckliches widerfahren ist. Es ist schwer zu akzeptieren, dass kindlicher Übermut, das Austesten von Grenzen und Abenteuerlust, wie z. B. im Fallbeispiel »Mara«, solche Konsequenzen bedeuten kann.

Integration gilt als die dritte Phase der Traumatherapie. Es wäre aber ein Missverständnis zu glauben, dass diese dritte Phase erst nach Abschluss der vollständigen traumakonfrontativen Arbeit ansteht. Vielmehr ist ein Teil der Integration immer nach einer entsprechenden aufdeckenden Arbeit zu tun.

Nach unserer Erfahrung vermeiden vor allem jugendliche, schwer traumatisierte PatientInnen die notwendige Trauerarbeit oft dadurch, dass sie ständig neues Material präsentieren. Man lässt sich dann leicht verführen, darauf einzugehen und die Restabilisierungs- und Teilintegrationsarbeit zu vernachlässigen.

Traumakonfrontation ist kein Therapieziel an sich, sondern sie dient der Erreichung anderer Ziele, z. B. von mehr Lebensfreude oder mehr Beziehungsfähigkeit. Wenn man die Therapieaufträge immer wieder klärt, ist es leichter, sich nicht einseitig auf Traumakonfrontation zu fixieren.

5.11 Die Rolle der Familie und des weiteren sozialen Umfeldes nach einer Konfrontation

Wichtig erscheint es uns, dass im familiären Umfeld ein Bewusstsein für die Notwendigkeit integrativer Arbeit von den wichtigen Bezugspersonen anerkannt wird. Das gilt nicht nur für Kinder vor der Adoleszenz. Mit Kind und Eltern gemeinsam werden dann Erholungsmaßnahmen besprochen und immer wieder auf die ganz eigenen Bedürfnisse des Kindes hingewiesen. Bei Jugendlichen sind gelegentlich auch Gespräche mit den ersten Partnern hilfreich, die gut mit dem Patienten vorbereitet werden sollten. Die Bedeutung von Akzeptanz und Trauer als Funktionen im Sinne der Integration sollten ausführlich im Familiengespräch erörtert werden. Nicht selten sind auch Bezugspersonen mit den emotionalen Aspekten der kindlichen Traumatisierung überfordert, oder Eltern sind selbst betroffen, wenn beispielsweise ein Geschwisterkind tragisch ums Leben gekommen ist.

6. Die Integrationsphase

Insbesondere für Traumata, die durch andere Menschen zugefügt wurden, gilt, dass sie das Selbst- und Weltvertrauen tief greifend verändern. Das hat Wirkung in allen Momenten der Therapie dieser Menschen.

Können fehlgeleitete und blockierte Entwicklungsschritte nachgeholt werden? Einem Kind kann man durch Traumatisierungen alles nehmen, und die psychosomatischen Wirkungen können z. B. beim Marasmus bis zum physischen Tod führen. Kinder können aber bei geeigneter Pflege auch wachsen, wie der Löwenzahn sich seinen Weg durch den harten Beton sucht und dann am Licht zart und kraftvoll blüht! Dieses »Löwenzahnprinzip«, das in jedem Kind steckt, die Kraft, Entwicklung auch nachzuholen, gilt es zu mobilisieren. Erfahrene Kinder- und Jugendtherapeuten kennen alle PatientInnen, bei denen man Schwierigkeiten hatte, an irgendeine Form der Heilung zu denken, wenn grausame Erinnerungen bis hin zu psychotiformen traumatischen Reinszenierungen mit Personenverkennungen führten. Gerade diese Kinder lehren nach erfolgreichen Bemühungen der Hilfe zu vertrauen, dass es einen Weg geben kann zu Liebe, Freiheit, Glück – und dass es nicht in endlosem Schmerz für das Kind oder später auch die Menschen in seiner Umgebung kommen muss.

Es sei betont, dass ein Stück Trauern und Integration von Beginn der Behandlung an stattfinden und notwendig sein kann. Manchen PatientInnen wird z. B. durch die freundliche Zuwendung der Therapeutin schon früh in der Behandlung bewusst, was sie alles nicht hatten, oder sie bemerken z. B. bei der Glücksübung, wie oft sie ihr Glück verloren haben. Das bedeutet, dass Elemente der Phase III immer wieder eine Rolle spielen können.

Dennoch kommt eine lange Phase des Trauerns, der Integration und des Neubeginns in der Regel erst nach einer Zeit des Durcharbeitens traumatischer Erfahrungen. Die Freude an der Arbeit mit kleineren Kindern kann sein, dass sie das Hier und Jetzt manchmal mehr in Gänze annehmen und genießen können, als wir Erwachsene uns das vorzustellen vermögen: »Wie kann ein Mensch nach den Erfahrungen jetzt so glücklich wirken?« – Wir können hier von Kindern mit ihrem Jetzt-Bezug lernen.

In Therapien nicht traumatisierter Menschen geht es um Konfliktbewältigung, Trauerarbeit und bei kleineren Kindern um emotionale, soziale und andere Fehlentwicklungen. Viele komplex traumatisierte PatientInnen bringen sehr wenig gute Erfahrung im Umgang mit Konflikten mit, anders als weniger verletzte Menschen. Insofern kommt dem Thema Konfliktbewältigung eine große Bedeutung zu, d. h., es geht nicht nur um das Bewusstmachen von verschiedensten Abwehrmechanismen, sondern überhaupt und oft vorrangig um das Sicherarbeiten von Konfliktbewältigungsmöglichkeiten mit der sozialen Umwelt. Schwerer traumatisierte Patienten haben sich oft angewöhnt, bei Konflikten gewohnheitsmäßig zu dissoziieren oder sich automatisch für schuldig zu halten, und haben daher kaum andere Abwehrmechanismen zur Verfügung. Bei jüngeren Patienten zeigt sich in unserer Untersuchung eher aggressives Verhalten (Baumhauer et al., Veröffentlichung 2007).

Die Trauerarbeit fordert Menschen mit komplexen traumatischen Erfahrungen in besonderer Weise. Es macht sicher einen Unterschied, ob man Eltern entidealisieren muss – was in jeder Therapie eine wichtige Rolle spielt – oder akzeptieren, dass sie einen gehasst und abgelehnt, vernachlässigt und auf andere Weise traumatisiert haben. Selbstwert- und Selbstakzeptanzthemen haben daher einen besonders hohen Stellenwert.

Auch hier haben sich imaginative Herangehensweisen bewährt, vor allem immer wieder das Einnehmen einer beobachtenden Haltung, um den Schmerz nicht übermäßig durchleiden zu müssen.

6.1 Vorgehen in der Integrationsphase

Folgende Punkte sind in der Integrationsphase zu berücksichtigen:

1. Laden Sie die Patientin ein, Visionen oder eine Vision zu entwerfen: »Wer will ich sein? Bei den Gleichaltrigen? In der Schule? Wie will ich später mal leben? Im Beruf, im Privatleben? Was ist meine ›allerhöchste‹ Vision von mir selbst?«

2. Stecken Sie bei Kindern bis einschließlich dem Grundschulalter mit dem Kind gemeinsam kleine Ziele: für die nächsten Jahre, Monate, Wochen, Tage.

3. Laden Sie bei Kindern, die Sie schon in einer Einzeltherapie behandeln können, die Familie bei Gelegenheit mit dazu ein, auch um vielleicht nicht angemessene Erwartungen an das Kind zu erkennen und mit allen gemeinsam an die Wünsche und Möglichkeiten des Kindes anzugleichen (Eltern haben mitunter primär Leistungsanforderungen, die sollten aber die Wünsche für das Kind nicht dominieren).

4. Helfen Sie der Patientin zu klären, was in ihr sie daran hindert, die guten Vorstellungen zu leben. Dadurch können die verbleibenden Konflikte neben der Traumasymptomatik deutlicher werden, die bei Kindern fast immer auch vorkommen.

5. Auch in dieser Phase der Therapie ist Arbeit mit dem inneren Kind hilfreich. Nutzen Sie dafür auch verstärkt Übertragungsmanifestationen: im Gespräch und im Spiel.

6. Erinnern Sie die Patientin an ihre »Schätze«.

7. Ermutigen Sie sie dazu, diese zur Alltagsbewältigung zu verwenden, d.h., laden Sie sie immer wieder ein, sich vorzustellen, wie sie ihr Leben unter Zuhilfenahme der Schätze gestalten würde. Beziehen Sie das Umfeld in diese Aufforderung mit ein, um zu helfen!

8. Kindergarten, Schule und Vereine sollten mitunter aktiv bei Konflikten im sozialen Kontext nach Rücksprache mit Kind und Familie in eine lösungsorientierte Behandlungsplanung einbezogen werden.

9. Achten Sie auf projektive Mechanismen und laden Sie die Patienten ein, andere probeweise als Spiegel zu begreifen. (»Das, was mich an anderen stört, spiegelt mir etwas von mir selbst.«)

10. Helfen Sie der Patientin, Wut und Zorn und andere sogenannte negative Gefühle konstruktiv zu nutzen.

11. Laden Sie Ihren Patienten ein, sich mit der Natur zu befassen. Wenn man Naturphänomene genau beobachtet, erklären sich viele Dinge »wie von selbst«. Menschen sind Teil der Erde und deren Gesetzen unterworfen wie andere Lebewesen. Vor allem das Thema Vergänglichkeit und Verlust kann dadurch an Schrecken

verlieren. (Aber auch vieles andere: Z. B. gibt es in der Natur nichts Vollkommenes i. S. von makellos oder ideal, alles ist in der Natur »nur« annähernd. Zu den natürlichen Abläufen gehören auch Extreme, wie z. B. Sturm, Flut, Zerstörung durch die Elemente, Geburt und Tod.)

12. Ein »Stück Natur« im Behandlungszimmer: Hölzer, Steine, Muscheln, Moose etc., dienen der Anschauung, und Sie können diese Dinge dem Kind als »Aufhänger« für Themen in der Therapiestunde mitgeben (Anm. A. K.: Ich hatte früher in meinem Behandlungszimmer einen schönen Zimmerbaum, der mir und den Patienten in verschiedenen Situationen geholfen hat).

13. Ermutigen Sie Ihre Patienten zum Handeln und geben Sie diese Ermutigung auch den Eltern und gegebenenfalls Lehrern etc. weiter.

14. Sprechen Sie über konkrete Situationen und Verhaltensalternativen.

15. Erkundigen Sie sich aktiv danach, wie sich das veränderte Verhalten auswirkt.

16. Denken Sie daran, dass Phase III in vielem Phase I auf einem weiter entwickelten Niveau entspricht.

17. Unterstützen Sie das Wahrnehmen von Freude. Finden Sie Gelegenheiten, gemeinsam zu lachen, und laden Sie die Patientin ein, sich häufiger selbst zuzulächeln. Kleine Kinder entwickeln sich am besten, wenn mit ihnen viel gelacht und gelächelt wird. Das gilt auch für das innere jüngere Kind.

18. Achten Sie darauf, ob für Ihre Patientin die Klärung von Sinnfragen wichtig ist.

19. Klären Sie für sich, ob Sie bereit sind, die Patientin dabei zu begleiten, wenn Sie mit diesen Fragen an sie herantreten. Wenn das für Sie nicht möglich ist oder eine spirituelle Dimension der Arbeit ihrer Auffassung nicht entspricht, sollten Sie diese Bewegungen, die auch kleine Kinder schon mitbringen können, auf keinen Fall vorschnell als Abwehr deuten. Spiritualität ist eine wichtige Dimension menschlicher Existenz und hat mit Unreife nichts zu tun, aber sie ist nicht allen Menschen zu jeder Zeit wichtig. (Nach C. G. Jung ist diese Dimension in der 2. Lebenshälfte besonders bedeutsam.

Traumatisierte Menschen werden über Trennungs- und Verlust-
erlebnisse aber oft schon in Kindheit und Jugend mit dieser Thematik berührt.)

20. Zwingen Sie niemanden, sich mit anderen zu versöhnen. Psychotherapie sollte zur Versöhnung mit sich selbst behilflich sein, Versöhnung mit anderen ergibt sich oder auch nicht.

21. Unterstützen Sie die Einbeziehung des Körpers, indem Sie die
Patientin einladen, ihn und seine Bedürfnisse immer genauer
wahrzunehmen.

22. Alle diese Empfehlungen sollten Sie als Orientierungshilfen nutzen und wenn immer möglich auf Angebote der Patientin, die
diese Themen nahelegen, reagieren, statt sie selbst einzubringen.
Es kann aber gelegentlich auch dienlich sein, das eine oder andere
Thema als Frage anzusprechen. Gegebenenfalls mit der Haltung,
dass es der Patientin freisteht, ob sie Ihr Angebot annehmen will
oder nicht.

23. Seien Sie offen für Lebenslösungen, die völlig anders sind, als Sie
es sich vorstellen können. Gerade Jugendliche fordern uns da manchesmal. Interessieren Sie sich für ihre Anschauungen, ihre Bücher,
Musik, Filme.

24. Das Pathologisieren von Lebenslösungen anderer Menschen ist
keine gute Lösung. Es mag dennoch hilfreich sein, eigene Sichtweisen einzubringen, um die Patientin anzuregen, Alternativen zu bedenken. Insbesondere sollten Kinder und Jugendliche nach Möglichkeit ihre zunächst unbewussten traumakompensatorischen
Schemata kennen und ein Bewusstsein über das eigene So-Sein in
der Therapie erlangen.

6.2 Transformation im kreativen Tun: Früh übt sich am besten!

Die Förderung der Nutzung von »Kulturwerkzeugen« (Musizieren,
Werken, bildnerisches Tun, Theater, Schreiben, Tanz etc.) unterstützt
eine Traumatransformation. Viele Künstlerpersönlichkeiten haben uns
wunderbare, berührende Arbeiten in Musik, Malerei, Literatur etc. hin-

terlassen – viele Werke als Seelenrettungsschiffe im Sturm traumatischer Erlebniswelten. Die Wirkung von Therapie wird u.E. oft überschätzt. Kunst schafft man mit sich, ein Selbstwirksamkeitserleben kann kaum großartiger sein, wenn wir uns vorstellen, wie ein Komponist beispielsweise mit seiner Oper die eigene Welt zum Klingen im Äußeren bringt und die Menschen begeistert. Wir glauben, dass diese Kräfte, die Kulturereignisse auslösen, auch wenn es sich um ganz bescheidene Äußerungen handelt, die Seelen der Künstler und der »mitfühlenden« Perzipienten heilen helfen können. Und gerade Kinder, die mit Freude am eigenen Tun etwas schaffen, werden leicht eins mit ihrem Werk, haben sicher auch die von Csikszentmihalyi (1999) beschriebenen Flow-Erfahrungen und erreichen diese eher als Erwachsene. U.E. sind diese Erfahrungen Resultate von spielerischer Eroberung der Welt: und wer könnte dies besser als die Kinder? Royston Maldoom und Sir Simon Rattle haben mit ihrer eigenen Begeisterung für Musik und Tanz auf ganz erstaunliche und tief berührende Art in ihrem Film »Rhythm is it!« gezeigt, wie man Kinder und Jugendliche für die Kunst begeistern und sie als heilsame Erfahrung in das Leben von jungen Menschen integrieren kann, die bisher keinen Zugang zu Kreativität und kulturellem Leben gehabt haben. Hier besteht nach unserer Auffassung ein Bedarf, weiter zu denken als bis zur Tür unserer Therapiezimmer. Wir sind im guten Fall wichtige Weichensteller, und unsere Arbeit zeigt ihren »Mehrwert« vielleicht manchmal erst im späteren Leben. Eine ganzheitliche Förderung des traumatisierten jungen Menschen bezieht neben der Wundpflege aber auch eine Förderung seiner kreativen Möglichkeiten mit ein. Freud sprach u.a. von Sublimierungstätigkeit, wenn neurotische Konfliktenergie künstlerisch ihren Ausdruck findet. Wenn Traumatisierungen das Leben prägen, wird kreatives Tun oftmals zur »Überlebens-Kunst«. Luise Reddemann hat mit gleichnamigem Buch (2006) ein Beispiel von Leben und Werk J. S. Bachs vorgelegt, dessen Existenz durch Musik möglicherweise erst (immer wieder) lebbar wurde.

7. PITT-KID® in der Behandlung spezifischer Probleme

7.1 Behandlung von Kindern und Jugendlichen mit Traumatisierungen vor der bewussten Erinnerungsfähigkeit

Menschen werden in allen Entwicklungsstadien traumatisiert. Geschieht dies vor der Fähigkeit, sich an Ereignisse bewusst zu erinnern (bei den meisten Menschen setzt diese Fähigkeit mit dem Alter von etwa drei Jahren ein), hat der Mensch zwar implizite Erinnerungsfragmente, z. B. körperliche Sensationen, die Erinnerungsrudimente vorsprachlicher Traumatisierungen sein können, aber es fehlen in der Regel bildhafte Vorstellungen (Markowitsch & Welzer, 2005). Bei der Behandlung von Kindern und Jugendlichen haben wir den Vorteil, dass wir recht häufig Informationen zu dieser Zeit von den Eltern oder Aufgrund der Aktenlage des Jugendamtes erhalten können. Wissen wir dann um Fakten: schwere operative Eingriffe, Unfälle, Misshandlungen aus dieser Zeit, so können wir entsprechend der Traumaforschung zu diesem Entwicklungsalter darauf schließen, dass Symptome der Kinder mit Ereignissen korrespondieren. Insbesondere ist dies wahrscheinlich, wenn die Anamnese ein zeitliches Zusammentreffen von Ereignis und Symptomen in damaliger Zeit aufweisen. Diese Symptome erfahren wiederum im Laufe der Entwicklung Veränderungen. Aus einem motorisch unruhigen Säugling wird ein aggressives Kindergartenkind mit sozialen und kognitiven Schwächen, später entwickelt der Jugendliche selbstverletzendes Verhalten und konsumiert Drogen. Das Konzept der Developement Trauma Disorders (van der Kolk, 2005, ebd.) hilft, Symptome im Prozess der Traumaverarbeitung unter kindlichen Entwicklungsbedingungen besser zu verstehen. Wie behandeln wir Kinder mit dieser Problematik? Viele Kinder aus Adoptionsverhältnissen leiden unter dieser »Blackbox« bezüglich ihrer frühen, belasteten Kindheit in der Ursprungsfamilie. Die Geschichtslosigkeit verstört viele dieser Kinder. 1000 Fragen und wenige Antworten zu sich selbst. Und in der Regel wenig Möglichkeit, Menschen von damals zu fragen. Manchmal übernehmen wir als Therapeuten im Auftrag von Patient und Familie die Aufgabe, zu Menschen aus der Zeit Kontakt aufzunehmen und eine Anamnese zu erstellen. Aber oft sind die Details nicht so bedeutsam. Ähnlich, wie wir auch bei anderen chronisch traumatisierten Patienten oftmals ein oder zwei traumatisierte innere jüngere Kinder für die imaginative/spieltherapeutische Arbeit verwenden, so können wir auch hier ein »exemplarisches« inneres jüngeres Kind vom Patienten erdenken lassen und mit diesem arbeiten. Konfrontationen sind in diesem Zusammenhang schlecht durchzuführen. Einige Patienten sollen auch mutmaßliche, erdachte Szenen aus dieser Zeit im Kopf haben, die intrusiven Charakter aufweisen und in Flashbacks oder Albträumen auftauchen sollen.

Wenn es möglich ist, versuchen wir mit diesen Kindern anhand der zugänglichen Informationen ein Narrativ für diese Zeit zu entwickeln. Daran schließt sich eine ähnliche Arbeit an, wie wir sie bisher beschrieben haben. Ist eine Vergangenheit nicht rekonstruierbar, lässt sich dennoch mit der Vorstellung jüngerer innerer Kinder arbeiten, welche leidvoll sind und Pflege und Fürsorge brauchen. Auch hier folgen wir bei der Therapieplanung dem Drei-Phasen-Modell.

7.2 Behandlung von suizidalen und sich selbst verletzenden PatientInnen

Es gibt gute Gründe anzunehmen, dass so gut wie jeder Patient mit einer Traumafolgestörung irgendwann im Leben suizidal war oder wird. Dem oft unerträglichen Leben ein Ende zu setzen, ist sogar für junge PatientInnen eine tröstliche Vorstellung.

1. Wenn man mit dem Ego-State-Konzept arbeitet, ist es relativ leicht, darüber zu sprechen, dass es vermutlich verschiedene Teile gibt, den suizidalen Teil, den Teil, der leben will, etc. Das Ego-State-Konzept beinhaltet auch, dass man jeden Teil anerkennt und würdigt und nicht gleich loswerden will. Andererseits sind wir gefordert, Suizidversuche oder gar Suizide zu verhindern, sodass Verträge und Absprachen mit den suizidalen Teilen notwendig sind.

2. Eine sehr sorgfältige Klärung der Vorstellungen und Wünsche, die hinter dem Suizidwunsch liegen, ist unabdingbar. Wir haben häufiger die Intervention hilfreich gefunden, Zeitgewinn auszuhandeln, also den Suizid nicht gänzlich zu verdammen, aber die Patientin bzw. den betreffenden Teil zu gewinnen, diesen Wunsch auf später zu verschieben und jetzt erst einmal dafür zu sorgen, dass das Leben aktuell angenehmer ist bzw. wird.
3. Wenn der suizidale Teil ein verletzter Teil ist, hilft häufig eine Einladung an den sicheren Ort, sofern es diesen Ort schon gibt, sonst ein Ort, an dem sich der Teil wohlfühlt.
4. Man sollte die verzweifelte Lage, in der sich TraumapatientInnen befinden, nicht unterschätzen. Viele leben in Beziehungen oder Lebensumständen, die nur bedingt Schutz und ausreichend (emotionale) Versorgung bieten. Klären Sie unbedingt die äußere Situation und helfen Sie der Patientin und den Eltern/dem verbleibenden Elternteil dabei, mehr äußere Sicherheit aufzubauen. Auch hier gilt: erst äußere Sicherheit, dann alles Weitere.
5. Kümmern Sie sich mindestens so viel um die Teile, die leben wollen, wie um die, die es nicht wollen. Es ist ungünstig, sich ausschließlich mit symptomatischem Verhalten zu beschäftigen. Damit konstelliert man eine Beziehung, die der Patient so erleben könnte: »Mein Therapeut kümmert sich nur um mich, wenn ich suizidal bin.«

Bei suizidalen Patienten gilt, dass PITT-KID allein in den meisten Fällen nicht genügt. Orientieren Sie sich daher bitte auch an den kinderpsychiatrischen Standards zur Versorgung von suizidalen Patienten (DGKJPP, 2003). Häufig tritt auch Entlastung durch Psychopharmaka ein, die sie auf keinen Fall grundsätzlich ablehnen sollten!

7.3 Genderspezifische Gesichtspunkte

Wir verweisen hier auf den ausführlichen Abschnitt im Erwachsenenmanual. Hinweisen wollen wir auf die häufige Frage, welches Geschlecht TherapeutInnen haben sollten, die mit Opfern sexueller Gewalt arbeiten. Wir vertreten hier die Auffassung, dass zunächst immer die PatientInnen die Entscheidung hinsichtlich des Geschlechts des Therapeuten fällen sollten und wir als Therapeuten die Gender-Problematik bei sexueller Gewalt gleich zu Beginn der Behandlung aktiv ansprechen sollten. Wichtig ist es zu beraten und die Option einer Weitervermittlung anzusprechen. Ist ein Mädchen beispielsweise Opfer außerhäuslicher sexueller Gewalt durch einen Mann geworden, kann die Behandlung durch einen männlichen Therapeuten sinnvoll sein, da er dann die Probleme, die das Mädchen mit dem Vater hat, in der Therapiestunde bearbeiten kann. Dennoch muss dem Mädchen Raum gegeben werden, in Ruhe, z. B. mit der Mutter, diese Thematik zu erörtern. Es hat sich gezeigt, dass es dann hilfreich sein kann, wenn der männliche Therapeut eine Kollegin hinzuziehen kann, wenn intime Themen zu besprechen sind. Auch sollte dem Kind/dem Jugendlichen ein Gespräch allein mit der Kollegin angeboten werden, wobei dem Kind vorher gesagt wird, dass sich die Kollegen im Anschluss austauschen werden. Alle Maßnahmen müssen das Ziel haben, (traumatischen) Stress für die Patientin im Therapiezimmer zu vermeiden.

8. Psychohygiene oder Selbstfürsorge für TherapeutInnen und PITT-KID®

Bei Kindern sind wir als Therapeuten oftmals genötigt, sehr nah an die traumatische Erfahrung herangeführt zu werden, wenn sich Szenen wie die oben aufgeführten herstellen. Man darf sich fragen: Wenn wir schon mit den *Geschichten* der Kinder verbunden sind – lassen sich Reinszenierungen verhindern? Wenn wir das Kind kennen, eine ausführliche Anamnese vorliegt, können wir ein »Frühwarnsystem« entwickeln und in Spielsequenzen rechtzeitig kritische Szenen erkennen und dann intervenieren, ohne aber reinszenierende Sequenzen völlig zu unterbinden. Das menschliche Bedürfnis nach geteilter innerer (Leid-)Erfahrung mit wichtigen Bezugspersonen wird tendenziell dazu führen, dass es ähnliche »Berührungspunkte« mit Kindern geben wird. Müssen wir das ertragen? Wir denken: nein. Aber dann sollte man mit derart »schwach strukturierten« Patienten nicht arbeiten. Das Kind verlangt mehr den ganzen Menschen im Therapeuten, kognitiv-rationale Steuerungsfunktionen, die man Ich-Funktionen nennen kann, sind nicht so reif entwickelt. Fantasieraum, sichtbare Realität, das Zeitgefühl: All das sind Dimensionen, die das Kind noch klar differenzieren lernen muss. Dies führt zu zwangsläufigen Grenzüberschreitungen durch das Kind. Über die Gründe, die einen Kindertherapeuten zu seiner Arbeit antreiben, kann man sich vielfältige Gedanken machen, eine kritische Prüfung der eigenen Motivationslage ist wichtig, wenn es um mögliche eigene Traumatisierungen und Abstinenzfragen geht. Erwachsenentherapeuten haben häufig Probleme bei der Vorstellung, so nah mit dem Patienten in Berührung zu kommen. Die Freude an sichtbaren Entwicklungen beim Kind, die gerade nach schwierigen Situationen gelegentlich zu beobachten sind, machen aber Freude und vermitteln der Therapeutin sehr das Gefühl von Sinnhaftigkeit des eigenen Handelns. Eine eigene »Beweglichkeit« im therapeutischen Handeln und Freude, solche »Achterbahnfahrten« und Prozesse im Kind zu begleiten, sind wichtige Voraussetzungen für die

Arbeit und gleichzeitig ein Schutz gegen eine Überflutung durch das Leid, mit dem wir in Berührung kommen. Um die Arbeit besser zu tragen, können wir selbst Elemente von PITT nutzen. Wir möchten hier auf die Ausführungen im PITT-Manual (2004) verweisen.

Danksagung

Den Menschen und guten Geistern, die meine berufliche und persönliche Entwicklung gefördert und somit zur vorliegenden Veröffentlichung beigetragen haben, möchte ich herzlich danken.

Im professionellen Umfeld gilt mein Dank besonders Luise Reddemann, in der ich mit ihrem Verständnis von Krankheit und Heilung glücklich glaube, in vielen Punkten eine geistige Verwandte und persönliche Freundin gefunden zu haben. Ihre Unterstützung und Kooperation, die großartige Vorarbeit, die sie durch ihr berufliches Lebenswerk im Erwachsenenbereich für die Versorgung von Kindern und Jugendlichen geleistet hat, hat dieses Buch erst möglich gemacht. Dabei ist ihre Begleitung von Verstand, Herz und Weisheit geprägt, die mir viel Inspiration und Kraft gibt.

Weiterhin danke ich Dr. Kai-Uwe Nöhring, Dr. Bärbel Hilger-Wittkowski, Bernd Henke, Hanna Esslinger, Prof. Margarete Berger, Dr. Almuth Massing, Prof. Dieter Bürgin, Dr. Ilany Kogan, Prof. Klaus Püschel, Dr. Dragana Seifert, Prof. Hertha Richter-Appelt, Prof. Volker Fintelmann, PD Ulrich Lamparter, Ute Plagge, Peter Holst, Annika, Claudia sowie allen ungenannten Kolleginnen und Kollegen im professionellen Netzwerk und auch den vielen größeren und kleinen PatientInnen sowie ihren Eltern, die mich auf meinem Weg unterstützt und begleitet haben. Auch Familie Preuschhof sei an dieser Stelle ein herzlicher Dank für die vielseitige tatkräftige jahrelange Hilfe ausgesprochen. Weiter danke ich Herrn Prof. Peter Riedesser für seine Ermutigung, meinen Schwerpunkt in der Arbeit mit traumatisierten Patienten zu vertiefen. Auch gilt mein Dank Prof. Michael Schulte-Markwort, Angela Cordt und Sigrid Wegner, die mir in förderlicher Atmosphäre die Fortsetzung meiner Arbeit am UKE bis heute durch ihre Menschlichkeit erleichtert haben.

Stefanie Vollkmer und Kristina Erichsen-Kruse danke ich für ihre persönliche Anteilnahme an meinen Ideen und ihre spontane Unterstützung, die entscheidend dazu beigetragen hat, dass dieses Buch zum jetzigen Zeitpunkt erscheinen konnte.

Weiter möchte ich Maria für ihre Unterstützung im »Endspurt« danken sowie meinen Freunden Chris, Achill, Irene, Martin, Bay, Rita, Michaela, Gabi, Christian, Gerd, Alex, Andreas, Peter, Susanne, Paul, Hauke, Roger, Bert sowie Margitta für Jahre der Unterstützung und vor allem meinen lieben Kindern für die Kraft, die sie mir für meine tägliche Arbeit durch ihre Liebe für das Leben und ihre Lebendigkeit immer wieder geben.

Für die gute Begleitung durch den Verlag danke ich Frau Dr. Christine Treml.

Danken möchte ich auch meinen Geschwistern Maren und Boris für ihre Liebe und Loyalität und auch gut gemeinte, korrigierende geschwisterliche Kritik. Meinen Eltern danke ich besonders für Hingabe, Demut, Liebe und den Sinn für Freiheit, die Sie mir vermittelt und in mir gefördert haben, um meinen eigenen Weg zu gehen und zu finden.

Hamburg, den 13. Mai 2007   *Andreas Krüger*

Allen Kolleginnen und Kollegen, die Interesse an einem Manual für Kinder- und Jugendlichentherapie gezeigt haben, danke ich für die Ermutigung, dies auf den Weg zu bringen. Aber vor allem danke ich Andreas Krüger, dass er mein Konzept für Erwachsene für den Bereich der Behandlung von Kindern und Jugendlichen »übersetzt« und erprobt hat, so dass dieses Buch entstehen konnte.

Kall, den 13. Mai 2007   *Luise Reddemann*

Literatur

Text von Juan Ramon Jimenez aus dem Band »Herz, stirb und singe«, Gedichte, Spanisch und Deutsch. Auswahl und Übertragung von Hans Leopold Davi. Diogenes, Zürich 1977.

Achterberg, J. (1985). Gedanken heilen. Rowohlt: Reinbek.

Ackerman, P. T., Newton, J. E., McPherson, W. B., Jones, J. G., Dykman, R. A. (1998). Prevalence of post traumatic stress disorder and other psychiatric diagnoses in three groups of abused children (sexual, physical, and both). Child Abuse Negl. 22 (8), 759 – 774.

Ainsworth, M. D. S., Blehar, M. C., Waters, E., Wall, S. (1978). Patterns of Attachment: A Psychological Study of the Strange Situation. Erlbaum: Hillsdale, NJ.

American Psychiatric Association (APA) (1996). Diagnostic and statistical manual of mental disorders. Diagnostisches und statistisches Manual psychischer Störungen DSM IV, dt. Bearbeitung und Einführung von H. Sass. Hogrefe: Göttingen.

Antonovsky, H. (1997). Salutogenese. Zur Entmystifizierung der Gesundheit. DGVZ: Tübingen.

Bauer, J. (2005). Warum ich fühle, was Du fühlst. Hoffmann u. Campe: Hamburg.

Baumhauer, K., Brüggemann, A., Schwab, R., Romer, G., Krüger, A. (Veröffentlichung 2007). Besonderheiten post-traumatischer Symptomatik bei Kindern und Jugendlichen. ZPPM.

Becker-Fischer, M., Fischer, G. (1997). Folgetherapie nach sexuellem Mißbrauch in Psychotherapie und Psychiatrie. In: U. Egle (Hrsg.). Sexueller Mißbrauch, Mißhandlung, Vernachlässigung (S. 375 – 389). Schattauer: Stuttgart.

Blanck, G., Blanck, R. (1978). Angewandte Ich-Psychologie. Klett-Cotta: Stuttgart.

Bowlby, J. (1987). Verlust, Trauer und Depression. Fischer: Frankfurt/M.

Bowlby, J. (2001). Das Glück und die Trauer. Herstellung und Lösung effektiver Bindungen. Klett-Cotta: Stuttgart.

Braun, B. (1988). The BASK model of dissociation: Clinical applications. Dissociation 1, 4 – 23.

Brisch, K. H., Hellbrügge, T. (2005). Bindung und Trauma. Risiken und Schutzfaktoren für die Entwicklung von Kindern. Klett-Cotta: Stuttgart.

Brisch, K. H. (2003). Bindungsstörungen. Von der Bindungstheorie zur Therapie. Klett-Cotta: Stuttgart.

Bronisch, B. (2000). Suizidalität. In: T. Bronisch, M. Bohus, M. Dose, L. Reddemann, C. Unckel: Krisenintervention bei Persönlichkeitsstörungen. Klett-Cotta: Stuttgart.

Browne, A., Finkelhor, D. (1985). Impact of childhood sexual abuse: a review of the research. Psychol Bull 99 (1), 66–77.

Brunner, R., Resch, F., Parzer, P., Koch, E. (1999). Heidelberger Dissoziations-Inventar (HDI). Swets: Frankfurt/M.

Burian-Langegger, B. (2002). Trauma und inneres Objekt. Imagination 24 (3–4), 5–18.

Bürgin, D. (1998). Adoleszenz und Trauma. Grundsätzliche und spezifische Aspekte der Behandlung von Jugendlichen mit traumatischen Erfahrungen. In: Streeck-Fischer, A. (Hrsg.). Trauma und Adoleszenz (S. 128–160). Vandenhoeck & Ruprecht: Göttingen.

Ciompi, L. (1994). Affektlogik. Über die Struktur der Psyche und ihre Entwicklung. Ein Beitrag zur Schizophrenieforschung. Klett-Cotta: Stuttgart.

Csikszentmihalyi, M. (1999). Flow: Das Geheimnis des Glücks. Klett-Cotta: Stuttgart.

De Bellis, M. D. (2001). Development Traumatology. The Psychobiological Development of Maltreated Children and its Implications for Research, Treatment and Policy. Dev Psychopathol 13, 539–564.

De Shazer, S. (2000). Wege der erfolgreichen Kurztherapie. Klett-Cotta: Stuttgart.

DGKJPP (Dt. Ges. f. Kinder- und Jugendpsychiatrie und Psychotherapie u. a.) (Hrsg.) (2003). Leitlinien zur Diagnostik und Therapie von psychischen Störungen im Säuglings-, Kindes- und Jugendalter. Deutscher Ärzteverlag: Köln.

Dornes, M. (1996). Der kompetente Säugling. Die präverbale Entwicklung des Menschen. Fischer: Frankfurt/M.

Dreiner, M., Fischer, G. (2005). Kölner Risiko-Index-KJ (KRI-KJ). Screnninginstrument zur Erfassung der Entwicklung einer Posttraumatischen Belastungsstörung bei Kindern und Jugendlichen (in Entwicklung). Institut für klinische Psychologie der Universität Köln.

Drodowsky, G., Grebe, P., Köster, R., Müller, W., Scholze-Stubenrecht, W. (Hrsg.) (1963). Duden. Etymologie. Herkunftswörterbuch der deutschen Sprache. Bibliographisches Institut AG: Mannheim.

Ellis, A., Hoellen, B. (1997). Die Rational-Emotive Verhaltenstherapie. Klett-Cotta: Stuttgart.

Erikson, E. H. (1976). Identität und Lebenszyklus. Fischer: Frankfurt/M.

Federn, P. (1952). Ego Psychology and the Psychosis. Basic Books: New York.

Felitti, V. J., Anda, R. F., Nordenberg, D., Williamson, D. F., Spitz, A. M., Edwards, V., Koss, M. P., Marks, J. S. (1998). Relationship of childhood abuse and household dysfunction to many of the leading causes of death in adults. The Adverse Childhood Experiences (ACE) Study. Am J Prev Med 14 (4), 245–258.

Ferenczi, S. (1932). Sprachverwirrung zwischen den Erwachsenen und dem Kind. In: Ders.: Gesammelte Schriften, Band 3. Fischer: Frankfurt/M.

Feyerabend, P. (2001). Wider den Methodenzwang. Suhrkamp: Frankfurt/M.

Fiedler, P. (2003). Komplexe Traumatisierung und Persönlichkeitsstörung. In: G. H. Seidler, P. Laszig, R. Micka, B. V. Nolting (Hrsg.). Aktuelle Entwicklungen in der Psychotraumatologie. Theorie, Krankheitsbilder, Therapie. Psychosozial: Gießen.

Fischer, G. (2000 a). Mehrdimensionale Psychodynamische Traumatherapie MPTT. Asanger: Heidelberg.

Fischer, G. (2000 b). KÖDOPS: Kölner Dokumentationssystem für Psychotherapie und Traumabehandlung. DIPT-Verlag: Köln.

Fischer, G. (2003). Wege aus der Sprachlosigkeit – Psychodynamische Traumatherapie und die Psychodynamik des Traumas im Kassenantrag. In: G. H. Seidler, P. Laszig, R. Micka, B. V. Nolting (Hrsg.). Aktuelle Entwicklungen in der Psychotraumatologie. Psychosozial: Gießen.

Fischer, G., Riedesser, P. (1998). Lehrbuch der Psychotraumatologie. Ernst Reinhardt: München.

Fischer, G., Reddemann, L., Barwinski Fäh, R., Bering, R. (2003). Traumaadaptierte tiefenpsychologisch fundierte und analytische Psychotherapie – Definition und Leitlinien. Psychotherapeut 48 (3), 199–209.

Flanagan, O. (2003). in: D. Goleman. Dialog mit dem Dalai Lama. Wie wir destruktive Emotionen überwinden können. Hanser: München.

Flatten, G. (2003). Abriss über den aktuellen Stand bei den Traumafolgestörungen ASD und PTSD. In: G. H. Seidler, P. Laszig, R. Micka, B. V. Nolting (Hrsg.). Aktuelle Entwicklungen in der Psychotraumatologie (S. 35–54). Psychosozial: Gießen.

Flatten, G., Hofmann, A., Liebermann, P., Wöller, W., Siol, v. T., Petzold, E. (2001). Posttraumatische Belastungsstörung. Leitlinien und Quellentexte. Schattauer: Stuttgart.

Fonagy, P., Gergely, G., Jurist, E. L., Target, M. (2004). Affektregulierung, Mentalisierung und die Entwicklung des Selbst. Klett-Cotta: Stuttgart.

Fonagy, P., Roth, A., Higgitt, A. (2005). The outcome of psychodynamic psychotherapy for psychological disorders. Clin Neurosc Res 4, 367–377.

Fonagy, P., Target, M. (2006). Psychoanalyse und die Psychopathologie der Entwicklung. Klett-Cotta: Stuttgart.

Ford, J. D., Kidd, P. (1998). Early childhood trauma and disorder of extreme stress as predictor of treatment outcome with chronic posttraumatic stress disorder. J Trauma Stress 11 (4), 743–761.

Freud, A. (1949). Kriegskinder: Jahresbericht des Kriegskinderheims Hampstead Nurseries. In: Schriften, Bd. IV.

Freud, A. (1963). The concept of developmental lines. Psychoanal Child Study 8, 245–265.

Freud, S. (1912). Zur Psychodynamik der Übertragung. GW Band VIII, 364–374.

Freyberger, H. J., Spitzer, C., Stieglitz, R. D. (1998). Fragebogen zu dissoziativen Symptomen. Hans Huber: Bern.

Fürstenau, P. (2001). Psychoanalytisch verstehen, systemisch denken, suggestiv intervenieren. Pfeiffer bei Klett-Cotta: Stuttgart.

Fürstenau, P. (2002). Neue therapeutische Welt durch beidäugiges diagnostisch-therapeutisches Sehen. Vortrag 52. Lindauer Psychotherapiewochen, 26. 4. 2002.

Gast, U., Oswald, T., Zündorf, F., Hofmann, A. (2000). Strukturiertes Klinisches Interview für Dissoziative Störungen (SCIC-D). Hogrefe: Göttingen.

Glaser, D. (2000). Child Abuse and Neglect and the Brain – A Review. J Child Psychol Psychiatry 41, 97–116.

Goulding, M. M. (2000). Kopfbewohner: Wer bestimmt dein Denken. Junfermann: Paderborn.

Grawe, K. (2004). Neuropsychotherapie. Hogrefe: Göttingen.

Greenson, R. R. (1975). Technik und Praxis der Psychoanalyse, Bd. I. Klett-Cotta: Stuttgart.

Grossmann, K. E., Grossmann, K. (Hrsg.) (2003). Bindung und menschliche Entwicklung. Klett-Cotta: Stuttgart.

Günter, M. (2003). Psychotherapeutische Erstinterviews mit Kindern. Winnicotts Squiggletechnik in der Praxis. Klett-Cotta: Stuttgart.

Henderson, J. (2001). Embodying well-being. Wie man sich trotz allem wohl fühlen kann. AJZ Verlag: Bielefeld.

Herman, J. L. (1993). Die Narben der Gewalt. Traumatische Erfahrungen verstehen und überwinden. Kindler: München.

Herman, J. L. (2001). Trauma and Recovery. Reprinted with a new afterword. Pandora: London.

Heuft, G. (1990). Bedarf es eines Konzeptes der Eigenübertragung? Forum Psychoanal. 6, 299–315.

Heuft, G., Senf, W. (1998). Praxis der Qualitätssicherung in der Psychotherapie. Das Manual zur Psy-BaDo. Thieme: Stuttgart.

Hofmann, A. (1999). EMDR in der Therapie psychotraumatischer Belastungssyndrome. Thieme: Stuttgart.

Huber, M. (2003). Traumatherapie, Teil I. Junfermann: Paderborn.

Hüther, G. (1997). Biologie der Angst. Wie aus Stress Gefühle werden. Vandenhoeck und Ruprecht: Göttingen.

Hüther, G. (1998). Stress and the adaptive self-organization of neuronal connectivity during early childhood. Int J Dev Neurosci 16, 297–306.

Hüther, G. (2003). Die Auswirkungen traumatischer Erfahrungen im Kindesalter auf die Hirnentwicklung. Das allgemeine Entwicklungsprinzip. In: K. H. Brisch, T. Hellbrügge (Hrsg.). Bindung und Trauma. Risiken und Schutzfaktoren für die Entwicklung von Kindern (S. 94–104). Klett-Cotta: Stuttgart.

Hüther, G. (2004). Die Macht der inneren Bilder. Vandenhoeck und Ruprecht: Göttingen.

Janet, P. (1901). The mental states of the hystericals. Putnam's Sons: New York.

Kächele, H. (1992). Die Persönlichkeit des Psychotherapeuten und ihr Beitrag zum Behandlungsprozess. Z Psychosom Med Psychoanal 38, 227–239.

Kernberg, P. (1995). Die Formen des Spielens. In: Studien zur Psychoanalyse. Österreichische Studiengesellschaft für Kinderpsychoanalyse (S. 9–34). Vandenhoeck und Ruprecht: Göttingen.

Kivimäki, M., Elovainio, M., Singh-Manoux, A., Vahtera, J., Helenius, H., Pentti, J. (2005). Optimism and pessimism as predictors of change in health after death or onset of severe illness in family. Health Psychol 24 (4), 413–421.

Klein, S. (2002). Die Glücksformel oder Wie die guten Gefühle entstehen. Rowohlt: Reinbek.

Klemperer, D. (2003). Arzt-Patient-Beziehung: Entscheidung über Therapie muss gemeinsam getroffen werden. Dt. Ärzteblatt 100 (12), A 753–755.

Köbler, G. (1995). Deutsches Etymologisches Wörterbuch, www.koeblergerhard.de.

Kogan, I. (1987). Vermitteltes und reales Trauma in der Psychoanalyse von Holocaust-Überlebenden. Psyche 6, 533–545.

Kogan, I. (1995). The cry of mute children. A psychoanalytic perspective of the second generation of the Holocaust. Free Association Books: London.

Kolk, B. A. van der (2000). Die Vielschichtigkeit der Anpassungsprozesse nach erfolgter Traumatisierung: Selbstregulation, Reizdiskriminierung und Entwicklung der Persönlichkeit. In: B. A. van der Kolk, A. C. McFarlane, L. Weisaeth (Hrsg.). Traumatic Stress. Grundlagen und Behandlungsansätze. Theorie, Praxis und Forschung zu posttraumatischem Stress sowie Traumatherapie (S. 169–194). Junfermann: Paderborn.

Kolk, B. A. van der (2003). The neurobiology of childhood trauma and abuse. Child Psychiatr Clin N Am 12, 293–317.

Kolk, B. A. van der (2005). Developmental Trauma Disorder. A new, rational diagnosis for children with complex trauma histories. Psychiatr Ann 5, 401 – 408.

Kolk, B. A van der, McFarlane, A. C., Weisaeth, L. (2000). Traumatic Stress: Grundlagen und Behandlungsansätze. Junfermann: Paderborn.

Kreimann, G., Koch, C., Fried, I. (2000). Imagery Neurons in the Human Brain. Nature 408, 357 – 361.

Krüger, A., Brüggemann, A. v., Riedesser, P. (2004). Die Trauma-Ambulanz für Kinder, Jugendliche und deren Familien am Universitätsklinikum Hamburg-Eppendorf. Erfahrungsbericht der ersten beiden Behandlungsjahre in einem Frühinterventionszentrum für psychische Traumatisierung bei Kindern und Jugendlichen. ZPPM 2 (4), 19 – 44.

Krüger, A. (2006 a). Psychische Traumatisierung im Kindes- und Jugendalter. In: L. Reddemann (Hrsg.). Psychotraumata. Der seelisch erschütterte Patient in der primärärztlichen Versorgung (S. 39 – 54). Dt. Ärzteverlag: Köln.

Krüger, A. (2006 b). Hamburger Psychotrauma-Fragebogen »Häusliche Gewalt« (HPHG). Leitfaden: »Psychische Traumatisierungen bei Kindern und Jugendlichen«. In: Leitfaden »Häusliche Gewalt« der Hamburger Ärztekammer.

Krüger, A., Brüggemann, A., Holst, P., Schulte-Markwort, M. (2006 a). Psychisch traumatisierte Kinder – Vernetzung unabdingbar. Das Hamburger Modell: Traumapsychologisch fundierte Frühintervention in einer multiprofessionellen Versorgungskette. Dt. Ärzteblatt 103 (34 – 35), A 2230 bis A 2232.

Krüger, A., Brüggemann, A., Schulte-Markwort, M. (2006 b). Ambulante psychosoziale Frühintervention bei Verdacht auf psychische Traumatisierung durch häusliche Gewalterfahrungen von Kindern und Jugendlichen – Ein Plädoyer für ein multiprofessionelles Netzwerk. Hamburger Ärzteblatt, 4/06, 200 – 203.

Krüger, A. (2007 a). Traumatherapie im ambulanten Setting. In: M. A. Landolt, T. Hensel, M. Meusers (Hrsg.). Traumatherapie bei Kindern und Jugendlichen. Hogrefe: Göttingen.

Krüger, A. (im Druck, 2007 b). Traumatisierte Kinder und Jugendliche. Erste Hilfe für seelisch schwerverletzte Kinder und Jugendliche. Ein Ratgeber. Düsseldorf: Patmos-Walther.

Levine, P. A., Kline, M. (2005). Verwundete Kinderseelen heilen. Wie Kinder und Jugendliche traumatische Erlebnisse überwinden können. Kösel-Verlag: München.

Linehan, M. (1996). Dialektisch-behaviorale Therapie der Borderline-Persönlichkeitsstörung. CIP-Medien: München.

Loehr, J., Schwartz, T. (2001). The Making of the Corporate Athlete. Harv Bus Rev 79 (1), 120–128.

Loh, A., Simon, D., Härter, M. (2005). Arzt-Patient-Kommunikation: Trainieren für gute Gespräche. Gesundheit, Gesellschaft, Praxis und Wissenschaft 8 (1), 40–43.

Lücke, S. (2001). Kunst- und Gestaltungstherapie im Prozess der Traumaheilung. In: L. Reddemann. Imagination als heilsame Kraft (S. 132–165). Klett-Cotta: Stuttgart.

Mac Adams, L. (2001). Birth of Cool. Beat Be-bop and the American Avantgarde. Free Press: New York.

Maercker, A. (1997). Therapie der posttraumatischen Belastungsstörung. Springer: Berlin.

Main, M., Salomon, J. (1990). Procedures for identifying infants as disorganized/disoriented during the Ainsworth Strange Situation. In: M. T. Greenberg, D. Cicchetti, E. M. Cummings (Hrsg.). Attachment in the Preschool Years (S. 121–160). The University of Chicago Press: Chicago.

Marans, S., Adelman, A. (1997). Experiencing violence in a developmental context. In: J. D. Osofsky (Hrsg.). Children in a violent society (S. 202–222). Guilford: New York.

Markowitsch, H. J., Welzer, H. (2005). Das autobiographische Gedächtnis. Hirnorganische Grundlagen und biosoziale Entwicklung. Stuttgart. Klett-Cotta.

Massing, A., Reich, G., Sperling, E. (1999). Die Mehrgenerationen-Familientherapie. Vandenhoeck & Ruprecht: Göttingen.

Mc Dougall, J. (1988). Theater des Körpers. Verlag Internationale Psychoanalyse: München.

Meichenbaum, D. (1985). Stress inoculation training. Pergamon Press: New York.

Mosetter, K., Mosetter, R. (2005). Dialektische neuromuskuläre Traumatherapie. ZPPM 3 (2), 31–47.

Ochberg, F. M. (1993). Posttraumatic therapy. In: J. P. Wilson & B. Raphael (Hrsg.). International Handbook of traumatic stress syndromes (S. 773–784). Plenum Press: New York.

O'Craven, K., Kanwischer, M. (2000). Mental imagery of faces and places activates stimulus-specific brain regions. J Cogn Neurosci. 12, 1013–1023.

Peichl, J. (2000). Verstrickungen in der Übertragung und Gegenübertragung bei der Therapie von Traumapatienten. Psychotherapeut 6 (45), 366–376.

Peseschkian, N. (1979). Der Kaufmann und der Papagei. Fischer: Frankfurt/M.

Petermann, F. (Hrsg.) (1993). Verhaltenstherapie mit Kindern. Röttger: München.

Piaget, J. (1978). Das Weltbild des Kindes. Klett-Cotta: Stuttgart.

Pross, C. (2002). Zersetzung. Psychologische Techniken der Staatssicherheit und ihre Folgen. Ein Blick in das zukünftige Instrumentarium von Diktaturen? In: A. Birck, C. Pross, J. Lansen (Hrsg.). Das Unsagbare. Die Arbeit mit Traumatisierten im Behandlungszentrum für Folteropfer Berlin. Springer: Berlin.

Pynoos, R. F., Steinborgh, A. M., Wraith, R. (1995). The developmental model of childhood traumatic stress. In: D. Cicchetty, D.J. Cohan (Hrsg.). Developmental psychopathology (S. 72 – 95). Wiley and Sons: New York.

Reddemann, L. (1998a). Umgang mit Täterintrojekten. In: Traumazentrierte Psychotherapie, Teil II. PTT 2, 90 – 96.

Reddemann, L. (1998b). Trauer und Neuorientierung: Es ist, was es ist. In: Traumazentrierte Psychotherapie, Teil II. PTT 2, 97 – 103.

Reddemann, L. (2000). Stationäre Therapie von real traumatisierten Patientinnen und Patienten – das Bielefelder Modell. In: W. Tress, W. Wöller, E. Horn. Psychotherapeutische Medizin im Krankenhaus – State of the Art (S. 12 – 29). Verlag für akademische Schriften: Frankfurt-Bockenheim.

Reddemann, L. (2001). Imagination als heilsame Kraft. Zur Behandlung von Traumafolgen mit ressourcenorientierten Verfahren. Klett-Cotta: Stuttgart.

Reddemann, L. (2002 a). Psychohygiene für TherapeutInnen von traumatisierten PatientInnen. Ein Erfahrungsbericht. Internet Z Psychotraumatol 1.

Reddemann, L. (2002 b). Die gequälte Seele: Zur Beratung von Paaren, von denen ein Teil oder beide an den Folgen von Traumatisierungen leiden. Blickpunkt EFL-Beratung, Zeitschrift des Bundesverbandes kath. Ehe-, Familien- und Lebensberaterinnen und -berater, S. 6 – 10, Oktober 2002.

Reddemann, L. (2003 a). Überlegungen zu Psychohygiene und Burn-out-Prophylaxe von TraumatherapeutInnen. Erfahrungen und Hypothesen. ZPPM 1 (1), 79 – 85.

Reddemann, L. (2003 b). Psychodynamisch imaginative Traumatherapie bei dissoziativer Identitätsstörung und DDNOS. In: L. Reddemann, A. Hofmann, U. Gast. Therapie der dissoziativen Störungen. Thieme: Stuttgart.

Reddemann, L. (2004 a). Eine Reise von 1000 Meilen beginnt mit dem ersten Schritt. Herder: Freiburg.

Reddemann, L. (2004 b). Dem inneren Kind begegnen. Hör-CD. Klett-Cotta: Stuttgart.

Reddemann. L. (2006). Überlebenskunst. Klett-Cotta: Stuttgart.

Reddemann, L., Dehner-Rau, C. (2004). Trauma. TRIAS: Stuttgart.

Reddemann, L., Hofmann, A., Gast, U. (Hrsg.) (2003). Therapie der dissoziativen Störungen. Thieme: Stuttgart.

Reddemann, L., Sachsse, U. (1997). Traumazentrierte Psychotherapie I: Stabilisierung. PTT 1 (3), 113–147.

Reddemann, L., Sachsse, U. (1998). Welche Psychoanalyse ist für Opfer geeignet? Einige Anmerkungen zu Martin Ehlert-Balzer: Das Trauma der Objektbeziehung. Forum Psychoanal. 14, 289–294.

Reddemann, L., Sachsse, U. (1999). Trauma first. PTT 3 (1), 16–20.

Reddemann, L., Sachsse, U. (2000). Traumazentrierte Psychotherapie der chronifizierten, komplexen Posttraumatischen Belastungsstörung vom Phänotyp der Borderline-Persönlichkeitsstörung. In: O. F. Kernberg, B. Dulz, U. Sachsse. Handbuch der Borderline-Störungen. Schattauer: Stuttgart.

Reddemann, L., Wöller, W., Kruse, J. v. (2005). Opfer traumatischer Gewalt. In: W. Wöller, J. Kruse (Hrsg.). Tiefenpsychologisch fundierte Psychotherapie. Schattauer: Stuttgart.

Reddemann, L., Teunißen, S. (2006). Ressourcenorientierung in der Behandlung traumatisierter, suchtkranker Patienten und Patientinnen. In: I. Schäfer, M. Krausz. Trauma und Sucht. Klett-Cotta: Stuttgart.

Reemtsma, J. P. (1997). Im Keller. Hamburger Edition: Hamburg.

Reich, G., Massing, A., Cierpka, M. (2003). Die Mehrgenerationenperspektive und das Genogramm. In: M. Cierpka (Hrsg.). Handbuch der Familiendiagnostik (S. 297–298). Springer: Heidelberg.

Resch, F., Parzer, P., Brunner, R. (2004). Trauma und Dissoziation im Kindes- und Jugendalter: Eine Entwicklungspsychopathologische Herausforderung. ZPPM 2, 17–28.

Richter, H. E. (1967). Eltern, Kind und Neurose. Rowohlt-Verlag: Stuttgart.

Romano, E., De Luca, R. V. (1997). Exploring the relationship between childhood sexual abuse and adult sexual perpetration. J Fam Violence 12 (1), 85–98.

Sachsse, U. (1998). Traumaexpositionstechniken. Die Bildschirmtechnik. PTT 2, 77–84.

Sachsse, U. (2003). Stationäre Therapie traumatisierter Patientinnen und Patienten. In: G. H. Seidler, P. Laszig, R. v. Micka, B. V. Nolting (Hrsg.). Aktuelle Entwicklungen in der Psychotraumatologie. Psychosozial: Gießen.

Sack, M., Hofmann, A. (2002). Interview zur komplexen Posttraumatischen Belastungsstörung (IK-PTBS). Zu beziehen über sack.martin@mh-hannover.de.

Scheeringa, M. S., Peebles, C. D., Cook, C. A., Zeanah, C. H. (2001). Toward establishing procedural, criterion and discriminant validity for PTSD in early childhood. J Am Acad Child Adolesc Psychiatry 40, 52–60.

Scheeringa, M. S., Zeanah, C. H., Drell, M. J., Larrieu, J. A. (1995). Two approaches to the diagnosis of PTSD in infancy and early childhood. J Am Acad Child Adolesc Psychiatry 34 (2), 191–200.

Schore, A. N. (2002). Dysregulation of the Right Brain: A Fundamental Mechanism of Traumatic Attachment and the Psychopathogenesis of Posttraumatic Stress Disorder. Aust N Z J Psychiatry 36 (1), 9 – 30.

Schützwohl, M. (1997). Diagnostik und Differentialdiagnostik. In: A. Maercker: Therapie der posttraumatischen Belastungsstörungen (S. 75 – 101). Springer: Berlin.

Schwartz, R. (1997). Systemische Therapie mit der inneren Familie. Klett-Cotta: Stuttgart.

Seidler, G. H., Rieg, K., Heim, B., Micka, R., Hofmann, A. (2003). Akut traumatisierte Gewaltopfer und ihre Therapie II – Studie zur Entwicklung einer traumaadaptierten ambulanten Ressourcengruppe (ARG) in Kombination mit EMDR. In: G. H. Seidler, P. Laszig, R. Micka, B. V. Nolting (Hrsg.). Aktuelle Entwicklungen in der Psychotraumatologie. Psychosozial: Gießen.

Seligman, M. (2005). Der Glücksfaktor. Lübbe: Bergisch Gladbach.

Shapiro, F. (1995). Eye movement desensitization and reprocessing. Basic principles, protocols, and procedures. Guilford Press: New York.

Shengold, L. (1979). Child Abuse and Deprivation: soul murder. J Am Psychoanal Assoc 27, 533 – 559.

Smucker, M. R., Dancu, C. V. (1999). Cognitive-behavioral treatment for adult survivors of childhood trauma: Imagery rescripting and reprocessing. Jason Aronson: New Jersey, London.

Spitz, R. A. (1967). Vom Säugling zum Kleinkind. Klett-Cotta: Stuttgart.

Steil, R. (2000). Kognitiv-behaviorale Behandlung der Posttraumatischen Belastungsstörung – die Bedeutung von Emotionen. In: S. K. D. Sulz, G. Lenz (Hrsg.). Von der Kognition zur Emotion. Psychotherapie mit Gefühlen. CIP Medien: München.

Steptoe, A., Wardle, J., Marmot, M. (2005). Positive affect and health-related neuroendocrine, cardiovascular, and inflammatory processes. PNAS 102 (18), 6508 – 6512.

Stern, D. N. (1985). The interpersonal world of the human infant. Basic Books: New York.

Streeck-Fischer, A. (1997). Verschiedene Formen des Spiels in der analytischen Psychotherapie. Über das Spiel der Entwicklung, das heilsame Spiel, das Spiel, das außer Kontrolle gerät, das traumatische Spiel. Forum Psychoanal. 13, 19 – 37.

Streeck-Fischer, A., Kolk, B. A. van der (2000). Down will come baby, cradle and all: Diagnostic and therapeutic implications of chronic trauma in child development. Aust N Z J Psychiatry 34, 903 – 918.

Tyson, P., Tyson, R. L. (1990). Psychoanalytical Theories of Development: An Integration. Yale University Press: New Haven.

Teicher, M. H., Andersen, S. L., Polcari, A. (2003). The neurobiological consequences of early stress and childhood maltreatment. Neurosci Biobehav Rev. 27 (1 – 2), 33 – 44.

Terr, L. (1995). Childhood traumas. An outline and an overview. In: S. S. Everly, J. M. Lating (Hrsg.). Psychotraumatology: Key papers and care concepts in post-traumatic stress (S. 301 – 319). Plenum: New York.

Watkins, J. G., Watkins, H. (2003). Ego-States, Theorie und Therapie. Carl Auer: Heidelberg.

Weinberg, D. (2006). Traumatherapie mit Kindern. Strukturierte Trauma-Intervention und Traumabezogene Spieltherapie. Klett-Cotta: Stuttgart.

Weiß, W. (2006). Philipp sucht sein Ich. Zum pädagogischen Umgang mit Traumata in den Erziehungshilfen. Juventa: Weinheim.

Werner, E. E., Smiths, R. S. (Hrsg.) (2001). Journeys from childhood to midlife. Risk, resilience and recovery. Cornell University Press: New York.

Westen, D., Novotny, C. M., Thompson-Brenner, H. (2004). The empirical status of empirically supported psychotherapies: assumptions, findings, and reporting in controlled trials. Zitiert nach G. Schüßler (2005). Blick in internationale Zeitschriften. Z Psychosom Med Psychother 51, 194 – 198.

Wetzel, S. (2002). Leichter leben. Theseus: Berlin.

Will, H. (2003). Was ist klassische Psychoanalyse? Ursprünge, Kritik, Zukunft. Kohlhammer: Stuttgart.

Winnicott, D. W. (1960). Von der Kinderheilkunde zur Psychoanalyse. Kindler: München.

Winnicott, D. W. (1974). Vom Spiel zur Realität. Klett-Cotta: Stuttgart.

Wirtz, U. (2003). Die spirituelle Dimension der Traumatherapie. Transpersonale Psychol Psychother 9 (1), 4 – 17.

Zurek, G. (2002). Gegenübertragung – historische Aspekte der Begriffsgeschichte in der Psychotherapie psychotraumatischer Belastungssyndrome. Diplomarbeit, Universität zu Köln, Philosophische Fakultät.

Zurek, G., Fischer, G. (2003). Übertragung und Gegenübertragung in der Psychotherapie von Patienten mit PTBS. ZPPM 1 (2), 7 – 17.

www.klett-cotta.de / lebenlernen

Andreas Krüger

Akute psychische Traumatisierung bei Kindern und Jugendlichen

Ein Manual zur ambulanten Versorgung

Leben Lernen 213. 297 Seiten, broschiert, ISBN 978-3-608-89065-5

Nach Unfällen und Gewalterfahrungen aller Art benötigen gerade Kinder, Jugendliche und ihre Familien rasche psychotherapeutische Betreuung, um späteres Leid zu vermeiden. Das Buch vermittelt Basiswissen über Traumatisierungen und ihre Auswirkungen und gibt praktische Hilfestellung für eine frühe psychotherapeutische Versorgung. ÄrztInnen, PsychotherapeutInnen, Mitarbeiter im Rettungswesen und in der Jugendhilfe finden hier einen erfahrungsgesättigten und praxisorientieren Leitfaden vor.

Seidler / Freyberger / Maercker (Hrsg.)

Handbuch der Psychotraumatologie

776 Seiten, gebunden, zweifarbig, ISBN 978-3-608-94665-9

»Geballtes Fachwissen! 80 fundierte Beiträge von Traumaexperten!«
Miriam Berger, Gehirn&Geist

»Anregendes Standardwerk.«
Frank Baßfeld, Deutsches Ärzteblatt

Luise Reddemann
Imagination als heilsame Kraft
Zur Behandlung von Traumafolgen mit
ressourcenorientierten Verfahren

Unter Mitarbeit von V. Engl, S. Lücke und C. Appel-Ramb
Leben Lernen 141. 215 Seiten, broschiert, 16 Seiten farbiger
Tafelteil. ISBN 978-3-608-89034-1

»Luise Reddemann schreibt mit Herz, Verstand und
Respekt für PatientInnen und für KollegInnen, die an
Traumafolgen arbeiten. Für TherapeutInnen und
PatientInnen gleichermaßen wertvoll – und unver-
zichtbar!« Donna Vita

Luise Reddemann
Psychodynamisch Imaginative Traumatherapie
PITT – Das Manual

Leben Lernen 167. 280 Seiten, broschiert. ISBN 978-3-608-89105-8

»Die Autorin arbeitet deutlich heraus, wie es mit der
Hilfe der Psychodynamisch Imaginativen Traumatherapie gelingen kann, Patientinnen und Patienten
behutsam und respektvoll an die eigenen Probleme
heranzuführen unter Wahrung und Förderung der
individuellen Ressourcen. Leserinnen und Lesern
kann die Lektüre des gut lesbaren Manuales empfohlen werden.« Der Nervenarzt

Leben
LERNEN
Klett-Cotta

Willi Butollo, Regina Karl
Dialogische Traumatherapie
Manual zur Behandlung der Posttraumatischen
Belastungsstörung

248 Seiten, broschiert. ISBN 978-3-608-89131-7

Traumatherapie kann nicht nur aus »Techniken« bestehen. Dreh- und Angelpunkt der Verarbeitung einer
Traumatisierung ist die Wiederherstellung von Vertrauen
in die Welt und die Menschen. Darauf baut das Manual
seine Interventionen auf, was ein sicheres Arbeiten
durch alle Phasen in der Behandlung gewährleistet.

Christian Firus, Christian Schleier, Werner Geigges,
Luise Reddemann
Traumatherapie in der Gruppe
Grundlagen und Behandlungsmanual

205 Seiten, broschiert, mit Arbeitsblättern als Download
ISBN 978-3-608-89129-4

Gruppentherapie kann eine wirksame Behandlungs-
methode selbst für schwer traumatisierte Menschen
sein. Doch sie muss auf die spezifischen Probleme bei
Traumafolgestörungen abgestimmt werden. Dieser
Aufgabe ist das Autorenteam mit dem ersten ausführlichen Behandlungsmanual für Trauma-Patienten in
überzeugender Weise nachgekommen.

www.klett-cotta.de / lebenlernen

Willi Butollo, Regina Karl
Dialogische Traumatherapie
Manual zur Behandlung der Posttraumatischen
Belastungsstörung

248 Seiten, broschiert. ISBN 978-3-608-89131-7

Traumatherapie kann nicht nur aus »Techniken« bestehen. Dreh- und Angelpunkt der Verarbeitung einer
Traumatisierung ist die Wiederherstellung von Vertrauen
in die Welt und die Menschen. Darauf baut das Manual
seine Interventionen auf, was ein sicheres Arbeiten
durch alle Phasen in der Behandlung gewährleistet.

Christian Firus, Christian Schleier, Werner Geigges,
Luise Reddemann
Traumatherapie in der Gruppe
Grundlagen und Behandlungsmanual

205 Seiten, broschiert, mit Arbeitsblättern als Download
ISBN 978-3-608-89129-4

Gruppentherapie kann eine wirksame Behandlungs-
methode selbst für schwer traumatisierte Menschen
sein. Doch sie muss auf die spezifischen Probleme bei
Traumafolgestörungen abgestimmt werden. Dieser
Aufgabe ist das Autorenteam mit dem ersten ausführlichen Behandlungsmanual für Trauma-Patienten in
überzeugender Weise nachgekommen.

Leben
LERNEN
Klett-Cotta